주님, **저희에게**
기도를 가르쳐
주십시오

Maestro, Insegnaci a Pregare
Andrea Gasparino

주님, 저희에게 기도를 가르쳐 주십시오(개정판)

발행일 2016. 9. 29

글쓴이 안드레아 가스파리노
옮긴이 작은 자매 관상 선교회
펴낸이 서영주
총편집 서영필
편집 손옥희, 김정희 **디자인** 송진희
제작 김안순 **마케팅** 최기영 **인쇄** 영신사

펴낸곳 성바오로
출판등록 7-93호 1992. 10. 6
주소 서울특별시 강북구 오현로7길 20(미아동)
취급처 성바오로보급소 **전화** 944-8300, 986-1361
팩스 986-1365 **통신판매** 945-2972
E-mail bookclub@paolo.net
www.**paolo**.net
www.facebook.com/**stpaulskr**

값 15,000원
ISBN 978-89-8015-883-6
교회인가 서울대교구 2016. 8. 2 **SSP** 1034

이 도서의 국립중앙도서관 출판예정도서목록(CIP)은 서지정보유통지원시스템 홈페이지(http://seoji.nl.go.kr)와 국가자료공동목록시스템(http://www.nl.go.kr/kolisnet)에서 이용하실 수 있습니다. (CIP제어번호 : CIP2016022595)

주님, 저희에게 기도를 가르쳐 주십시오

기도의 한 달

안드레아 가스파리노 글
작은 자매 관상 선교회 옮김

성바오로

또 하나의 가스파리노 신부님의 책!

최근 몇 해 동안 가스파리노 신부님의 '푸코 신부'의 관상 선교회* 는 많은 젊은이들에게 확고한 기준점이 되었다. 그리고 젊은이들뿐 아니라, 젊은 세대의 영적 양성에 마음을 쓰고 있는 모든 이들, 특히 사제, 수도자, 신앙 교육자들에게도 그러하였다.

가스파리노 신부님이 시작하고 제시한 영적 여정의 핵심 주제는 다른 무엇보다 기도에 대한 교육과 기도에 맛 들이는 것 같다.

Radio Incontri와 Radio Proposta**에서 기도에 대한 신부님의 가르침은 '푸코 신부'의 관상 선교회가 그동안 걸어온 길과 경험을 어디든지 알려지게 했다.

가스파리노 신부님의 모든 '새 소식'은 아주 많은 젊은이들과 교육자들이 하나의 '선물'처럼 기쁘게 기다리고 맞아들인다. 소개하고자 하는 이 책도 정말 하나의 '선물'이다.

---

* 푸코 신부의 관상 선교회는 현재 경남 진주시 남강로 1131 (상평동)에 위치한 작은 자매 형제 관상 선교회(한국명)이며, 이 책의 저자는 이 회의 창설자이다.

** 이탈리아 살레시오회 방송 이름.

시간과 연속성을 요하고, 무엇보다 노력과 항구성을 요하기 때문에 어떤 사람에게는 지나치게 요구하는 것처럼 보일 수 있는 책이다. 그런데도 달리 표현될 수 없다.

가스파리노 신부님은 기도의 '문간'에 서 있는 것에 만족하시지 않는다. 세상을 피해, 우리의 가난함과 하느님의 은총의 필요성을 절대적으로 인식하는 가운데, 침묵(외적인 면에서도) 안에서 하느님을 만나는 곳인 '성전' 자체에 들어가기를 과감하게 초대하신다.

머리말에서 가스파리노 신부님은 짧게 아주 단순한(그러나 필요한 필수적인) 방법상의 지침들을 제시하신다. 이는 이 책을 읽는 데 있어 확실한 열쇠이다. 하느님의 은총과 더불어, 이 방법에 충실함으로써 결국 열매를 얻게 될 것이다.

이 책을 읽는 모든 사람들이 기도의 맛을 발견 혹은 재발견하기를, 그리고 놀라운 모험들 안에 자신을 내어 맡기며 살아 계신 하느님과 지속적이고, 진하고, 힘들지만 기쁜 '대화'를 자신의 삶으로 실행하기를 바라마지 않는다.

브루노 페레로

기도의 한 달

기도하는 것은 큰 은혜이며, 요청이 많은 선물이다. 기도는 하나의 삶이기에 몇 가지 원리만을 익히는 데 있지 않다. 그렇지만 기도의 진지한 시작을 위해 한 달 안에 기초를 놓을 수 있다. 여기, 우선적이고 필수적인 몇 가지 조언들이 있다.

• 기도의 한 달을 시작하는 사람은 모든 적당주의를 없애야 한다. 매일 자신의 시간 중 적어도 한 시간을 기도에 바칠 줄 알아야 한다.

• 기도에 관한 이론을 정립하는 것으로 충분하지 않고, 기도하려고 노력해야 한다. 그래서 매일 이론에 30분, 실제에 30분을 바치도록 제안한다. 기도를 잘하기 위해서는 몇 가지 알아야 할 사항이 있으나, 무엇보다 매일 배운 것을 실행하는 것이 중요하다.

• 항구성이 없는 사람, 한 달간의 집중적인 이 과정을 할 자신이 없는 사람은 기다리는 게 좋다. 언젠가는 그때가 올 것이다. 하느님은 모두에게 기도의 은혜를 주시고 싶어 하신다.

• 이 기도의 과정을 점진적이고, 단계적으로 주제를 선정하여 4주간으로 나누었다.

첫째 주간 기도의 중요성

둘째 주간 소리 기도

셋째 주간 듣는 기도

넷째 주간 마음의 기도

• 매 주간은 그 주간의 7일에 맞게, 7장으로 나누어져 있다.

• 매일 기도를 하기 위한 분위기를 생생하게 보존하기 위해, 수시로 되풀이하도록 시편에서 뽑은 간청 기도를 제시해 준다.

• 고요한 순간에 해야 할 기도로써 그날과 관련 있는 주제의 시편을 제시한다. 시편 기도는 '감도 받은' 기도이고, 전례 기도에 조금씩 맛을 들이도록 해 주기에 이 기도를 제시한다.

• 이 기도의 한 달을 인도하는 사람은 다른 사람들에게 제안하기 전에 당연히, 개인적으로 먼저 이 방법을 체험해야 한다. 그다음 이 기도의 한 달을 하는 모든 사람들은, 끝낸 후 자신의 체험을 나눌 사람을 찾도록 하는 것이 좋다. 기도를 가르치면서 기도하는 것을 배운다! 하느님의 선물들을 우리를 위해서만 소유할 권리가 없다.

기도로 어떤 사람을 이끄는 사람은, 그를 하느님께 직접 이끄는 것이다. 오늘날 이것만큼 시급한 문제는 없다고 생각한다. 젊은이들에게나 어른들에게나 모두에게 시급하다.
주님의 어머니께서 여러분의 용기와 항구성을 지탱해 주시기를….

안드레아 가스파리노

| 차례 |

소개의 글 5

머리말 7

| 첫째 주간 | 기도의 중요성 13

1 기도의 필요성 14

2 내가 문밖에 서서 두드리고 있다 27

3 기도하는 것은 사랑하는 것이다 38

4 통회하는 것 50

5 감사 기도 64

6 청하는 것 80

7 시편으로 기도하기 99

| 둘째 주간 | 소리 기도 113

1 산 114

2 출발을 잘하기 121

3 분심들 129

4 환경 139

5 관계를 형성하는 것 147

6 전례 – 기도하시는 예수님 155

7 기도의 절정이며 생명의 샘인 전례 162

| 셋째 주간 | **듣는 기도** 169

1 듣는 것은 사랑하는 것이다 170
2 그리스도의 일깨움 180
3 다섯 가지 통로 191
4 그분의 음성을 듣는 기쁨,
하느님께 드려라 198
5 '말씀'으로 듣기 210
6 네 선물들을 알아라 221
7 전례 – 듣기의 배움터 235

| 넷째 주간 | **마음의 기도** 249

1 첫걸음들 250
2 성경적인 바탕들 264
3 나를 사랑하느냐 284
4 사랑하고 사랑받도록 자신을 두기 300
5 사랑을 전달하기 314
6 스승들 332
7 미사, 사랑의 배움터 347

번역을 마치며 368

| 첫째 주간 |

기도의 중요성

1

기도의 필요성

"유혹에 빠지지 않도록 깨어 기도하여라. 마음은 간절하나 몸이 따르지 못한다."(마태 26,41)

예수님은 기도에 대해 많이 말씀하셨다

예수님은 때로는 말씀으로, 때로는 행동으로 기도에 대해서 일러 주셨는데, 복음서의 거의 모든 장마다 기도에 대한 가르침이 나온다. 그리스도와 사람이 만나는 곳마다 기도에 대한 가르침이 있다고 말할 수 있다.

예수님은 믿음으로 청하는 것이라면 하느님께서 항상 들어주신다고 약속하셨다. 그분의 생애는 이 사실을 입증한다. 예수님은 당신께 믿음으로 부르짖으며 도움을 구하는 사람에게는 항상 대답하셨고, 나아가 기적으로도 대답하셨으며, 또 이방인들에게도 그렇게 하셨다. 예리코의 소경, 백인대장, 가나안 여인, 야이로, 하혈하는 여인, 라자로의 동생 마르타, 아들의 죽음 때문에 울고 있는 과부, 간질병에 걸린 아이의 아버지, 카나의 혼인 잔치에서의 마리아.

성경의 이 모든 부분들은 기도의 능력에 대해 말해 주는 아름다운 장들이다. 또한 예수님은 기도에 대한 참다운 가르침을 주셨다. 기도할 때 빈말만을 하지 않도록 가르치셨고, 이 빈말에 대해 단죄하셨다.

"너희는 기도할 때에 다른 민족 사람들처럼 빈말을 되풀이하지 마라. 그들은 말을 많이 해야 들어 주시는 줄로 생각한다." (마태 6,7)

절대로 다른 사람의 관심을 끌기 위해서 기도하지 말도록 가르치셨다.

"기도할 때에 위선자들처럼 해서는 안 된다. 그들은 사람들에게 드러내 보이려고…."(마태 6,5)

기도하기 전에 먼저 남의 잘못을 용서하여 줄 것을 가르치셨다.

"너희가 서서 기도할 때에 누군가에게 반감을 품고 있거든 용서하여라. 그래야 하늘에 계신 너희 아버지께서도 너희의 잘못을 용서해 주신다."(마르 11,25)

꾸준히 기도하라고 가르치셨다.

"예수님께서는 낙심하지 말고 끊임없이 기도해야 한다는 뜻으로 제자들에게 비유를 말씀하셨다."(루카 18,1)

믿음으로 기도하라고 가르치셨다.

"너희가 기도할 때에 믿고 청하는 것은 무엇이든지 다 받을 것이다."(마태 21,22)

예수님은 기도하기를 간절히 권고하셨다

그리스도께서는 우리가 생활의 투쟁에 맞설 수 있도록 기도하기를 권고하셨다. 어떤 문제는 우리 힘에 겹다는 사실을 아시고 우리의 미약함을 위해 기도하기를 권고하셨다.

"청하여라, 너희에게 주실 것이다. 찾아라, 너희가 얻을 것이다. 문을 두드려라, 너희에게 열릴 것이다. 누구든지 청하는 이는 받고, 찾는 이는 얻고, 문을 두드리는 이에게는 열릴 것이다. 너희 가운데 아들이 빵을 청하는데 돌을 줄 사람이 어디 있겠느냐? 생선을 청하는데 뱀을 줄 사람이 어디 있겠느냐? 너희가 악해도 자녀들에게는 좋은 것을 줄 줄 알거든, 하늘에 계신 너희 아버지께서야 당신께 청하는 이들에게 좋은 것을 얼마나 더 많이 주시겠느냐?"(마태 7,7-11)

예수님은 기도를 도피처로 삼아 문제를 회피하라고 가르치지 않으셨다. 여기서 가르치시는 바를 그리스도의 전체적인 가르침과 분리시켜 놓고 보아서는 안 된다. 달란트의 비유가 말하고자 하는 바는, 인간은 받은 모든 재능을 이용해야만 하고, 한 가지 선물이라도 땅에다 묻어 버리면 하느님 앞에 책임을 느껴야 한다는 것이다. 그리스도께서는 문제를 회피하기 위해 기도에 잠겨 드는 자를 단죄하셨다.

"나에게 '주님, 주님!' 한다고 모두 하늘나라에 들어가는 것이 아니다. 하늘에 계신 내 아버지의 뜻을 실행하는 이라야 들어간다."(마태 7,21)

예수님은 악을 막기 위해 기도하라고 명령하셨다

예수님께서 말씀하셨다.

"유혹에 빠지지 않도록 기도하여라."(루카 22,40)

그러므로 그리스도께서는 생활의 전환점이 되는 어떤 순간에는 기도만이 우리 자신을 넘어지지 않도록 해 준다고 말씀하셨다. 불행히도 자신의 삶이 파괴될 때까지 이것을 깨닫지 못하는 사람도 있다. 제자들 역시 알아듣지 못했으며 오히려 잠들어 버렸다.

그리스도께서 우리에게 기도하라고 명하신 것은, 기도가 인간에게 없어서는 안 되는 소중한 것이라는 표지이다. 우리는 기도 없이는 살아갈 수가 없다. 인간의 능력만으로는 부족하고 또한 자신의 의지만으로는 충분히 감당해 낼 수 없을 때가 있다. 우리가 살다 보면 어떤 순간을 헤쳐 나가기 위해서는 직접 하느님의 능력을 받아들여야만 할 때가 있다.

예수님은 기도의 본보기를 주셨다 – 주님의 기도

예수님은 당신의 뜻에 따라, 시대를 초월하여 기도의 모범이 될 하나의 표준을 세워 주셨다. '주님의 기도'는 그 자체가 기도하는 방법을 배울 수 있는 완전한 길이다. 그리고 그리스도인들이 제일 많이 사용하는 기도이다. 8억 5천만의 가톨릭 신자, 4억 5천만의 개신교 신자, 2억의 정교회 신자들이 매일 이 기도를 바치고 있다.

가장 많이 알려져 있고 또 가장 많이 사용되는 기도지만, 불행하게도 잘 이해하지 못했기 때문에 올바르게 존중되지 못하고 있다. 이 기도 안에는 더 설명해야 하고 좀 더 잘 번역되었어야 할 히브리 사상을 담은 내용이 많이 있다. 그렇지만 분명 이 기도는 감탄할 만한 기도이다. 모든 기도 중 최고의 걸작인 것이다. 입으로 읊기 위한 기도가 아니라 묵상해야만 하는 기도이다. 뿐만 아니라 하나의 기도라기보다는 기도를 위한 지침이라고 해야 할 것이다.

예수님께서 어떻게 기도해야 하는지 명백히 가르치기를 원하셨고, 또 우리를 위해 그분께서 친히 만드신 기도문을 우리에게 주셨다면, 이는 기도가 중요한 것이라는 아주 확실한 표지이다. 그렇다. 우리는 예수님께서 많은 시간을 기도로 보내신 사실과, 아주 열심히 기도하시는 예수님의 모습에서 감동을 받은 몇몇 제자들의 간청에 따라, '주님의 기도'를 가르치신 것을 복음에서 볼 수 있다. 루카 복음은 말한다.

"예수님께서 어떤 곳에서 기도하고 계셨다. 그분께서 기도를 마치시자 제자들 가운데 어떤 사람이, '주님, 요한이 자기 제자들에게 가르쳐 준 것처럼, 저희에게도 기도하는 것을 가르쳐 주십시오.' 하고 말하였다. 예수님께서 그들에게 이르셨다. '너희는 기도할 때 이렇게 하여라. 아버지….'"(루카 11,1-2)

예수님은 밤을 새우며 기도하셨다

예수님은 기도로 많은 시간을 보내셨다. 예수님 주위에는 시급한 일이 많이 있었다. 배움에 목마른 군중, 병자, 가난한 사람들이 팔레스티나의 각처에서 몰려들어 예수님을 에워싸고 있었지만, 예수님은 기도하시기 위해 사랑의 행위도 보류하셨다.

"외딴곳으로 나가시어 그곳에서 기도하셨다."(마르 1,35)

밤을 새우시며 기도하셨다.

"그 무렵에 예수님께서는 기도하시려고 산으로 나가시어, 밤을 새우며 하느님께 기도하셨다."(루카 6,12)

예수님은 자신에게 기도가 그렇게 중요한 것이었기에 알맞은 장소와 시간을 신중하게 택하셨고, 어떠한 일이든 제쳐 두고 먼저 기도하셨다.

"기도하시려고 산에 가셨다."(마르 6,46)

"예수님께서 베드로와 요한과 야고보를 데리고 기도하시러 산에 오르셨다."(루카 9,28)

"다음 날 새벽 아직 캄캄할 때, 예수님께서는 일어나 외딴곳으로 나가시어 그곳에서 기도하셨다."(마르 1,35)

기도하시는 예수님의 모습을 담은 가장 감동적인 장면은 겟세마니에서의 기도이다. 투쟁을 해야 하는 그 순간에 예수님은 모든 이에게 기도하기를 청하셨고, 또 예수님 역시 비탄에 젖은 채 기도에 잠기셨다.

"조금 나아가 얼굴을 땅에 대고 기도하시며…."(마태 26,39)

"다시 두 번째로 가서 기도하셨다. 그리고 다시 와 보시니 그들은 여전히 눈이 무겁게 감겨 자고 있었다. 예수님께서는 그들을 그대로 두시고 다시 가시어 세 번째 같은 말씀으로 기도하셨

다."(마태 26,42-44)

예수님은 십자가에 달리어 계실 때에도 기도하셨다. 십자가상의 비탄 속에서도 남을 위해 기도하셨다.

"아버지, 저들을 용서해 주십시오. 저들은 자기들이 무슨 일을 하는지 모릅니다."(루카 23,34)

예수님은 절망 상태에서도 기도하셨다. 그리스도의 부르짖음 "저의 하느님, 저의 하느님, 어찌하여 저를 버리셨습니까?"는 경건한 이스라엘 사람들이 어려운 순간에 드렸던 기도로, 시편 22이다.

예수님은 기도하시면서 숨을 거두셨다.

"아버지, '제 영을 아버지 손에 맡깁니다."

역시 시편 31의 말씀이다.

그리스도의 이러한 모습을 보면서도 기도를 가볍게 생각할 수 있겠는가? 그리스도인으로서 기도를 소홀히 할 수 있겠는가? 기도 없이 생활할 수가 있겠는가?

기도의 필요성에 대한 반증

기도하지 않는다면 어떻게 그리스도인의 생활을 영위할 수 있겠는가? 그리스도인이 기도하지 않는다면 그리스도인의 생활을 영위할 수가 없다. 나날의 경험이 모든 이에게 이것을 증명해 준다. 기도의 힘없이는 그리스도께서 명하시는 그 사랑을 실천할 수가 없다.

"이것이 나의 계명이다. 내가 너희를 사랑한 것처럼 너희도 서로 사랑하여라."(요한 15,12)

아무도 자신의 능력만으로는 그리스도의 이 계명을 실천할 수 없다. 이게 바로 그리스도인의 본질이다. 이 사랑의 계명은 우리의 능력을 넘어서 있지만 우리는 이 계명을 지킬 때라야 그리스도인이라 할 수 있다. 우리의 생각과 말과 행위 곧 우리의 존재, 우리 생활 전체의 참여를 요구하는 이 계명은 우리 인간의 능력을 훨씬 벗어난다. 영웅이라 할지라도 이 계명을 그리스도께서 원하시는 그대로 끝까지 항구하게 실행하지 못한다. 그러나 기도하는 사람은 할 수 있다. 성인들은 이 사실을 확인해 준다. 기도하는 사람은 하느님의 힘을 자신의 삶 속에 이용하는 법을 배운 사람들이기 때문이다.

두 가지 증언

유명한 두 분의 말씀을 들어 보자. 생리학 연구로 노벨상을 받은 알렉시스 카렐Alexis Carrel이 이렇게 기록했다.

"영육에 미치는 기도의 영향은 림프선 작용과 같이 확인할 수 있는 것이다. 어떠한 약으로도 고칠 수 없던 병을 지닌 사람이, 기도의 평온한 노력으로 그 우울함과 병에서 치유된 사실을 나는 한 사람의 의사로서 보았다."

"기도는 인격 도야를 위해, 그리고 인간의 가장 내적인 기능들의 최종적인 완성을 위해 필수불가결한 원숙한 행위이다. 인간의 성장에 힘을 부여하는 몸과 지혜와 영혼의 완전하고 조화된 일치에 도달하는 것은 오직 기도함으로써 가능하다."

또 윌리엄 파커William Parker는 인간에게 미치는 기도의 효력을 과학적인 면으로 증거하기를 원했던 심리학자로서 이러한 결론을 내리기에 이르렀다.

"기도는 한 인간의 인격 회복과 재생을 위해 가장 중요한 수단이다."

그는 자신의 체험을 토대로 쓴 유명한 책에서 다음과 같은 결론을 입증하고 있다.

"나이가 어떠하든, 상황이 어떠하든, 시기가 어떠하든 기도는 당신의 생활을 변화시킬 수 있다."

기도의 실습

- 이 실습에 적어도 30분을 바쳐라. 그리고 정신이 고요하고 안정이 되는 시간을 선택하라.
- 알맞은 장소를 선택하라. 집에서 집중이 잘되는 곳, 조용한 성당, 가능하면 성체 앞이나 십자가, 성화 앞에서 하라.
- 가슴을 곧게 펴고 양팔을 편히 늘어뜨린 채 꿇어앉도록 하라. 몸도 기도해야 한다. 그렇지 않으면 몸이 기도를 방해할 것이다.
- 이 30분을 정확히 세 부분으로 나누어라. 시간을 잘 계획한다면 기도가 더 쉬울 것이다.
- 네 안에 계시는 성령의 현존에 집중하라. "여러분이 하느님의 성전이고 하느님의 영께서 여러분 안에 계시다는 사실을 여러분은 모릅니까?" 하고 성 바오로는 초대 교회 신자들에게 말하고 있다.
- 성령과의 단순하고 친밀한 대화에 10분을 할애하라. 마음을 더 짓누르는 문제를 그분께 내어 놓아라. 원한다면 자주자주 다음 말들을 되뇌어 보라.
  "창조자이신 성령이여, 오소서."
  "가난한 이들의 아버지여, 오소서."
  "마음의 빛이여, 오소서."

- 10분 동안은 하느님의 말씀을 듣는 데에 할애하라. 예수님께 향하라. 너에게 제시된 예수님의 말씀을 주의 깊게 읽고 또 읽어라.
- 10분 동안 아버지께 주목하라. 아버지께서는 당신의 사랑으로 너를 감싸 주시며, 네 안에 계신다.
- 예수님께서 말씀하셨다. "누구든지 나를 사랑하면 내 말을 지킬 것이다. 그러면 내 아버지께서 그를 사랑하시고, 우리가 그에게 가서 그와 함께 살 것이다."(요한 14,23)

  침묵 가운데 머물면서, 자주자주 다음 말을 하면서 마음의 집중을 청하라.

  "아버지! 나의 아버지! 세상의 그 무엇보다도 당신을 사랑하고 싶습니다."

  그리고 기도 후 즉시 하느님을 위해 어떤 좋은 일을 하기로 결심하라.
- 성모님께서 너를 위해, 하느님께 전구해 주셔서 네가 기도하기를 배우는 은총을 얻도록 천천히 성모송을 외우도록 하라.

하루를 위한 기도

일과 동안 할 수 있는 대로 기도하는 데에 끈기를 가져라. 의무에서 벗어난 모든 자유 시간들을 기도로 채워라. 자주 이렇게 청하라. "선생님, 제게 기도를 가르쳐 주십시오."

시편 139,1-6.12

주님, 당신께서는 저를 살펴보시어 아십니다.
제가 앉거나 서거나 당신께서는 아시고
제 생각을 멀리서도 알아채십니다.
제가 길을 가도 누워 있어도 당신께서는
헤아리시고 당신께는 저의 모든 길이 익숙합니다.
정녕 말이 제 혀에 오르기도 전에
주님, 이미 당신께서는 모두 아십니다.
뒤에서도 앞에서도 저를 에워싸시고
제 위에 당신 손을 얹으십니다.
저에게는 너무나 신비한 당신의 예지
너무 높아 저로서는 어찌할 수 없습니다.
암흑인 듯 광명인 듯 어둠도 당신께는 어둡지 않고
밤도 낮처럼 빛납니다.

2

내가 문밖에 서서 두드리고 있다

"보라, 내가 문 앞에 서서 문을 두드리고 있다. 누구든지 내 목소리를 듣고 문을 열면, 나는 그의 집에 들어가 그와 함께 먹고 그 사람도 나와 함께 먹을 것이다."(묵시 3,20)

내가 문밖에 서서 두드리고 있다

"보라, 내가 문 앞에 서서 문을 두드리고 있다. 누구든지 내 목소리를 듣고 문을 열면, 나는 그의 집에 들어가 그와 함께 먹고 그 사람도 나와 함께 먹을 것이다."(묵시 3,20)

묵시록에 있는 이 단락의 본문은 흥미롭다. 이 단락은 주님께서 라오디케이아 교회의 천사에게 써 보내게 하신 일곱 번째 편지에 속한다. 이 편지 첫머리의 말씀은 아주 엄격하다.

"나는 네가 한 일을 안다. 너는 차지도 않고 뜨겁지도 않다. 네가 차든지 뜨겁든지 하면 좋으련만! 네가 이렇게 미지근하여 뜨겁지도 않고 차지도 않으니, 나는 너를 입에서 뱉어 버리겠다."(묵시 3,15-16)

그리고 이렇게 이어진다.

"내가 사랑하는 사람들을 나는 책망도 하고 징계도 한다. 그러므로 열성을 다하고 회개하여라."(묵시 3,19)

열의가 완전히 식어 버릴 때 그 미지근한 상태에서 무엇을 해야 하는가? 유일한 구제책은 바로 쇄신된 마음의 기도, 그것이다. 미지근함은 무서운 악이다. 눈을 멀게 하기 때문이다. 그래서 "나는 부자다. 풍족하여 부족한 것이 조금도 없다."고 말하게 하는 데까지 이를 수 있다. 이때 악은 심각한 상태이다. 더 이상 치유될 수 없는 암이 되어 버린 미지근함에 대해 이야기하는 것이 아니라 '미지근한 시기'에 대해, 주님의 뒤를 따르는 길에 있어 무기력함에 빠져 있음에 대해 말하고 있다. 해야 할 일이 무엇인가? 구제책이 하나 있다. 그것은 바로 쇄신된 마음의 기도이다! 미지근함은 주님께 불쾌감을 준다. 이에 대해서 묵시록은 격렬한 말투로 이야기한다. "너를 뱉어 버리겠다."고. 미지근함은 심각한 악이기 때문이다. 그렇다면 무엇을 할 것인가? 구제책은 있고 또 간단하다. 그것은 곧 마음의 기도이다!

주님께서는 미지근한 자 가까이에서도 일하신다고 우리에게 말씀하신다. 무엇을 하시는가?

"내가 문밖에 서서 문을 두드리고 있다."

그러니까 주님께서는 거의 언제나 불만족, 양심의 가책, 거북스러움, 그리고 어떤 때에는 우리 자신에 대한 역겨움 따위를 매개로 삼아 당신을 느끼게 하신다. 하느님께서 두드리신다! 머뭇거릴 필요가 없다. 가서 열어야 한다. 두드리시는 주님께 문을 여는 것이 통회이다. "저는 죄인입니다." 하고 말할 용기를 내는 그 순간이, 주님께 문을 열어 드리기 위해 우리가 문으로 가고 있는 뚜렷한 순간이다.

우리의 믿음이 미지근할 때 나타나는 첫 반응은 불평이다. 이래서는 안 된다! 첫 반응은 통회여야 하고, 자신의 잘못을 알고 불쌍히 여겨 달라고 하느님께 외치는 것이어야 한다. 솔직함이 없다는 것은 하느님께 향한 우리 마음의 문이 닫혀 있다는 증거이다. 솔직함과 통회는 마음의 문을 활짝 여는 것인데, 이때 하느님은 우리에게 들어오시게 된다. 괴로워하는 것으로는 충분하지 않고 통회가 필요하다!

주님께서 무엇을 하실까? 즉시 잔치를 벌이실 것이다. "그와 함께 먹고 그도 나와 함께 먹게 될 것이다." 친밀감, 우정, 그리고 새로운 삶의 시작이다. 물론 식사하러 오신다면 식탁을 준비해 드려야 할 것이다. 통회는 입으로 내뱉는 말로써 이루어지는 것이 아니라, 구체적인 행동으로 이루어진다.

초대받으신 분은 빈손으로 오시지 않는다. 받는 데 익숙하지 않으시고 언제나 주시러 오신다. 식탁을 그분이 모두 채우신다고 말할 수 있다. 그분의 사랑은 그토록 크기에 식탁 위에 우리가 조금 준비해 놓은 것들은 그분이 가져오신 것에 견주어 우습기까지 하다.

그래서 이제 마음의 기도의 깊은 단계가 시작된다. 그분과 함께 있고 그분의 현존을 누리며, 그분께 감사드리고 그분의 말씀을 들으며, 그분과 함께 행복하다. 사랑하도록 자신을 내맡긴다. 청하기도 하는가? 물론, 무엇보다도 오늘을 충실하게 살 수 있도록 해달라고 청할 수 있다. "넓고도 헌신적인 마음을 주소서." 오늘을 위해. 내일을 위해서는 내일의 기도가 있을 것이기 때문이다.

우리의 사랑은 구체화되어야 한다. 통회가 진실하다면 회개의 선물을 드릴 준비가 되어 있어야 한다. 그리고 우리가 현실적인 사람이라면 내일의 회개가 아닌 오늘의 회개를 청해야 한다. '오늘을 위한' 회개로 된 마음의 기도는 가장 확실하며, 문제를 가장 잘 해결해 주는 기도이다.

'하느님에 따른' 통회 – 믿고 의탁하는 것!

'사탄에 따른' 통회 – 되씹고 생각하는 것!

예수님께서 우리를 위해 이미 모든 값을 치르셨기 때문에 보상할 수 없는 잘못이란 없다.

세 개의 스위치

기도는 세 개의 스위치로 조종된다고 말할 수 있다. 이 세 개의 스위치를 잘 다룰 줄 아는 이가 기도를 바르게 배울 수 있다.

1) 첫 스위치는 **겸손**이다. 겸손을 이렇게 묘사하고 싶다. 즉, 기도의 첫 행위로 우리 안에 진실을 밝히는 것이다. 자기가 되고 싶은 모습으로가 아니라, 자기 자신 그대로를 하느님 앞에 두는 것이다. 진실을 밝히고, 아주 구체적으로, 깊고 거칠 정도로 솔직하게 우리의 상황에 대한 거점을 설정하는 것, 가면을 벗어 버리고 하느님께 있는 그대로 드러내는 것이다. 성전에서 기도하는 바리사이와 세리를 비유로 들어서 말씀하신 예수님의 중요한 가르침을 잊지 마라. 그 가련한 세리는 하느님께 약속도 드리지 못하고 눈을 들어 그분을 바라볼 용기조차 없으며, 다만 죄인임을 고백할 따름이다. 자신의 모든 비참을 받아들이며, 마치 거지가 행인들에게 자신의 누더기 차림을 드러내듯 하느님께 자신의 비참함을 보여 드릴 뿐이다. 바로 거기에서 기적이 일어난다.

하느님의 마음을 감동시키는 데에는 많은 것이 필요치 않다. 예수님께서 말씀하시는 것과 같이 솔직함으로 충분하며, 얼굴에서 가면을 벗는 것으로 충분하다. 하느님께서는 당신의 은총으로 우리를 채워 주실 것이다. 기도의 들머리인 이 작업을 위해 시간 바치기를 두려워하지 마라. 그것은 기도의 들머리일 뿐 아니라 이미 참된 기도이며, 사실 이미 사랑이다. 다른 두 개의 스위치는 하느님의 사랑에 자신을 여는 것과 사랑하는 것이다.

2) 기도가 사랑이라고 말했다. 그러나 먼저 **너를 위한 하느님의 사랑을 깨달을 필요성**에 대해 더 길게 말해야 할 것 같다. 이것이 결정적인 스위치라고 말할 수 있다. 하느님께서 개인적으로 솔직하게, 항구하게, 충실하게 너를 사랑한다는 확신이 강하다면, 네가 응답하지 않을지라도 하느님은 너를 사랑하신다는 확신이 강하다면(그러나 이것은 머릿속에 떠도는 개념이 아니라 깊은 확신이어야 한다), 너에 대한 하느님의 사랑을 정말 확신하고 있다면, 그때에는 기도가 노력 없이도 저절로 될 것이다.

하느님은 나를 사랑하신다! 바로 이것이 기도의 발화점이다. 또한 그것은 그분과의 관계를 타오르게 하는 발화점이 되어야 한다. 메마른 기도나 병든 기도를 하는 사람은 하느님께서 자기를 사랑하신다는 것을 아직 알지 못했거나 확신 없이 다만 겉껍질로만 알고 있을 뿐이다. 자신 안에 이 확신이 설 수 있도록 온 힘으로 투쟁해야 한다. 약간의 노력으로는 불충분하다. 하느님께서 우리를 사랑하신다는 것을 깨닫는 것은 하느님의 깊은 실재에, 그분의 마음에 들어가는 것과 같다. 가장 간단한 방법은 두 가지가 있는 것 같다. 즉, 감사 기도와 사랑이란 열쇠로 하느님의 말씀을 읽는 것이다.

감사 기도 – 단련 장소를 설정하라. 하루 중 단련을 하기 위해 정확한 시간을 선택하라. 아침에 일어나는 첫 순간에, 여행할 때, 기도가 허락되는 단순 노동을 하게 될 때…. 운동선수의 근육을 만들어 주는 곳은 체력 단련장이다. 감사 기도를 체계적으로 수련한다면, 그 기도는 여러분의 하루 전체를 감사 기도가 되도록 여러분을 이끌어 갈 것이다. "모든 일에 감사하십시오. 이것이 그리스도 예수님 안에서 살아가는 여러분에게 바라시는 하느님의 뜻입니다."(1테살 5, 18)

바오로는 초대 교회 신자들에게, 막 개종한 이방인에게 이 태도를 요구했다. 그런데 이것이 그리스도인으로서 사는 골격을 만들어 주었다. 그리고 하느님의 말씀은 하느님의 사랑을 생각하는 데에 가장 많은 도움을 준다. 그러나 이를 위해 독서 방법의 일반적인 잘못을 고쳐야 할 필요가 있다. 우리는 하느님의 말씀을 다만 윤리라는 열쇠로 읽는 데 너무 습관이 되어 있다. 이는 잘못이다! 하느님의 말씀을 사랑의 열쇠로 읽는 법을 배워야 한다. 말씀을 **입체적으로** 읽는 연습을 해야 한다! 아주 흥미롭다! 그건 이렇다.

첫째, 아주 주의 깊게, 존경과 신앙으로 말씀을 있는 그대로 읽는다(입문서와 해설서의 도움을 받으면서 읽어라. 즉 신앙이 깊고 현명한 주석가의 도움 없이 말씀을 함부로 읽는 위험을 물리치라).

둘째, 이 독서가 우리를 위한, 그리고 나를 위한 예수님의 사랑에 대해 무엇을 가르쳐 주는가 하고 자문하면서 다시 읽는다.

셋째, 아버지의 사랑에 대해 나에게 무엇을 가르쳐 주는지 자문하면서 다시 읽는다. 성경은 쪽마다 하느님의 사랑을 가르치는 학교지만 사랑을 읽는 법을 배우지 않은 사람은 사랑에 대해 까막눈일 수밖에 없다. 사랑을 읽는 법을 배우지 않은 사람은 말씀의 구경꾼일 뿐이다. 금은 깊이 묻혀 있으므로 파 내려가는 이만이 금을 찾을 수 있다.

3) 그다음 세 번째 스위치는 **사랑하라!**

기도 안에서 어떻게 사랑할 수 있는가? 그것을 말하기는 어렵다. 아마 그 모든 것은 아주 단순한 한 가지, 하느님께 우리를 바치는 것을 배우는 데에 있을 것이다. '마음의 기도'에 대해 본질적으로 다루게 될 때 이것에 대해 더 넓게 말하도록 하겠다. 잘 짜인 기도가 되려면 다음의 세 가지 성숙 단계를 거쳐야 한다고 말하고 싶다.

– **소리 기도**를 빈말만의 기도에서 치유하는 것.

– **듣는 기도**에 도달하는 것.

– **사랑의 기도**(마음의 기도)를 겨냥하는 것.

결국 기도의 여정은 다음의 세 가지 과정으로 이루어져야 한다.

말하기(소리 기도)

듣기(듣는 기도)

응답하기(사랑의 기도)

기도의 실습

- 기도에 적어도 30분을 바쳐라. 알맞은 장소와 가장 좋은 시간을 선택하여, 무릎을 꿇고 몸도 기도하게 하라. 너의 기도를 도와줄 것이다.
- 기도 시간을 세 부분으로 나누어라. 기도를 잘 조직할수록 기도를 더 쉽게 만들고 또 열매를 많이 맺을 수 있다.
- 첫 부분(10분)을 네 안에 계시는 성령께 봉헌하라. 네 양심에 질문하고 성령께 질문하라. 내가 저지른 마지막 잘못이 무엇이었는가? 나를 더 짓누르는 죄는 무엇인가? 너의 통회를 성령 앞에 내놓아라. 그리고 이렇게 기도할 수 있다.
  "성령이여, 진리의 성령이여, 제 안에 진실을 밝히소서."
- 그다음 너의 관심을 예수님께 돌려라. 듣는 기도를 실천하라. 네게 제시된 묵시록의 단락을 주의 깊게 다시 읽어라. 자주 이렇게 기도하라.
  "말씀하십시오, 주님. 당신의 종이 듣나이다."
- 통회한다는 것은 바꾸는 것임을 기억하며, 예수님께 빛을 청하라. 오늘을 위한 분명하고 뚜렷한 결심을 정하라.
  "주님, 제 회개의 첫걸음은 어떤 것입니까?"
- 그다음 너를 성부께로 향해서 침묵하고, 다만 그분 앞에 머물고 그분을 사랑하려고만 노력하라. 하루의 모든 은혜를

하나씩 떠올려 보고 이렇게만 기도하라.

"감사합니다, 아버지."

그다음에는 삶의 가장 큰 선물들을 떠올리고 기도하라.

"나의 아버지, 나의 전부시여."

- 기도하기에 맛 들이고 항구하기를 구하는 뜻에서 성모송을 주의 깊게 바치면서 끝맺도록 하라.

하루를 위한 기도

"감사합니다!" 하고 말하는 것은 누구나 할 줄 알지만, 하느님께 감사드리는 것은 너무 적다. 오늘의 자유로운 순간순간마다 이렇게 말하도록 힘써라.

"아버지, 예수님의 이름으로 당신께 감사합니다."

집중할 수 있는 시간에 이 시편을 묵상하라.

시편 139,13-17.23-24

정녕 당신께서는 제 속을 만드시고
제 어머니 배 속에서 저를 엮으셨습니다.
제가 오묘하게 지어졌으니 당신을 찬송합니다.
당신의 조물들은 경이로울 뿐. 제 영혼이 이를 잘 압니다.

제가 아직 태아일 때 당신 두 눈이 보셨고
이미 정해진 날 가운데
아직 하나도 시작하지 않았을 때 당신 책에
그 모든 것이 쓰였습니다.
하느님, 당신의 생각들이 제게 얼마나 어렵습니까?
그것들을 다 합치면 얼마나 웅장합니까?
하느님, 저를 살펴보시어 제 마음을 알아주소서.
저를 꿰뚫어 보시어 제 생각을 알아주소서.
제게 고통의 길이 있는지 보시어 저를 영원의 길로 이끄소서.

기도는 최고의 선이며 하느님과의 깊고 친밀한 나눔이며
마음으로부터 솟아 나와야 하고 밤낮으로 계속 꽃피워야 한다.
영혼의 빛이며 하느님에 대한 참된 앎이며
하느님과 인간 사이의 중재자이며 하느님을 갈망하는 것이고
신적 은총으로부터 생겨난 말로 표현할 수 없는 사랑이다.

성 요한 크리소스토모

3

기도하는 것은 사랑하는 것이다

"아버지, 제 뜻이 아니라 아버지의 뜻이 이루어지게 하십시오."(루카 22,42)

그러나… 기도하는 것이란 무엇인가

기도의 스승은 그리스도이시다. 그래서 그분께 여쭈어 보아야 한다. 어떠한 사람도 그리스도께서 답하시는 것처럼 할 수 없다. 다시 말하면, 기도의 본질에 대한 빛은 계시를 통해서만 알 수 있다. 우리가 주시해야 하는 것은 하느님의 말씀이다. 그리스도인의 모든 스승들은 그분한테 배웠다. 그리스도께서 우리에게 기도의 본보기로 주신 주님의 기도를 살펴봄으로써 기도가 어떤 것인지를 알아듣는 것은 기도에 관한 그리스도의 생각을 깨닫는 가장 빠른 길인 것 같다. '주님의 기도'를 살펴보자마자 즉시 눈에 띄는 것은 아래의 특징들이다.

이 기도는 사랑의 기도이다. 주님의 기도는 일곱 가지 청원으로 구성되어 있고, 각 청원은 모두 사랑의 행위이다. 더 자세히 살펴보자.

"우리 아버지"

예수님은 기도를 아들이 아버지에 대해 지니는 애정의 관계처럼 가르치신다.

"아버지의 이름이 거룩히 빛나시며"

아버지, 당신은 모든 이로부터 환대와 찬미와 사랑을 받으소서.

"아버지의 나라가 오시며"

아버지, 한 사람 한 사람의 마음 안에서 사시고, 다스리소서.

"아버지의 뜻이 하늘에서와 같이 땅에서도 이루어지소서."

아버지, "제 뜻이 아니라 아버지의 뜻이 이루어지게 하소서." 하고 기도하신 그리스도의 표양을 따라 저희도 실제적인 사랑을 가지게 하소서.

"오늘 저희에게 일용할 양식을 주시고"

아버지, 저와 모든 형제들에게 영육에 필요한 당신의 힘을 주소서.

"저희에게 잘못한 이를 저희가 용서하오니 저희 죄를 용서하시고"

아버지, 당신께서 저희를 용서하시는 동시에 또한 저희 마음이 모든 형제들을 용서하게 하소서.

"저희를 유혹에 빠지지 말게 하시고"

아버지, 저희가 당신을 배반하게 될 위험에서 건져 주시고 저희가 온 힘으로 당신을 사랑하게 하소서.

"악에서 구하소서."

아버지, 당신 사랑에서 멀어지게 하는 모든 것으로부터 저희를 구하소서.

예수님께서 주신 이 기도의 본보기를 따르면 아무런 의문도 생길 여지가 없다. 그리스도의 가르침에 따라 기도는 사랑이라고 결론짓게 된다. 기도하는 것은 사랑하는 것이다. 그리스도의 가르침으로 보아 이것이 바로 기도에 있어 가장 중요한 정의이다.

기도하시는 그리스도를 바라보자

기도하시는 그리스도를 연구함으로써 기도의 본질에 대해 더 잘 이해할 수 있을 것이다.

기도하는 것은 또한 구하는 것이다. 예수님은 겟세마니에서 그렇게 하신다. 간구하신다.

"아버지, 아버지께서 원하시면 이 잔을 저에게서 거두어 주십시오. 그러나 제 뜻이 아니라 아버지의 뜻이 이루어지게 하십시오."(루카 22,42)

예수님은 십자가에서 탄원하시고 구하신다.

"아버지, 저들을 용서해 주십시오. 저들은 자기들이 무슨 일을 하는지 모릅니다."(루카 23,34)

십자가 위에서 예수님께서 읊으시는 시편 22도 간절한 청원의 기도였다.

"저의 하느님, 저의 하느님, 어찌하여 저를 버리셨습니까?"(마르 15,34)

우리가 알고 있는 예수님의 가장 긴 기도는 최후 만찬 때에 하신 일치의 기도이다. 그 기도 또한 청원의 기도이다. 그러므로 그리스도의 태도를 볼 때, 기도하는 것이란 우리에게 필요한 것을 청하면서 아버지에게 하듯이 하느님께로 향하는 것이라는 결론을 내릴 수 있다.

기도하는 것은 또한 감사드리는 것이다. 제자들이 복음을 전파하고 돌아올 때 예수님은 아래와 같이 기도하신다.

"아버지, 하늘과 땅의 주님, 지혜롭다는 자들과 슬기롭다는 자들에게는 이것을 감추시고 철부지들에게는 드러내 보이시니,

아버지께 감사드립니다. 그렇습니다, 아버지! 아버지의 선하신 뜻이 이렇게 이루어졌습니다."(마태 11,25-26)

예수님은 감사드리면서 기도하셨다.

예수님께서 빵의 기적을 행하실 때 "하늘을 우러러 찬미를 드리신 다음"(마태 14,19)이라는 복음서 저자의 기록 속에는 예수님께서 히브리인들이 식사 때마다 빵을 들고 드렸던 그 감사의 기도를 하셨다는 것을 드러내고 있음을 알 수 있다. 감사의 기도는 히브리인들이 즐겨 사용하던 기도였다. 히브리인들은 자녀들에게, 하느님께 감사드리지 않고는 빵 한 조각도 삼키지 못하게 가르쳤다. 예수님은, 히브리인들의 순수한 신앙 교육을 받으셨기에, 모든 경건한 이스라엘인들이 지키던 종교적인 이 규칙을 지키셔야 했다.

성경을 살펴보자

성경의 각 장에는 기도하는 인물들이 많이 나온다. 그 인물들의 태도와 말을 통해서도 기도가 무엇인지를 이해할 수 있다. 무엇보다 성경 중에서 전체가 기도로 꾸며진 책이 있다. 바로 시편집이다. 이것은 150편의 기도를 수집하여 엮은 것으로, 이스라엘인들의 공식적인 기도서인데 아주 오래된 기도와 성령의 감도를 받은 기도를 담고 있다. 시편은 우리에게 기도가 무엇인지 알도록 많은 빛을 준다. 사실상 150편의 시편은 아래와 같이 네 부분으로 나눌 수 있다.

– 감사와 찬미의 시편

– 흠숭의 시편

– 청원의 시편

– 용서를 청하는 시편

그러므로 성령의 감도에 따라 쓰인 이 아름다운 책, 성경은 우리에게 기도는 단순히 청하는 것이거나 찬미와 감사를 드리는 그것만이 아니라, 흠숭하는 것이고 용서를 청하는 것이기도 하다는 것을 말해 주고 있음을 알 수 있다.

이 외에도 성경 속의 인물들이 기도하는 태도와 말을 살펴보는 것은 흥미가 있고, 여기서 기도가 무엇인지 깨닫게 해 주는 빛을 얻을 수 있다.

모세는 이렇게 기도한다.

“타오르는 진노를 푸시고 당신 백성에게 내리시려던 재앙을 거두어 주십시오. 당신 자신을 걸고, ‘너희 후손들을 하늘의 별처럼 많게 하고, 내가 약속한 이 땅을 모두 너희 후손들에게 주어, 상속 재산으로 길이 차지하게 하겠다.’ 하며 맹세하신 당신의 종 아브라함과 이사악과 이스라엘을 기억해 주십시오.”(탈출

32,12–13)

“이집트에서 여기에 올 때까지 이 백성을 용서하셨듯이, 이제 당신의 그 크신 자애에 따라 이 백성의 죄악을 용서하여 주십시오.”(민수 14,19)

다윗은 이렇게 하느님을 흠숭한다.

“주 하느님, 당신께서는 위대하시고 당신 같으신 분은 없습니다. 저희 귀로 들어 온 그대로, 당신 말고는 다른 하느님이 없습니다.”(2사무 7,22)

솔로몬은 이렇게 기도했다.

“주 저의 하느님, …저는 어린아이에 지나지 않아서 백성을 이끄는 법을 알지 못합니다. 당신 종에게 듣는 마음을 주시어 당신 백성을 통치하고 선과 악을 분별할 수 있게 해 주십시오.”(1열왕 3,7.9)

그다음 솔로몬은 이렇게 흠숭한다.

“주 이스라엘의 하느님, 위로 하늘이나 아래로 땅 그 어디에도 당신 같은 하느님은 없습니다. …저 하늘, 하늘 위의 하늘도 당신을 모시지 못할 터인데, 제가 지은 이 집이야 오죽하겠습니까? …밤낮으로 이 집을, 곧 당신께서 ‘내 이름이 거기에 머무를 것이다.' 하고 말씀하신 이곳을 살피시어… 또한 당신 종과 당신 백성 이스라엘이 이곳을 향하여 드리는 간청을 들어 주십시오. 부디 당신께서는 계시는 곳 하늘에서 들어 주십시오. 들으시고 용서해 주십시오."(1열왕 8,23-30)

유딧은 다음과 같은 말로 하느님께 향한다.

"당신은 버림받은 이들의 옹호자, 희망 없는 이들의 구원자이십니다. 제 조상의 하느님, 당신의 상속 재산 이스라엘의 하느님, 하늘과 땅의 주님, 물의 창조주님, 당신께서 만드신 모든 조물의 임금님, 부디, 부디 저의 기도를 귀담아 들어 주십시오. 그리하여 당신께서 모든 권세와 능력을 지니신 하느님으로서, 당신 말고는 이스라엘 겨레를 보호하실 분이 없음을, 당신의 온 백성과 모든 지파가 깨달아 알게 하십시오."(유딧 9,11-12.14)

이사야는 이렇게 기도했다.

"그러나 주님, 당신은 저희 아버지십니다. 저희는 진흙, 당신은 저희를 빚으신 분 저희는 모두 당신 손의 작품입니다. 주님, 너무 진노하지 마소서. 저희 죄악을 언제까지나 기억하지는 말아 주소서. 제발 굽어보소서. 저희는 모두 당신의 백성입니다."
(이사 64,7-8)

성경 안에는 또한 사무엘의 어머니 한나가 드렸던 기도와 같은 침묵의 기도도 있다. 결론적으로, 성경을 보면 기도의 본질이란 인간이 하느님 앞에 있을 때 느껴지는 그 필요성에 따라, 가장 자연스럽게 솟아나는 형식으로 하느님과 통교하는 것임을 알 수 있다. 죄인이 하느님께 용서를 바라는 기도, 고마움을 느끼는 사람이 하느님께 감사하는 기도, 어려움에 처한 사람이 하느님께 청원하는 기도, 하느님의 위대하심과 선하심을 관상하는 사람이 바치는 흠숭의 기도.

결국 기도란 하느님과 나 사이의 친밀하고 살아 있으며 진실하고 깊은 통교의 관계를 말한다. 곧 말과 행동으로 표현하는 관계이고, 말없이 마음과 생각으로 표현하는 침묵의 관계이기도 하다.

기도의 실습

- 십자 성호를 잘 긋고 시작하라. 이는 성삼위의 사랑으로 내 존재를 감싸는 것과 같다.
- 30분을 바쳐라. 알맞은 장소와 더 나은 시간을 선택하고 몸도 기도하도록 무릎을 꿇어라.
- 기도의 첫 부분을 성령께 봉헌하라. 네 안에 계시는 그분

의 현존에 집중하여 눈을 감고 그분만을 생각하라. 그분을 통하여 "하느님의 사랑이 우리 마음에 부어졌기 때문입니다."(로마 5,5)라고 성 바오로가 말한다. 오늘은 사랑을 간구해야 한다. 온 힘으로 하느님을 사랑할 줄 알고 네가 충분히 사랑하지 못하고 있는 사람들을 사랑할 줄 알도록 열성적으로 청하라.

- 기도의 둘째 부분은 예수님께 봉헌하라. 그리고 듣는 기도를 하라. 주님의 기도가 나와 있는 성경의 본문을 펴 들고 말마디마다 다음 질문을 해 보라. "예수님, 이 말씀으로 제게 무엇을 말씀하시고 싶습니까?"
- 기도의 셋째 부분은 너를 당신 사랑으로 감싸 주시는 성부, 곧 성 아우구스티노가 '너의 내면을 너보다 더 잘 아시는' 아버지라고 말한 그분께 드리도록 하라. 침묵 속에서 사랑하라. 네가 기쁨으로 그분의 현존에 머물면 곧 사랑하고 있는 것이다. 말없이 기도할수록 기도는 더욱 성장한다. 끝으로 사랑의 표시로 하루 중에 좀 더 빨리 실행할 수 있는 뚜렷한 결심을 그분께 바쳐라.
- 기도를 배울 수 있는 은혜를 청하기 위해 성모송을 정성껏 바치는 것으로 끝맺도록 하라.

하루를 위한 기도

하루 종일 짧고도 열의 있는 기도를 되풀이하는 습관을 들여야 한다. 오늘은 이 기도로 할 수 있다. “아버지, 온 힘으로 당신을 사랑하게 하소서.”

쉐마

예수님께서 예루살렘을 향해 하루에 세 번 외우시던 기도이다. 우리에게는 주님의 기도만큼이나 귀중하다. 많은 히브리인들이 박해 때에 이 기도를 노래하면서 죽음을 향해 나아갔다. 빠른 시일 내에 외울 수 있도록 하라.

신명 6,4-9

이스라엘아, 들어라!
주 우리 하느님은 한 분이신 주님이시다.
너희는 마음을 다하고 목숨을 다하고
힘을 다하여 주 너희 하느님을 사랑해야 한다.
오늘 내가 너희에게 명령하는
이 말을 마음에 새겨 두어라.
너희는 집에 앉아 있을 때나 길을 갈 때나,
누워 있을 때나 일어나 있을 때나,

이 말을 너희 자녀에게
거듭 들려주고 일러 주어라.
또한 이 말을 너희 손에 표징으로 묶고
이마에 표지로 붙여라.
그리고 너희 집 문설주와 대문에도 써 놓아라.

4

통회하는 것

"나에게 '주님, 주님!' 한다고 모두 하늘나라에 들어가는 것이 아니다. 하늘에 계신 내 아버지의 뜻을 실행하는 이라야 들어간다."(마태 7,21)

통회의 기도

나의 생애에서 근본적인 문제는 이것이다. 하느님의 뜻을 행하는 것, 곧 그분께서 나에게 원하시는 대로 사는 것이다. 구체적으로 말하자면, 나의 생애에서 그분의 뜻에 맞지 않는 것을 제거하고, 나에 대한 하느님의 계획을 전적으로 충실히 실행하는 것이다.

그러나 여기에 도달하기 위해서는 나 자신을 깊이 알아야 한다. 그리고 내 생활 속에 있는 모든 가식을 벗어 던지고, 나 자신 속에 비뚤어진 모든 면을 바로잡고 고쳐야 한다. 한마디로 말하자면, 회개하기 위해 나 자신을 알아야만 한다. 이는 사랑의 요구이며 그분께 대한 나의 사랑이 구체적인 것으로 되는 한 단계이다. 그분의 뜻에 충실하기를 원한다면 이 단계에 도달해야 하고, 이는 또한 도달할 수 있는 단계이다. 통회의 기도는 이렇게 시작된다.

나 자신을 깊이 살펴봄

나 자신을 알고 개선하고 싶으면 나 자신에 대해서 진실해야 한다. 나 자신 안에는 나의 습관에 따라서 혹은 너무 어리석어서 또는 내 탓으로, 나의 눈길이 가지 않는 그늘지고 어두운 구석들이 있다. 이 부분들을 깊이 살펴보지 않는다면 회개하려는 그 어떠한 갈망도 아무 소용이 없게 된다.

기도란 무엇보다 정직하겠다고 자기 자신과 맺는 계약이어야 한다. 기도는 자신의 악을 똑바로 바라보도록 도와주어야 하고 그 악을 다시 저지르지 않도록, 또 그 악을 고칠 수 있는 길을 찾도록 도와주어야 한다.

기도는 하느님과 우리 사이를 친밀한 자녀의 관계로 만들어 준다. 하느님께서 원하시는 나를 만들기 위해서 하느님이 바로 나에게 주신 것이다. 심리학의 도움을 받아 우리 안에 있는 악을 밝혀 보자. 인간은 조화로운 존재가 아니다. 인간 안에는 세 가지 기본 요소, 인간의 행복을 위해서 조화를 이루어야 하건만 자주 지장을 주면서 끊임없이 서로 영향을 주고받는 세 가지 원리가 있다. 먼저 생물학적 영역이 있다. 이것은 물리적 실체로, 인간이 지닌 가장 깊은 곳의 보물을 싸고 있는 껍질 역할을 하는 몸이다. 두 번째로 심리학적 영역이 있다. 이것은 정신과 몸을 연결해 주는 다리 역할을 하는 부분인 심리이다. 세 번째로 정신적 영역이 있다. 이것은 인간의 가장 높은 차원이고 인간의 외적인 면과 내면적인 면을 조절하는 핵심이며, 인간에게 가장 가치가 있는 보물과도 같은, 생각하고 원하고 사랑할 수 있는 힘을 주는 요소이다.

인간의 외적인 면에 영향을 주는 장애들, 즉 육체적인 제한이나 병들은 그냥 두고 넘어가자. 별로 중요하지 않아서가 아니라, 그 자체는 하느님 앞에서 취해야 할 인간의 윤리적인 태도에 해를 입힐 정도로 그렇게 심각한 악들이 아니기 때문이다.

그보다는 심리적인 면을 괴롭히는 악들, 정신적인 영역을 함정으로 이끄는 악을 살펴보도록 하자. 이 악들은 하느님의 뜻에 따르려 하는 인간의 자세와 인간의 윤리적인 태도에 침해를 가하는 악들이므로 신중히 다루지 않으면 안 된다.

이렇게 단언할 수 있을 것이다. 우리가 이 악들을 잘 알지 못할 때 우리의 기도 생활은 절대로 좋은 기초를 놓을 수 없다. 근본적인 문제, 즉 하느님의 뜻 앞에서 우리의 실제적인 태도를 살펴보지 않았다는 말이기 때문이다.

우리가 너무 쉽게 빠지는 이 악들은 우리의 자유를 빼앗고 하느님께 충실치 못하도록 우리를 방해한다. 이 악들은 우리의 기도의 첫 대상이 되어야 한다. 우리의 모든 옹졸함과 배신들이 이 악들 안에서 자리를 잡기 때문이다. 이 악들에 대해서는 많은 기도를 해야 한다. 이것에서 출발해야만 진정 영적인 성숙을 이룰 수 있고, 참된 회개를 할 수가 있기 때문이다.

다섯 악마

보통 우리의 심리에 영향을 미치는 악부터 열거해 보자. 심리학자인 윌리엄 파커William Parker는, 우리의 심리가 악마라고까지 부를 만한 다섯 가지 악으로 둘러싸여 있다고 말한다. 염증의 다섯 뿌리와도 같다. 이것은 인간들에게 때로는 의식적으로, 때로는 무의식적으로 자기 방어의 메커니즘을 항상 일으키게 하는 귀찮고도 우리를 짓누르는 악이다. 이 악에 대한 첫 번째 승리는 그것을 인정하는 것이고, 두 번째는 우리가 흔히 그것을 방어하기 위해 너무도 어리석은 방비책을 사용하고 있다는 것을 발견하고 이에 알맞은 방비책을 세우도록 하는 것이다.

다섯 가지 악은 미움, 두려움, 죄의식, 열등감, 자기 연민이다. 파커는 우리의 심리를 괴롭히고 우리에게 큰 고통이 되는 문제는 거의가 다 다섯 가지 염증의 뿌리에서 오는 것이라고 말한다.

물론 우리는 이 악들에 대항한다. 이것은 자기 자신의 보존 본능에 따라오는 것이다. 그렇지만 흔히 우리가 사용하는 방비책은 적당하지 못한 것이 많다. 자주 우리의 방비책은 악의 뿌리까지 가지 못한 채 악을 상상적으로만 제거하는 데서 그친다.

우리가 가장 많이 사용하고 있는 방비책은 이렇다. 악을 부인하고 정당화하고 다른 사람이나 어떤 이유의 탓으로 돌리고, 불합리한 폭력적인 반응을 보이는 것 따위이다. 흔히 우리의 방비책이 이처럼 적당하지 못하기 때문에 이 악들은 우리의 몸까지도 괴롭히게 되고 해로운 영향을 미치게 된다.

파커는 이 악들이 심리적인 우울증, 불안, 신경성 질환으로 나타난다고 분석했다. 이 심리학자는 자신의 환자들을 살펴본 결과 위궤양, 천식, 편두통, 관절염, 두드러기와 같은 병이 신경성에서 온다는 것을 알게 되었다.

우리의 심리를 파괴하는 이 원초적인 악을 밝히지 않고 그 증세만 치료한다는 것은 무익하다. 기도가 바로 이 심리적인 깊은 악들을 밝혀 보게 하는 힘을 가진다. 파커는 이 사실을 그의 영적이면서도 과학적인 신중한 실험을 통하여 입증해 보였다.

그러므로 우리를 보다 더 괴롭히거나 불행하게 만들고, 또 우리가 하느님 앞에 있어야 할 그대로 있지 못하게 하는 그런 악들부터 검토해 보자. 우리 자신을 알기 위한 신중하고 간단한 몇 가지 '시험(테스트)'은 아래와 같다.

미움

마음에 상처를 받았을 때 복수심을 품는가?

쉽게 험담을 하는가?

자신을 높이기 위해 남을 짓밟는가?

이웃에게 불행이 닥쳤을 때 좋아하는가?

남이 창피를 당할 때 좋아하는가?

쉽게 불안해하는가?

신호등 앞에서 성급한가?

무분별한 운전기사들에 대해 화를 내는가?

나보다 더 약한 사람을 억누르는가?

내 밑에 속한 사람이 있다는 것을 좋아하는가?

남에게 창피를 주는 것을 좋아하는가?

남의 잘못을 '바로잡아' 주는 것을 즐기는가?

나에게 닥친 어려움을 남의 탓으로 돌리는가?

다른 사람들이 나를 좋아하지 않는다고 생각하는가?

다른 이들이 나를 인정해 주지 않는다고 생각하는가?

나에 대해 나쁘게 말하고 나를 비웃는다고 의혹을 품는가?

민족적인 선입견을 가지는가?

의심을 품는가? 질투하는가?

다른 이의 행동에서 쉽게 잘못을 보는가?

남을 비웃는 경향이 있는가?

생각이나 말, 행동이 도전적인가?

나의 의견과 상반되는 의견에 대해 참지 못하는가?

복수심을 가지는가?

두려움

어떤 사명을 맡게 되었을 때 먼저 뒤로 물러서려고 하는 반응을 보이는가?

나에게 수치스럽게 느껴지는 일을 쉽게 포기하려는 유혹을 느끼는가?

권위 있는 사람이나 높은 사람 앞에서 수줍어하는가?

반박을 당할 때 말하기보다는 조용히 참는 것을 더 좋아하는가?

다른 이들에게 예속되기를 두려워하는가?

다른 이들의 협조를 거부하는가?

혼자서 하기를 더 좋아하는가?

창피를 당하는 것이 자신에게 비극과 같은가?

항상 다른 사람의 힘에 의존하는가?
주의를 다른 곳으로 돌릴 수 있도록 라디오나 텔레비전을 켜야 할 필요를 느끼는가?
미래에 대해 두려워하는가? 미신적인가?
재앙들에 대해 두려워하는가?
나와 내가 사랑하는 사람에게 일어날 수 있는 일에 대해 공상하는가?

죄의식(합리적이지 못한 후회감)
용서받지 못한 어떤 것이 나에게 있다고 생각하는가?
지나간 나의 과거에서 아무에게도 말할 수 없었던 어떤 것이 있는가? 그 생각을 지워 버리려고 항상 애쓰는가?
절대로 생각하기도 말하기도 싫은 주제가 있는가?
다른 이들과 같이 있을 때 눈에 띄지 않기를 원하는가?
혼자 있을 때도 이렇게 하는가?
나의 본성이나 신념에 반대되는 일을 하거나, 그렇게 한다고 느끼는가?
나의 윤리적인 책임감에 대해 항상 의심스러운가?
나의 도덕적 생활이 너무 세심하여 괴로움을 느끼는가?
이웃에게 손해를 끼쳤을까 봐 항상 두려워하는가?
내가 잘못한 것에 대해 회복할 수 없는 쓴맛을 느끼는가?

열등감(기질로서의 수줍음)

다른 사람들과 같이 있기보다는 혼자 있기를 더 좋아하는가?

다른 사람들 앞에서 긴장하는가? 또는 너무 내성적인가?

다른 사람들의 비평이나 다른 사람들과의 비교에 지나치게 예민한가?

나도 결점을 가지고 있으면서 다른 사람들의 똑같은 결점을 비평하는가?

쉽게 실망하는가?

체면을 아주 중요하게 생각하는가?

성공한 사람을 우러러보는가?

똑똑한 사람을 부러워하는가?

나보다 지위가 낮거나, 혹 나이가 젊거나 경험이 없는 사람에게는 무안을 잘 주는가?

나 자신에게 지나친 것을 꿈꾸면서 만족을 찾는가?

자기 연민

나를 이해해 주지 않는다고 불만을 품고 있는가?

배척을 당할까 봐 두려워하는가? 혹은 인정받지 못할까 봐 두려워하는가?

불의나 부당함에 대해 자주 말하는가?

나보다 더 잘하는 사람과 나 자신을 항상 비교하는가?

환경·사람·의무·직업에 대해 불평하는 습관이 있는가?

받아야 할 인정을 받지 못한다고 불평하는가?

나의 공로에 대해 자주 생각하고 이것에 대해 자주 말하는가?

자신을 무능하고 운이 없는 사람이라고 생각하는가?

정신의 악들

그러나 우리 자신을 알기 위해서는 심리적인 면에만 머물러서는 안 된다. 심리적인 면을 괴롭히는 악을 살펴본 다음, 정신세계를 직접 괴롭히는 악도 살펴보아야 한다. 인간의 모든 정신생활은 아래의 세 가지 활동 안에 있다고 볼 수 있다.

생각하고–바라고–사랑하는 것.

정신 활동들을 상식적인 용어로 일반적으로 이렇게 표현한다.

지성–의지–마음.

인간을 모든 것 위에 드높이는 감탄할 만한 세 가지 기능은 인간의 가장 위대한 점이다. 그러나 이 위대함에 대해 인간은 값을 지불해야 한다. 곧 근접할 수 없는 이 영역에서도 인간은 투쟁을 해야 한다. 하느님께서 우리를 이렇게 창조하셨으며 이것에 대항할 수 있는 무기도 주셨다.

기도는 모든 무기 가운데 가장 힘 있는 무기이다. 기도는 하느님께서 바라시는 인간이 되기 위해서 필요한 지성과 의지, 그리고 마음을 강인하게 해 주는 가장 강력한 영적 활력소이다. 정신세계에서 근본적인 악은 깊이 생각하지 않거나, 정신 집중의 결핍, 약한 의지, 그리고 항구하지 못하며 불충분한 사랑이라고 말할 수 있다.

이 세 가지는 인간의 가장 큰 보화를 위협하는 아주 심각한 악들이다. 심리적인 면을 괴롭히는 악들은, 바로 우리가 깊이 생각하지 않는 것과 의지의 무기력함과 사랑의 결핍으로부터 가중되고 결국 폭발한다. 그러므로 우리의 지성과 의지, 그리고 마음을 파괴하는 이 세 가지 악을 제거한다면 우리의 심리적인 면을 괴롭히는 대부분의 악을 제거하는 것이라고 말할 수 있다.

그러면 기도의 역할은 무엇인가? 우리가 깊이 생각하지 않는 버릇을 고쳐 주고, 약한 의지를 강하게 해 주고, 관대하지 못한 사랑을 치유시켜 주는 것이다. 우리의 문제 가운데 대부분이 정신 집중의 부족과 자제력의 부족, 그리고 우리가 가진 미지근한 껍데기 사랑에 따라 그 영향을 받는다는 것을 누가 모르는가? 우리 삶 안의 거의 모든 것이 우리 지성의 생각하는 힘, 우리 의지의 에너지, 우리 사랑의 충실함에 의해 좌우된다는 것을 누가 모르는가? 성인이란 곧 생각하는 바가 깊고 의지력이 강하며 헌신적인 사람이란 것을 누가 모르는가?

하느님의 힘으로 회개해야 한다. 결국 통회의 기도란 바로 이것이다. 기도는 회개의 도구이다. 우리는 하느님의 힘으로만 회개할 수 있다. 하느님의 힘은, 보통 기도를 통하여 우리에게 온다.

기도의 실습

- 십자 성호를 잘 그음으로써 시작하라. 손가락으로 이마를 짚으면서 사고력을 아버지께 봉헌하고, 가슴을 짚으면서 마음을 그리스도께 봉헌하고, 양 어깨를 짚으면서 행위와 의지를 성령께 봉헌하라.
  '삼위일체적인 기도'에 습관을 들여야 한다. 교회는 계속해서 삼위일체적인 기도를 강조해 오고 있다. 전례 기도 전부가 삼위일체적인 기도인데도, 그리스도인들은 이 기도를 배우고 실행하는 데 더디다.
  기도의 첫 부분을 성령께 바쳐라. 그분 안에 의지를 잠그고 기도하라. "굳셈의 성령이여, 제 의지를 단련시키시고 굳세게 하소서." 이렇게 되뇌어라. "성령이여, 저를 통회의 기도에 양성시켜 주소서."
- 둘째 부분은 예수님께 바쳐라. 이렇게 기도하라. "아버지의 계시이신 예수님, 당신의 신적인 빛으로 제 지력을 채워 주소서." 또는 "길이요, 진리요, 생명이신 예수님, 저를 당

신께 맡깁니다. 저를 차지하소서." 이렇게 되뇌어라. "예수님, 통회의 기도에 저를 단련시키소서."

- 셋째 부분에서는 아버지를 향하여 이렇게 기도하라. "아버지, 무한한 사랑이시여, 사랑에 저를 양성시키소서." 이렇게 되풀이하라. "아버지, 솔직하고 자녀다운 통회에 저를 양성시키소서."
- '기도를 더 잘하려면'이란 별지를 주의 깊게 다시 읽어 보라.

하루를 위한 기도

자유로운 순간마다 이 기도를 소리 내어 되풀이해 보라. "아버지, 제 뜻대로 마시고, 당신의 뜻대로 하소서."

일과 가운데 잠깐의 휴식 시간을 통해 이 통회의 시편을 깊이 있게 읊도록 하라.

시편 103,1-3.10-14.17.22

내 영혼아, 주님을 찬미하여라.
내 안의 모든 것들아,
그분의 거룩하신 이름을 찬미하여라.
내 영혼아, 주님을 찬미하여라.

그분께서 해 주신 일 하나도 잊지 마라.
네 모든 잘못을 용서하시고
네 모든 아픔을 낫게 하시는 분.
우리의 죄대로 우리를 다루지 않으시고
우리의 잘못대로 우리에게 갚지 않으신다.
오히려 하늘이 땅 위에 드높은 것처럼
그분의 자애는 당신을 경외하는 이들 위에 굳세다.
해 뜨는 데가 해 지는 데서 먼 것처럼
우리의 허물들을 우리에게서 멀리하신다.
아버지가 자식들을 가엾이 여기듯
주님께서는 당신을 경외하는 이들을 가엾이 여기시니
우리의 됨됨이를 아시고
우리가 티끌임을 기억하시기 때문이다.
주님의 자애는 영원에서 영원까지
당신을 경외하는 이들 위에 머무른다.
내 영혼아, 주님을 찬미하여라.

5

감사 기도

"열 사람이 깨끗해지지 않았느냐? 그런데 아홉은 어디에 있느냐?"(루카 17,17)

예수님께서 이 점을 지적하셨다

예수님은 우리가 감사할 줄 모른다고 지적하셨다. 루카 복음(17,11 이하)에 깨끗해진 열 사람의 나환자 가운데 단 한 사람만이 감사하러 온 것을 보시고 예수님은 다음과 같이 말씀하셨다. "열 사람이 깨끗해지지 않았느냐? 그런데 아홉은 어디에 있느냐?"

"아홉 사람은 어디에 있느냐?" 하는 그리스도의 이 지적은 심각하다. 생각하고 감사하는 사람은 언제나 이렇게 극소수일 것인가? 인간은 그의 이기주의에서 회복될 수 없을까? 우리는 감사할 줄 모르는 나병에 걸려 있는 것이다.

주님께서는 당연히 우리가 당신에게 감사드릴 것을 기다리신다. 하느님에게서 받았다면 받은 줄을 알아야 하는 것이 당연하고, 그것을 안다면 감사하는 마음을 가지는 것이 마땅하다. 주님께서는 깨끗해진 나환자 아홉 명에게 감사하라는 명령을 내리지 않으시고, 그들 스스로가 이것을 깨닫고 행하기를 기다리셨다.

감사하는 마음은 올바른 마음과 지혜에서 나온다. 따라서 올바른 마음을 가진 사람과 깨달을 수 있는 사람은 감사하지 않으려야 않을 수가 없다. 이 때문에 감사하라는 뚜렷한 계명이 없는 것이다. 이 계명은, 사람이라면 마땅히 해야 하는 것이기 때문이다. 강압에 못 이겨 하는 감사의 행위라면 무슨 뜻이 있겠는가?

"그런데 아홉은 어디에 있느냐?" 이 아홉 가운데 우리 모두가 끼여 있다. 왜냐하면 하느님이 우리에게 베풀어 주시는 선하심에 대하여 우리의 게으름은 한이 없다. 불행하게도 우리 모두가 이 아홉 사람 가운데에 속한다. 우리 모두가 하느님께 감사드리지 않는 잘못에 젖어 있기 때문이다. 인간은 아무리 해도 하느님에게서 받은 은혜에 합당하게 감사드리지 못할 것이다. 하느님의 은혜는 강변의 모래알보다도 더 무수하고 바다의 물방울만큼이나 셀 수 없이 많다. 그러나 인간은 적어도 이것을 문제로 여겨야 한다! 이 문제를 극복할 수는 없겠지만 문제가 있다는 것을 깨닫기라도 해야 할 것이다.

"그런데 아홉은 어디에 있느냐?" 하는 그리스도의 이 쓰디쓴 지적은 감사드리지 않는 사람들을 위해, 내가 대신 감사할 수 있도록 깨어 있어야 한다. 이것을 깨달았을 때 감사를 드릴 줄 모르는 나병에서 회복될 것이고, 또한 감사하는 것을 한 번도 깨닫지 못하는 형제들을 위해서도 하느님께 "주님, 그들을 용서하여 주십시오. 그들은 자기들이 무슨 일을 하는지 모릅니다. 저는 그들을 위해서도 감사드리기 위해 여기에 왔습니다. 그들을 대신해서 그들의 대표로 감사할 줄 알게 해 주십시오…."라고 기도해야 할 것이다.

성경 전체에서 초대하고 있다

십계명은 성경의 몇 장에 불과하지만, 감사하라는 하느님의 초대는 성경 전체에 포함되어 있다. 성경 안에서 감사하라는 일깨움을 내포하지 않고 이어지는 곳을 두세 페이지조차 찾아보기 어렵다. 하느님께서는 당신의 백성을 위해 행하신 위대한 일을 기억하라고 계속 강조하신다.

성경의 시편 모두, 그리고 히브리인들의 고전적인 기도서는 한결같이 감사의 기도로 짜여 있다. 계시된 이 자료들은 다음 사실을 알려 준다. 하느님께서 감사의 의무에 대해 이토록 강조하신 사실은 감사가 인간에게 아주 필요한 것이며, 감사하는 가운데 큰 유익이 있고, 감사하는 가운데 행복이 있으며, 감사하는 가운데 인간이 완성될 수 있다는 것을 뜻한다. 감사함으로써 인간은 균형을 잡을 수 있으며, 자기 자신을 하느님께 속한 자가 되게 하고, 하느님을 당신의 자리에, 즉 모든 것보다 윗자리에 모시게 되는 것이다.

성경 전체가 감사하는 것에 대해 계속해서 일깨워 주는 것은, 인간이 절대로 잊어서는 안 될 이 필요성을 너무도 쉽게 잊어버릴 위험이 크기 때문이다. 성경 전체가 감사의 의무에 대해 강조하는 것은, 감사한다는 이것이, 인간이 하느님께로 바르게 나아가는 가장 쉬운 길이며, 인간의 종교적인 모든 이상을 실현시키기 위한 가장 빠른 길이기 때문이다. 성경 전체에서 이것에 대해 말해 주는 것은 아마도 믿음으로 향하는 '쉬운 길'을 보여 주기 위함일 것이다.

성경 전체에서 감사하는 것에 대해 말하는 까닭은, 감사하기를 배운다는 것은 곧 하느님과 우리의 관계를 생명력 있게 하는 것을 배우는 것이기 때문이다. 성경 전체에서 감사에 대해 강조하고 있는 것은, 감사드리는 것만큼 그리스도의 위대한 계시와 아버지의 무한히 선하심에 대한 계시, 그리고 우리를 자녀로 삼으심에 대한 계시에 우리 인간들을 준비시켜 주는 것은 별로 없기 때문이다.

모든 사람에게 열려 있는 기도

모든 사람이 감사드릴 줄 알고, 또 모든 사람들이 왜 감사드려야 하는지 그 이유를 안다. 한편 모든 사람이 다 관상 기도를 할 줄 아는 것도 아니고, 또 그 이유를 깨닫고 있는 것도 아니다.

말로 감사드릴 수 있고, 또한 말없이 감사드릴 수도 있다. 감사하기 위해서 꼭 기도문이 필요한 것은 아니며, 몇 마디 말로도 충분하다. 몇 마디 말과 하느님의 선하심에 대한 몇 가지 생각으로 충분하다. 따라서 감사하는 것은 순박한 사람들을 위한 단순한 기도지만 아주 부유한 기도이다. 기도할 때 우리는 말과 생각과 책 같은 도구들이 필요하지만, 감사할 때는 몇 마디 말만으로 충분하며 책은 오히려 방해가 된다.

감사하는 것은 가난한 사람들의 기도이다. 어떤 식의 기도에도 준비와 단련과 수고, 알맞은 환경과 많은 열성이 필요하다. 그러나 감사하기 위해서는 준비가 필요 없으며 배워야 할 필요도 없다. 모든 사람이 어떻게 해야 할지를 알기 때문이다. 하느님께 마음을 여는 무신론자도 하느님을 찾기 시작하는 그 순간부터 즉시 이 기도의 길에 들어서서 끝까지 갈 수 있다. 말이 필요 없으며, 단 하나의 생각만으로 충분한데, 그것은 바로 "하느님은 우리를 사랑하시는 인자한 아버지시다."라는 것이다. 나머지는 저절로 이루어진다. 회개한 사람에게 기도하는 법을 가르치기 위해서는 감사하는 법을 가르치는 것만으로 충분하다. 한 번도 기도해 본 적이 없다 할지라도 이러한 방법으로는 기도할 줄 안다.

감사 기도는 마치 들에 핀 꽃을 꺾는 것과도 같이 즐겁고 다양성 있는 기도이다. 한 송이의 꽃을 채 꺾기도 전에 이보다 더 아름답고, 꺾고 싶은 유혹을 느끼게 하는 또 다른 꽃 한 송이가 보인다. 결국 꽃다발은 한 아름이 된다. 감사드리는 것은 하느님의 은혜를 찾아내도록 자극한다. 그러나 하느님의 은혜는 찾으면 찾을수록 더 많이 찾아져서 마침내 모두 다 파악한다는 것이 절대로 불가능하기 때문에, 찾기를 포기하는 데에까지 이르게 된다.

어린이들에게 기도의 맛을 들이게 하기 위해서는 감사 기도의 문턱까지만 그들을 이끌어 주면 충분하다. 아이들은 그 문턱에만 다다르면 우리의 지도가 더 이상 필요치 않고 아이들 스스로 신속하게 나아간다.

감사한다는 것은 절대로 피곤하게 만드는 기도가 아니다. 항상 새로운 면이 있고, 생각하게 하고, 보게 하며, 말하게 하는 좋은 면이 있다. 이것 때문에 모든 사람에게 모든 연령과 모든 계층의 사람들에게, 또한 모든 영적 준비에 알맞은 기도이다. 감사하는 것은 체계를 초월하는 기도이기에 체계 없이 하는 기도이다. 단순하면 단순할수록 더욱더 잘 감사드릴 줄 안다. 이것은 또한 휴식을 취하게 하는 기도이기도 하다. 사고력을 쉬게 하고 마음을 넓혀 준다. 정신적으로 피곤할 때 감사하는 것은 참으로 알맞은 기도이다. 정신을 쓰게 하지 않고 억누르지 않으며 부담을 느끼게 하지 않기 때문에 그러하다.

단련

감사하는 기도의 단련은 방법이 필요하고 합리적이어야 한다. 다른 모든 단련과 마찬가지로 쉬운 것에서부터 어려운 것으로 나아가야 하며 높은 차원을 향하여 나아가야 한다. 즉 우리에게 가장 큰 고통을 주는 모든 것에 대해서도 감사할 줄 아는 것이다. 그러나 이렇게 하는 것은 산꼭대기에 도달하는 것이다. 산꼭대기에 도달하기 위해서는 먼저 산꼭대기에 이르는 가파른 길을 올라가야만 한다. 한마디로 말해서 쉬운 것에서부터 출발해야 한다.

우리가 우리의 문제를 좋은 것과 나쁜 것 두 범주로 구별하는 것은 적절하지 못하며 불합리한 것이다. 믿음이 있는 사람에게는 '어려운 것'이 있을 수는 있지만 좋지 않은 것은 없다. 밤이나 낮이나 구름 낀 날씨나 맑은 날씨나 이 모든 것은 하느님께서 섭리하시는 것이기 때문이다. 그렇지만 우리의 생애에는 아주 아름다운 순간들이 있으며, 볼 줄만 안다면 우리의 하루 일과 가운데서도 아주 좋은 것을 분명히 찾을 수 있다. 바로 여기서부터 감사 기도의 합리적인 단련이 시작된다. 우리 생애에서 어떤 기쁨이라도 감사드리지 않고 그냥 지나치지 않도록 해야 한다. 이것이 감사 기도의 첫 단련이다.

감사하기 시작한다는 것은, 하느님께서 인자하시고, 아버지시며, 무한히 자상하게 우리를 생각하신다는, 우리에게 꼭 필요한 확신을 얻기 시작했다는 뜻이다.

하루를 택하여 그날의 모든 기쁨에 대해 하느님께 감사드림으로써 기쁨을 성화시키겠다는 결심을 굳게 지키도록 해 보라. 해가 지기도 전에 틀림없이 하느님의 선하심에 대한 새로운 개념을 갖게 될 것이다. 한 번도 생각해 보지 않았던 생활의 어떤 면에 눈을 뜨게 되고, 더욱더 하느님께 자신을 맡겨야 할 필요성이 증가될 것이며, 더욱 깊이 의탁하는 자세로 하느님께 신뢰를 드리게 되고, 믿음이 더 굳세어질 것이다.

이 단련은 우리의 믿음을 성숙하게 하며 그 믿음은 항상 그렇듯이 우리가 관대해지도록 해 준다. 믿음은 마치 꽃을 지탱해 주는 줄기와도 같이 항상 사랑으로 준비시켜 준다. 믿음이 살아 있다면 반드시 응답이 솟아나게 한다. 즉 사랑을 일으켜 준다.

대다수의 그리스도인들이 청하기 위해서만 손을 내밀고, 두려운 환경에 처했을 때만 하느님을 기억한다는 것은 아주 부끄러운 사실이다. 열심한 신자라는 사람들도 기도할 때 항상 달라고만 하고 온갖 것들을 다 청하고, 그 청하는 것이 자기에게 유익한지 해로운지 평가하지도 않은 채 계속해서 청하기만 한다. 많은 사람들이 공통적으로 하는 이 구걸 행위는 흔히 아주 조리에 맞지 않는 이치를 따른다. 하느님 앞에서 우리는 어리석은 거지처럼 행동한다. 하느님께서 온갖 선물로 그의 동냥자루를 채워 주시고 옷을 주고 먹을 것을 주고 잠자리를 제공해 주셨지만, 이 걸인들은 만족하지 못하고 자신의 비참함에 대해서만 항상 말한다. 그 이유는 알고 보면 별 가치도 없는 그 '십 원짜리 동전'에만 집착하여 꼭 받으려 하기 때문이다.

하느님께서는 우리가 당신 자녀답게 행동하기를 바라시는데 거지처럼 행동한다는 것은 부끄러운 일이다. 거지에서 자녀로 바꾸어 놓을 수 있는 것이 감사 기도이다. 감사드리는 법에 익숙해진 사람은, 하느님은 아버지시고, 우리에게 필요한 것이 무엇인가를 우리보다도 더 잘 알고 계신다는 것을 알기 때문에, 자신의 계획을 하느님께 강요한다는 것을 부끄럽게 느낀다. 또한 무엇보다도 하느님께서 우리가 당신께 감사드리기를 기다리고 계신다는 것을 확실히 알기에 감사드려야 할 것만 생각한다. 이것이 바로 믿음이요 사랑이며 하느님께서 아버지시라는 사실을 구체적으로 생활화하는 것이다.

그렇지만 단련은 뚜렷함을 필요로 한다. 하느님께서 우리에게 주신 모든 좋은 것에 대해 왜 매일 한 시간씩 감사드리기로 정할 수 없는가? 매일 한 시간씩 감사드리기 위해 일을 중단할 필요도 없고 성당에 가야 할 필요도 없다. 일하면서도 감사드릴 수 있는 시간을 택하는 것으로 충분하다. 정신 집중을 요하지 않는 모든 노동을 감사 기도로 바꿀 수 있을 것이다.

우리는 계속해서 생각하고, 생각하지 않을 때는 공상을 한다. 걸을 때나 일할 때, 잠들기 전에나 잠이 깨자마자, 예기치 않은 순간들까지도 생각이나 공상을 한다. 정신 집중을 요하는 일이 아닐 때는 언제나 생각이 강물처럼 흐른다. 아주 단순하게 흐르는 강줄기에다 둑을 쌓고 우리의 생각을 하느님께 감사드리는 길로 나아가게 하면, 하느님과 우리의 관계가 조금씩 올바르게 될 것이다.

어려운 것으로 향하다

좋은 일이 있을 때 감사드리기는 쉽다! 비록 이것도 실행하는 사람이 적기는 하지만, 모든 이가 감사할 줄을 알기는 안다.

괴로움과 어려움, 슬픔과 자신의 실수에 이르기까지 이런 것에 대해 감사드리는 것은 중요할 뿐 아니라 핵심적인 것이다. 여기에 도달할 때 산의 꼭대기에 도달한 것이다. 불쾌한 것과 고통에 대해서까지 감사할 줄 아는 사람은, 진실로 사는 법을 배운 사람이다. 삶이란 언제나 잘되는 것과 잘못되는 것, 기쁨과 슬픔, 성공과 실패로 엮어져 있기 때문이다.

그리스도인은 기쁨과 슬픔, 더위와 추위, 평화와 폭풍 속에서도 항구히 생활할 줄 아는 사람이다. 그리스도인은 생활의 폭풍우 속에 절대로 깊이 말려들지 않고 또한 말려들었다 할지라도 다시 헤쳐 나올 줄 아는 사람이다.

감사 기도는 우리에게 바로 이런 목표를 지니도록 이끌어 주어야 하고, 어떠한 폭풍우 가운데서도 헤쳐 나갈 줄 알게 해 주어야 한다.

어떻게 해야 하는가? 쉽지 않다는 것을 분명히 말해 두어야 할 것 같다. 때로는 불가능한 투쟁 같기도 하고, 때로는 우리 자신을 억압해 오는 힘에 대항하여 너무 힘겨운 투쟁을 해야 하는 것 같기도 하다. 인간 심성에 관한 어느 정도의 앎도 있어야 한다. 예를 들어 어떤 충돌에 대해서 감사드린다는 것은 마치 벽을 머리로 들이받는 것과 같아서 누구를 막론하고 수긍할 수 없을 것이다.

그러므로 하나의 책략이 있다. 벽을 무너뜨리기 위해 머리로 들이받는 짓을 할 것이 아니라, 기둥 하나를 가지고 잘 겨누어 충격을 가한다면 쉽게 아무런 상처도 입을 위험이 없이 잘 무너뜨릴 수 있다.

다시 말하면, 어떤 충돌 앞에서 감사한다는 것은 공허한 메아리로 느껴지며, 비록 좋은 것이라 할지라도 전혀 납득이 되지 않는 이야기이다. 그러나 감사하기에 앞서 그 충돌을 아주 침착하게 똑바로 살피도록 하고, 살펴본 후 우리로서는 아무것도 할 수 없다고 확인될 때 순박한 아이와도 같이 하느님의 손에 맡긴다면, 이것이야말로 벽을 무너뜨리기 위해 그 유명한 책략, 기둥을 사용하는 것이 되고 마침내 벽은 무너질 것이다.

인간의 힘으로 해결할 수 없는 문제를 참된 의탁과 겸손과 신뢰로 하느님께 맡겼을 때에야 비로소 감사드릴 수 있을 것이다. 이때야말로 그 기둥을 사용하는 순간이다. 그러나 한 번의 충격으로는 충분하지 않을 것이다. 즉 단 한 번 감사드리는 것만으로 충분하지 못할 것이다. 한 번이 아니라 수백 번, 수천 번 감사해야 할 것이다. 그러면 벽은 십중팔구 무너질 것이다. 이것을 믿기 위해서는 체험해 보아야 한다.

처음에는 감사드리는 것이 뜻이 없는 일로 느껴질 것이며, 그렇게 느끼는 것이 당연한 일이다. 어떤 것은 우리가 원하는 그대로 되기가 어렵다. 그렇지만 계속 감사드린다면 벽에 금이 갈 때가 올 것이다. 즉 '섭리의 길'을 발견하게 될 때가 올 것이고, 그 나쁜 상황 가운데서도 좋은 전환점을 어렴풋이 보게 될 것이다.

항구하게 감사한다면 그 충돌에 대해 하느님께 감사드려야 할 동기가 하나뿐 아니라 열 가지 백 가지가 발견될 것이고, 결국에는 감사가 승리를 거둘 것이며 벽은 무너질 것이다! 이거야말로 참다운 감사이며, 확고하고 우리 자신을 해방시켜 주는, 마음 깊은 곳에서 우러나는 진정한 감사일 것이다.

무엇보다도 그러한 순간에라야 감사의 권능을 깨닫게 된다. 뿐만 아니라 우리 삶의 어려운 순간들에 감사 기도가 가지는 역할을 깨달을 수 있을 때까지는, 감사 기도의 체험을 하지 못했다고 해야 할 것이다.

이때에 감사하기를 배운다는 것은 사는 법을 배우는 것임을 이해하게 된다. 감사하기를 배운다는 것은, 생활의 고통스러운 상황들을 하느님의 사랑에 비추어 보는 가운데 그 고통과 대적하는 것을 배운다는 뜻이기 때문이다.

이때 비로소 신앙의 모든 힘과 하느님의 사랑을 체험하게 되기 때문에 참신앙 안에 새롭게 태어나게 된다. 하느님께서 우리에게 조금도 부담스럽게 느껴지지 않을 때 우리는 믿음에 다다른 것이다. 우리 자신의 어떠한 계획보다도 하느님의 뜻이 우리에게 더 중요할 때에 우리는 비로소 사랑에 도달하는 것이다.

여기에도 단계가 필요하다. 일상생활의 작은 어려움을 헤쳐 나가는 데 숙달되지 않는다면 삶의 커다란 문제들에 대적할 수 없다. 매일의 작은 어려움들 앞에서 절대로 평화를 잃지 않고, 이 어려움들에 대해 감사드릴 수 있도록 자신을 단련시키기 위해 오히려 그 어려움을 이용할 결심을 하는 것으로부터 시작해야 할 것이다.

유리컵을 하나 깨뜨렸는가? 어떤 사람이 여러분의 마음을 상하게 했는가? 실수를 저질렀는가? 이런 일 앞에서 왜 마음의 평화를 잃는가? 차라리 침착하게 반성해 보자. 이런 난관들에 대한 해결책이 우리에게 없다면 무엇 때문에 하느님의 손에 신뢰하는 마음으로 맡기지 않는가? 하느님께서 땅에 떨어지는 참새 한 마리에 대해서까지 마음을 쓰신다면, 하물며 우리의 고통에 대해서야 어떠하시겠는가?

우리에게 해결책이 없는 그 문제를 하느님께서 해결하시도록 맡기고, 우리는 더 이상 그것을 생각하지 말고 즉시 감사드리자. 온 마음으로 감사드리되 그 어려움이나 고통에 대해서보다 그 어려움으로부터 얻게 될 좋은 전환점에 대해 감사드리자.

첫 번째 좋은 결과는 그 문제를 더 이상 비극으로 생각하지 않고 정상적인 사건의 하나로 보게 되는 것이다. 이것 또한 감사드릴 수 있는 하느님의 좋은 선물이 아니겠는가? 또 그 사건 후에 자기 자신을 더 잘 알게 될 것이고 다른 사람들이나 그 상황을 더 잘 파악하게 될 것이다. 이것은 바로 우리가 하느님께 감사드려야 할 또 다른 이유가 된다.

그리고 보통 때는 자제심을 잃었을 텐데, 신앙을 가졌던 것에 대해 감사하라. 그다음, 깊이 생각해 보면, 감사해야 할 다른 동기들도 찾아볼 수 있을 것이다.

기도의 실습

- 네 안에 계시는 성령께로 향하여 감사하는 마음을 가질 수 있도록 은혜를 베풀어 주실 것을 믿고 청하라. "성령이여, 감사드리는 것을 가르쳐 주소서."
- 예수님께로 향하여 생각의 부족과 감사할 줄 모르는 마음을 치유해 달라고 청하라. 이렇게 기도하라. "예수님, 저의 감사할 줄 모르는 마음을 낫게 하소서." "구세주이신 예수님, 저를 구원하소서."
- 성부께로 향하라. 그분의 무한한 사랑에 너는 잠겨 있다. 이렇게 기도하라. "나의 아버지, 나의 전부시여!" "아버지, 당신의 은혜를 볼 줄 모르고 감사할 줄 모르는 저의 굳은 마음을 낫게 하소서."
- '기도를 더 잘하려면'이란 별지를 다시 읽고 그 조언들을 충실히 따르라.

하루를 위한 기도

이 간구로 하루의 모든 기쁨을 성화시켜라. "아버지, 당신께 감사드리지 않는 이들을 대신해서도 감사드립니다."

적절한 시간에 감사로 가득 찬 이 시편을 묵상하라.

시편 145,1-2.9.14.16.18.21

저의 임금이신 하느님, 당신을 들어 높입니다.
영영세세 당신 이름을 찬미합니다.
나날이 당신을 찬미하고 영영세세 당신 이름을 찬양합니다.
주님은 모두에게 좋으신 분
그 자비 당신의 모든 조물 위에 미치네.
주님께서는 넘어지는 이 누구나 붙드시고
꺾인 이 누구나 일으켜 세우신다.
당신의 손을 벌리시어 모든 생물을 호의로 배불리십니다.
주님께서는 당신을 부르는 모든 이에게,
당신을 진실하게 부르는 모든 이에게 가까이 계시다.
모든 육신은 그 거룩하신 이름을 찬미하리라, 영영세세.

6

청하는 것

"너희가 기도할 때에 믿고 청하는 것은 무엇이든지 다 받을 것이다."(마태 21,22)

청원과 중재의 기도

예수님은 청원과 중재의 기도에 대해서 아주 특이한 내용들을 말씀하셨다. 예수님께서 청원 기도에 대해 하신 약속은 특수하고 유일한 것이며, 강한 것이므로 깊이 살펴보지 않는다면 심지어 과장한 것처럼 보일 수도 있다.

복음서는 청원과 중재의 기도에 대해 가끔 언급하는 것이 아니라 이 기도에 대한 완벽한 신학적인 내용과 그리스도의 가르침을 확실히 설명해 주는 뚜렷한 사실들을 담고 있다. 중재와 청원의 기도에 대한 그리스도의 가르침은 일곱 가지로 분류할 수 있다.

믿음으로 기도하라

예수님은 무엇보다 믿음을 요구하신다. 청하는 일은 누구나 할 수 있지만, 믿음으로 청하는 것은 누구나 다 할 수 있는 것이 아니다. 예수님은 말씀하신다. "너희가 기도할 때에 믿고 청하는 것은 무엇이든지 다 받을 것이다."(마태 21,22)

예수님의 이 약속에 대해 잘 살펴보자. 말씀을 세밀히 살피는 것이 중요하고, 말씀의 근본 의미를 깨닫는 것이 아주 중요하다. 예수님은 믿음으로 가득 찬 기도를 할 때 하느님께서 반드시 응답하신다고 가르치신다. 기도의 열쇠는 믿음이다. "믿음으로 청하라."고 그리스도께서 강조하신다. 우리의 기도에서 거의 항상 부족한 것은 믿음이기 때문이다. 우리는 지나칠 정도로 청한다. 그러나 너무도 작은 믿음으로, 때로는 믿음 없이 청한다.

우리는 편지를 부칠 때 주소를 쓰고 우표를 붙이는 것에 신경을 쓴다. 주소를 쓰지 않고 우표를 붙이지 않으면 어떠한 결과가 오는지 잘 알기 때문이다. 주소를 정확하게 쓰는 것과 우표를 붙이는 것은 편지가 수신인 손에 닿도록 하기 위한 필수적인 요소이다. 이와 마찬가지로 우리의 기도에서 필수적인 요소는 믿음이다. 편지를 쓰는 것만으로 충분치 않듯이 청하는 것만으로 충분치 않다. 믿음으로 청해야 한다. 이것은 기도에서 본질적인 것이다.

예수님은 복음 전체를 통해 우리가 지칠 정도로 믿음의 중요성에 대해 끈질기게 말씀하신다. 우리가 기도에서 가장 근본적인 요소인 이 믿음을 불행하게도 너무 자주 등한히 하기 때문이다.

믿음으로 간구하기 위해서는 말만 하는 것으로 충분하지 않다. 그것은 또한 몇 분 동안의 짧은 시간으로 되는 것이 아니다. 믿음으로 청하기 위해서는 깊은 사색과 하느님과의 친밀한 분위기가 필요하다. 하느님께 대한 깊은 확신과 우리 자신의 미약함과 무능함에 대한 내적인 깨달음이 있어야 한다. 믿음으로 청하기 위해서는 깊은 겸손이 필요하다.

이 점으로 보아 예수님께서 왜 청원 기도에 대해 많이 말씀하시는지를 알 수 있다. 그리스도께서 가르치신 것처럼 청원 기도는 신앙에 대한 힘 있는 가르침이기 때문이다. 그것은 신앙을 요하고 신앙으로 양성한다. 자신의 기도 중에서 믿음 없이 건성으로 청하는 기도를 버리고 확고한 믿음으로 기도하는 습관을 지닌 사람은 자연적으로 자신의 신앙을 성장시킨다.

예수님은 우리를 신앙으로 이끌어 주기 위해–성인이나 죄인,

수덕가나 초보자, 모두에게 알맞은—이보다 더 간단하고 완전한 방법을 제시할 수는 없었다. 예수님은 이론적인 분이 아니라 실제적인 분이시다. 믿음의 길은 모든 사람이 다 갈 수 있는 길이어야 한다. 즉 예수님은 조금만 열성이 있다면 누구나 끝까지 갈 수 있는 길을 우리에게 열어 주셨다. 예수님께서 분명히 말씀하셨다. "믿고 청하는 것은 무엇이든지 다 받을 것이다."

기도의 효과에 대한 한계를 긋지 않으셨다. 예수님은 '주님의 기도'에 일용할 양식을 구하는 구절을 삽입하시고, 기도에 대한 가장 좋은 비유인 밤중에 찾아온 친구의 비유에서도 빵에 대해서 다시 말씀하시고, 또 이어서 자기 아버지에게 달걀과 생선을 청하는 아들에 대해서도 말씀하신다. 또한 맹인, 나병과 같은 어떠한 질병, 그리고 어떠한 윤리적인 비참함에 대해서도 기도의 권능을 나타내 보여 주신다.

범죄자도 기도로 구원된다. 예수님은 죄의 사함을 청하는 우도(루카 23,42)에게 즉시 응답하심으로써, 기도에 대한 마지막 가르침을 십자가 위에서 주셨다. 기도에 대한 예수님의 마지막 가르침은 용서를 청하는 오른편 죄수에게 즉시 용서를 베풀어 주신 십자가 위에서 이루어졌다.

예수님은 '모든 것'이라고 하셨다. '모든 것'은 '모든 것'이다. 물론 우리가 물질적인 면에 있어, 믿음으로 청했다 할지라도 들어 주시리라는 확신이 없는 것들도 있다. 어떤 십자가는 우리에게 양식과 같이 필요한 것이다. 그러기에 우리를 사랑하시는 하느님께서는 응답하지 않으신다. 하느님께서는 겟세마니 동산에서 십자가의 모욕적인 형벌을 거두어 달라고 하시는 예수님의 청 또한 들어 주지 않으셨다.

그러나 믿음으로 기도를 한다면 하느님께서 확실히 들어 주시리라는 것을 분명히 알 수 있는 것들이 무한히 있다. 아래와 같은 것은 우리보다 하느님께서 더욱더 간절히 원하신다. 곧 정신적인 악에서, 나쁜 습관에서, 오래되고 심한 태만으로부터 치유되는 것이라든지, 게으름으로부터, 이기주의에서, 교만에서, 한마디로 우리의 죄에서 벗어나는 것들은 지체 없이 들어 주신다.

하느님의 전능에 한계를 긋는 것은 그리스도께서 금하신 것이기 때문에 우리에게 그 모든 책임이 있다. 예수님은 이것에 대해 아주 분명하게 말씀하셨다. 그리고 마르코 복음서의 저자는 우리가 진정한 믿음으로 청했는지에 대해 알게 해 주는 한 가지 중요한 면을 덧붙인다. "너희가 기도하며 청하는 것이 무엇이든 그것을 이미 받은 줄로 믿어라. 그러면 너희에게 그대로 이루어질 것이다."(마르 11,24) 이것은 아주 어려운 '시험'이다! 믿음으로 구한다는 것은 하느님을 아버지처럼 대하는 태도를 취하는 것이다. 곧 아버지는 어디까지나 아버지이시기에 모든 두려움과 망설임을 깨끗이 지워 버리는 것이다.

치유의 은사를 받은 유명한 캐더린 쿨만에게 치유를 위해 어떻게 믿음으로 청하는지에 대해 물었을 때 그는 다음과 같이 대답했다. "여러분의 병을 보지 말고 하느님을 보아야 한다. 여러분의 병에 대한 생각에서 벗어나 하느님께로 시선을 향하라. 우리가 청할 때 우리 관심의 중심을 하느님이 아니라 우리의 문제에 두기 때문에 거의 항상 믿음 없이 청하게 된다. 청하는 그 문제가 하느님보다 더 중요하게 된다면 우리의 신앙이 흔들리게 되는 것은 거의 확실하다."

조지 뮐러는 다음과 같은 일화를 남겼다. 어떤 소년이 큰 짐을 지고 길을 가고 있었는데 길에서 빈 마차를 만나 얻어 타고 가게 되었다. 얼마쯤 가다가 소년은 그 주인의 말을 더 이상 피곤하게 하지 말아야겠다고 생각하게 되었다. 그래서 소년은 마차 위에 앉은 채 자기 짐을 어깨에 짊어졌다. 뮐러는 우리가 하느님께 어떤 문제를 맡기고는 자주 이 소년처럼 어리석게 행동한다고 말한다. 곧 그 무거운 짐을 계속 우리의 어깨에 메고 가는 것이다. 그러면 안 된다! 일단 하느님께 맡긴 문제는 더 이상 생각하지 말아야 한다. 이것이 바로 믿음이다!

기도 때 청한 것을 이미 받은 것처럼 행동하라. 그러면 주어질 것이다. 그러면 얻을 것이다.

항구하게 기도하라

예수님께서 말씀하셨다. "청하여라, 너희에게 주실 것이다. 찾아라, 너희가 얻을 것이다. 문을 두드려라, 너희에게 열릴 것이다."(루카 11,9)

항구성은 믿음의 표현이다. 기도하는 데 있어서 항구하게 되는 이유는 거의 언제나 하느님께서 우리의 청을 들어 주실 것이라고 믿기 때문이다. 항구성은 희망의 표현이다. 청하는 데 있어 확고부동한 것은 거의 언제나 하느님께서 응답하실 것이라는 희망을 갖기 때문이다. 항구성은 거의 항상 하고자 하는 마음의 표현이며 동시에 사랑의 표현이다. 그러나 때로 하느님께서는 더디게 대답하신다. 하느님께서 우리의 청을 더디게 들어주신다는 것은 아주 중요하다. 문제를 깊이 생각하게 하고, 문제 앞에서 우리가 성숙하게 하며, 더욱더 겸손해지게 하고, 하느님께 대한 신뢰심이 많아지게 하며, 청하는 문제에 있어 우리가 행해야 할 부분을 하도록 하며, 흔히 우리의 책임감에 대한 새로운 빛을 주며, 강한 의지로 우리를 단련시켜 주고, 우리 신앙을 굳세게 해 주기 때문이다.

마르틴 루터는 그의 사랑하는 친구인 필립보 멜란토네의 건강을 위해 오랫동안 기도했다고 한다. 친구의 병이 치유되지 않는 것을 보고 다음과 같이 기도했다. "주님, 당신께서 필립보의 건강을 치유시켜 주시지 않는다면 나는 당신이 인자롭다는 것과 당신의 권능을 믿을 수 없습니다." 병자는 치유되었다. 그러나 무엇보다도 루터는 하느님께 대한 믿음과 하느님께 믿고 맡기는 마음이 더 커지게 되었다.

하느님께 우리의 끈기가 필요한 것이 아니라, 우리에게 끈기가 필요하다. 하느님께서 우리에게 오시는 데 방해되는 것에서 우리 자신이 치유되기 위해 곧 문제에 대한 경솔함과 무반성과 얕은 신앙에서 치유되어야 한다. 우리는 자주 교만에서 벗어나 회복되어야 한다. 하느님 없이는 우리가 아무것도 아니라는 것을 인식해야 한다. 자신의 무능력과 맞부딪치는 것은 자주 우리를 교만에서 벗어나도록 도와준다.

루카 복음 11장의 귀찮은 친구 이야기는 기도를 항구하게 하라는 가장 좋은 예수님의 비유 말씀이다.

예수님의 이름으로 아버지께 청하라

예수님은 당신의 이름으로 아버지께 청할 것을 강조하신다. 그리고 자주 이 주제에 대해 말씀하신다. 그러므로 당연히 이 점을 중시해야 한다.

교회는 항상 그렇게 기도했다. 곧 전례적으로 중요한 기도 중에 예수님의 이름으로 아버지께 청하라는 예수님의 이 권고 말씀을 따르지 않은 기도는 없다. 그렇지만 무엇보다도 먼저 예수님의 정확한 의도가 무엇인가에 대해 살펴보는 것이 중요하다. 예수님께서 당신의 이름으로 기도하라고 하신 성경 본문들을 보자.

"너희가 나를 뽑은 것이 아니라 내가 너희를 뽑아 세웠다. 너희가 가서 열매를 맺어 너희의 그 열매가 언제나 남아 있게 하려는 것이다. 그리하여 너희가 내 이름으로 아버지께 청하는 것을 그분께서 너희에게 주시게 하려는 것이다."(요한 15,16)

"내가 진실로 진실로 너희에게 말한다. 너희가 내 이름으로 아버지께 청하는 것은 무엇이든지 그분께서 너희에게 주실 것이다. 지금까지 너희는 내 이름으로 아무것도 청하지 않았다. 청하여라. 받을 것이다. 그리하여 너희 기쁨이 충만해질 것이다."(요한 16,23-24)

"내가 진실로 진실로 너희에게 말한다. 나를 믿는 사람은 내가 하는 일을 할 뿐만 아니라, 그보다 더 큰 일도 하게 될 것이다. 내가 아버지께 가기 때문이다. 너희가 내 이름으로 청하는 것은 무엇이든지 내가 다 이루어 주겠다. 그리하여 아버지께서 아들을 통하여 영광스럽게 되시도록 하겠다. 너희가 내 이름으로 청하면 내가 다 이루어 주겠다."(요한 14,12-14)

"…그러나 더 이상 너희에게 비유로 이야기하지 않고 아버지에 관하여 드러내 놓고 너희에게 알려 줄 때가 온다. 그날에 너희는 내 이름으로 청할 것이다. 내가 너희를 위하여 아버지께 청하겠다는 말이 아니다. 바로 아버지께서 너희를 사랑하신다. 너희가 나를 사랑하고 또 내가 하느님에게서 나왔다는 것을 믿었기 때문이다."(요한 16,25-27)

이 성경 구절들과 글의 문맥을 살펴보면 예수님의 이름으로 기도하는 것은 예수님의 능력으로, 예수님의 명령으로, 예수님의 권위로, 예수님의 인격으로, 예수님과 함께, 예수님과 더불어, 예수님을 통하여 기도하는 것과 같은 뜻을 지니고 있다고 추론해 낼 수 있다.

예수님의 이름으로 기도하는 기도의 중요성을 전례에서는 잘 받아들였는데, 무엇 때문에 우리는 이것을 이해하기가 어려우며 기도할 때 이 권고를 따르는 습관이 부족한가? 여기에는 분명히 우리들의 무지와 경솔함이 있다.

우리는 자녀들이며 형제들이기 때문이다

우리에게 있어 아버지의 실재가 하나의 말마디에 지나지 않고 어렴풋한 현실밖에 되지 않을 때 우리가 예수님의 형제로서, 그분의 지체가 되어, 그분과 일치하여 기도할 필요성을 깨닫지 못한다는 것은 당연한 일이다. 하느님이 정말 우리의 아버지이시고 또 그리스도를 통하여 우리가 진정 그분의 자녀가 되었다는 그리스도의 가르침을 깨닫게 되고 생활하게 될 때, 아버지의 기쁨이요 그분의 유일한 아들이신 그리스도와 하나가 되어 참다운 자녀로서 아버지께로 나아간다는 것 또한 지극히 당연한 일일 것이다.

그리스도께서 원하시는 그것

“내가 진실로 진실로 너희에게 말한다. 너희가 내 이름으로 아버지께 청하는 것은 무엇이든지 그분께서 너희에게 주실 것이다.”(요한 16,23)

‘맹세하다’는 뜻을 가진 이 성대한 들머리 뒤에는 그리스도의 지극히 분명한 말씀이 있다. ‘해 보십시오, 그 효과를 보게 될 것이며 나와 일치하여 나와 하나 되어 내 이름으로 하는 기도의 능력을 보게 될 것입니다.’라고 말씀하시고자 하는 것 같다.

여기서 첫째로 두드러지게 드러나는 것은 이것이다. 그리스도와 일치하여 그리스도와 하나 되어 아버지께 기도한다는 것은 무엇보다 먼저 그리스도와 깊은 관계를 맺고 이로 인해 우리가 청할 때 경솔함과 경박함에 빠지지 않도록 해 주는 것이다. 그리스도와 일치하여 하나가 된다는 것은 적어도 이러한 뜻을 나타내고 있다. 그리스도의 사고방식을 가지는 것이고 그리스도의 관점으로 보는 것이며, 그리스도와의 우정을 가지는 것이다. 그래서 그리스도께서 원하시는 그것만을 청하고, 또 그리스도께서 청하시는 것처럼 청하는 것이다.

왜 예수님의 이름으로 아버지께 기도하는 것이 아주 효과적인가 하면, '아버지, 그리스도의 입으로, 그리스도의 마음으로, 그리스도의 생각으로, 그리스도의 신뢰로 아버지께 청합니다.' 라고 말하는 것과 같기 때문이다.

그러므로 내려야 할 첫 번째 결론은 예수님의 이름으로 아버지께 기도하기 위해서는 깊은 내적 생활을 요구한다.

"지금까지 너희는 내 이름으로 아무것도 청하지 않았다. 청하여라."(요한 16,24)

이것은 그리스도께서 우리에게 가져다주신 새 소식이다. 우리를 '그리스도인'이 되게 해 주는 것은 기도라고 할 수 있다. 그리스도인이 아닌 사람들은 혼자서 기도하지만 우리는 절대로 그렇지 않다. 기도할 때 우리는 항상 그리스도 안에 잠겨서, 또 착한 마음을 지닌 모든 이들과 그리스도를 통하여, 하나가 되어야 하는 것이다. 이 때문에 그리스도께서는 '주님의 기도'를 가르치실 때 복수형을 쓰셨다.

그리스도께서 주신 기도의 새로운 면을 인정하고 그리스도인다운 이 새로운 기도를 실천해야 한다. 예수님께서 이것을 체험하도록 우리를 초대하신다. 그러므로 이에 순응하자. 독단으로 하는 기도와 그리스도 안에 전적으로 뿌리박고 그리스도와 깊이 일치한 기도를 비교해 봄으로써 이 두 가지 기도 사이에 엄

청난 차이가 있다는 것을 깨닫게 된다. 그것은 완전히 상반되는 두 세상과도 같다.

너희 기쁨이 충만해질 것이다

"청하여라. 받을 것이다. 그리하여 너희 기쁨이 충만해질 것이다."(요한 16, 24)

마치 예수님은 지상에 완전한 기쁨이 있도록 새로운 기도 방법을 가르치러 왔다고 하시는 것 같다. 그리스도께서는 우리의 기쁨과 인간의 행복에 대해 많은 관심을 기울이시기 때문이다.

죄는 우리의 기쁨을 빼앗아 가는 가장 큰 도둑이다. 곧 이기심, 교만함, 미약함과 그릇된 습관, 이러한 모든 것들은 우리의 기쁨을 앗아 가는 함정들이다. 이 때문에 그리스도께서는 당신의 이름으로 기도해 보라고 말씀하시며, 우리 생활의 깊은 곳에서 쓴 맛을 느끼게 하는 이 모든 비참함을 제거할 수 있다고 하신다.

이때 우리는 예수님의 이름으로 기도한다는 것이 참으로 우리 문제에 대한 근본적인 해결책이 되는지를 스스로에게 물어보지 않을 수 없다.

우리가 깊이 읽지 않으면 찾을 수 없는 어떤 것을 예수님께서 암시하는 것 같다. 정말 그렇다. 그리스도께서 당신 이름으로 기도하라고 하실 때 "내가 가르친 대로 나와 함께 기도한다면 여러분은 기도의 효과를 볼 것이다."고 말씀하시는 것 같다. 청하라, 받을 것이다!

결국 예수님은 기도를 통해서 모든 것을 할 수 있다고 한 번 더 강조하신다. 곧, 그리스도와 함께 있기 때문에 우리에게 있어 해결할 수 없는 문제란 존재하지 않는다는 것을 깨닫게 된다. 이것이 인간에게는 최대의 기쁨이 아니겠는가?

믿음의 능력

"나를 믿는 사람은 내가 하는 일을 할 뿐만 아니라, 그보다 더 큰 일도 하게 될 것이다."(요한 14,12)

믿음은 세상을 혁신한다. 인간에게 주어진 운명은 특수하다. 믿음으로 인간은 그리스도께서 하신 것보다 더 많은 것을 할 수 있을 것이다.

그렇다. 실제로 인간은 믿음으로 그리스도께서 하신 것보다 더 먼 곳까지 구원을 전했고, 유다인의 세계보다도 더 어렵고 힘든 세계에도, 또 그리스도께서 그의 생애 동안 결코 이름조차도 말씀하시지 않았던 그런 민족들에게까지 구원을 전했으며, 그들의 문화 속에 침투했고 완전히 문화의 변혁을 일으키기까지 했다. 신앙을 위해 믿음으로 수많은 순교자들이 그들의 생명을 바쳤다. 그런데 예수님의 시대에는 그리스도 혼자만이 희생제물이 되셨고 그와 친밀한 관계를 가졌던 이들은 모두 도망을

쳤다. 그리스도께서 팔레스티나에서 행하신 기적보다 더 크고 거대한 기적이 이 지상에서 이루어진 것이다. 그리스도 이후에 생긴 모든 사랑의 활동을 생각해 보는 것만으로도 충분히 이것을 깨달을 수 있다.

그리스도를 믿는 사람은 그리스도께서 행하신 것보다 더 위대한 것을 할 수 있다고 약속하셨기 때문에 늘 이렇게 이루어질 것이다. 예수님께서 "내가 아버지께로 가" 이루어 주겠다고 하셨고 그분의 부활을 통해, 지금 여기 살아 계시면서, 지상 방방곡곡에서 인류의 어떠한 상황 안에서도 활동하고 계시기 때문이다. "청하는 것은 무엇이든지 이루어 주겠다." 곧 사람들이 올바로 원하기만 하면 언제나 그들의 필요성에 응답하신다.

그리스도께 청하라

"너희가 내 이름으로 청하는 것은 무엇이든지 내가 다 이루어 주겠다."(요한 14,13)

여기서 말하는 '내 이름으로'라는 말은 파악해야 할 또 하나의 뜻을 내포하고 있다. 곧 기도할 때에 나의 가르침에 순응하고, 내가 한 약속에 따라, 나에게 청한다면, 무엇이든지 내가 모두 들어 주겠다. 아마도 이런 뜻으로 말한 것이라고 생각한다.

예수님께서 가르치시기를, 당신께 청하는 것은 아버지께 청하는 것과 같다고 하신다. 그러나 그리스도께서 가르치신 그대로 청해야 한다. 예수님은 특별히 믿음을 강조하신다. 예수님께서 말씀하신 그 전체 내용이 실제로 이 믿음에 바탕을 둔 것이다.

간단히 말해 예수님은 '내가 가르친 대로 기도를 한다면 틀림없이 내가 그것을 이루어 주겠다. 너희가 믿음을 가지고 기도를 한다면 그것을 이루어 주시겠다고 아버지께서 약속하신 것과 같이, 나도 너희가 믿음을 가지고 나에게 청한다면 즉시 그것을 이루어 주겠다. 내가 너희의 청을 들어 주는 것이 아버지께는 영광이 되고 아버지께서는 나와 너희들과의 이 깊은 일치에 대해서 기뻐하실 것이다.'라고 말씀하시기를 원하시는 것 같다.

그리스도의 인준

예수님의 이름으로 청한다는 말은 틀림없이 또 하나의 다른 뜻을 내포하고 있다. 곧 우리의 소원을 아버지께 청하기에 앞서 그리스도의 인준을 받아야 한다는 뜻이다.

어떤 바람은 그리스도께서 십중팔구 허락하지 않으실 만한 것이 있을 것이다. 이와 반대로 어떤 것은 그리스도께서 당신의 피로 결재를 하실 만큼 그의 마음을 쏟게 하는 문제도 있다. 아버지께 어떤 것을 청할 때 그리스도께서 조건 없이 나를 도와주실 것을 확신한다면 이때야말로 산까지도 무너뜨릴 수 있는 믿음을 가지고 시작해야 한다.

그리스도께서 나와 함께, 나를 위해, 이 청을 하시겠는가? 그리스도께서 나의 기도를 승인하실 것이며 허락하시겠는가? 이렇게 우리의 기도를 살펴보는 습관을 들이자.

그리스도께서 뜻하시는 그대로 기도한다는 의식은 신앙에 많은 열성을 불러일으킨다. 교회의 일치와 서로 간의 사랑의 실천에 대해서는 그리스도께서 아주 강조하셨기에 마치 우리가 그리스도의 대리자인 것처럼 아버지께 그것에 대해 간청하자.

우리가 해야 할 본분도 다하지 않고 하느님께 신중하게 협조하지도 않고 청할 때 그리스도께서는 인준하시지 않을 것이다. 즉 우리의 오래된 결점과 나쁜 습관에서 벗어나가기 위해 우리가 해야 할 노력은 조금도 기울이지 않고 청하기만 한다면 어떻게 그리스도께서 이 청을 승인하실 수 있겠는가? 그리스도께서는 마술과 같은 효과를 기대하는 기도에 대해서는 인준하시지 않고, 책임감을 가지고 하는 기도에 대해서만 인준하신다.

기도의 실습

- 기도의 결점들에 대한 빛을 청하면서 성령께 간구하라. 이렇게 기도하라.
  "성령이여, 살아 있는 신앙을 주소서."
  "창조자이신 성령이여, 오소서."

- 기도에서 항구성을 구하면서 그리스도께 간구하라. 이렇게 기도하라.
  "스승이신 예수님, 저에게 기도를 가르쳐 주소서."
  "스승이신 예수님, 저에게 기도에 있어 끈기를 주소서."
- '네 자신보다 너의 내면을 더 잘 아시는' 아버지께 간구하라. 이렇게 기도하라.
  "가없는 사랑이신 아버지, 제가 사랑하기를 배우게 하소서."
  "나의 아버지, 나의 전부시여."
  "아버지, 제 뜻대로 하지 마시고, 당신 뜻대로 하소서."
- 성모 마리아께 간구하라. 네가 기도하기를 배우고 기도의 맛과 항구함의 은총을 가질 수 있도록 그분의 전구를 간청하라.
- 별지 '기도를 더 잘하려면'의 가르침을 다시 읽고 충실하게 지켜라.

하루를 위한 기도

"기도하기를 배우는 사람은 생활하기를 배운다."고 성 아우구스티노는 말했다. 자주 이렇게 기도하라.

"나의 아버지, 나의 전부시여!"

"아버지, 제 뜻대로 하지 마시고, 당신 뜻대로 하소서."

더욱 적절한 시간에 이 시편을 묵상하라.

시편 116,1-4.6-9

내 애원의 소리를 들어 주시니
나 주님을 사랑하네.
내게 당신의 귀를 기울이셨으니
내 한평생 그분을 부르리라.
죽음의 올가미가 나를 에우고
저승의 공포가 나를 덮쳐
나는 고난과 근심에 사로잡혔네.
이에 나 주님의 이름을 받들어 불렀네.
"아, 주님 제 목숨을 살려 주소서."
주님은 소박한 이들을 지켜 주시는 분
가엾은 나를 구해 주셨네.
내 영혼아, 주님께서 너에게 잘해 주셨으니
평온으로 돌아가라.
정녕 당신께서는 제 목숨을 죽음에서,
제 눈을 눈물에서, 제 발을 넘어짐에서 구하셨습니다.
나는 주님 앞에서 걸어가리라, 산 이들의 땅에서.

7

시편으로 기도하기

"너희는 맛보고 눈여겨보아라, 주님께서 얼마나 좋으신지! 행복하여라, 그분께 피신하는 사람!"(시편 33,9)

앵무새처럼

성 아우구스티노는 그리스도인이 기도할 때 시편을 앵무새처럼 따라하는 것은 옳지 못하다고 했다. "앵무새와 어치(언치)는 때때로 그들이 이해하지 못하는 소리를 내는 것을 사람들로부터 배운다. 그러나 인간은 유일하게 지성을 갖는 특권을 받았기에 우리는 우리가 노래하는 시편에 맛 들이도록 해야 한다. 이때 우리의 노래는 기도가 되고, 우리의 기도는 받아들여질 것이다." 우리가 기도의 맛을 느껴야만 기도할 때에 마음과 정성을 다하게 된다. 그리고 기도가 무엇인지 깨달을 때에만 그 맛을 느끼게 된다.

불행하게도 우리는 시편에 대해 무지하고, 전례에서는 시편들이 너무나 광범위하게 사용되고 있다. 따라서 시편을 맛 들이는 문제를 진지하게 다루지 않는다면 교회의 거의 모든 전례 기도에 우리는 올바로 참례하지 못하게 될 것이다.

"우리는 핏속에 시편을 지니고 태어났다."고 유명한 시편 연구가인 슈라키Chouraqui는 말했다. 사실 그렇다. 그렇지만 시편은 지금으로부터 적어도 3천 년 이전의 사상을 담고 있다. 시편은 우리 그리스도교 신앙의 기원인 종교에서 태어났지만 우리로부터 얼마나 멀리 있는가? 그리고 시편에는 우리에게 현재 통용되는 사고방식과 아주 거리가 먼 표현법들, 개념들, 비유들, 어휘들이 쓰이고 있다. 우리가 시편을 깨닫고 사용하는 데 있어서 이 모든 어려움들은 결코 작은 것이 아니다. 우리는 이 어려움을 극복하거나 무시할 수도 있다. 우리가 알맞게 이 어려움을 극복한다면 시편 기도가 우리에게 그 영양분을 공급해 줄 수 있지만, 무시해 버린다면 시편은 절대로 기도가 되지 못할 것이다.

아무렇게나 주워 모은 것이 아니다

교회의 전통에 따르면, 시편은 그냥 아무렇게나 마구 수집한 기도가 아니다. 교회는 시편들을 성령의 감도를 받아 쓰인 노래라고 한다. 이것이 시편의 생명력을 설명하는 더할 나위 없는 유일한 정의다. 다시 말하면 시편은 인간적인 시가 아니다. 바로 이 이유 때문에 다른 것과 바꾼다는 것은 어리석은 짓이며, 바꾼다 해도 과연 무엇으로 바꿀 수 있겠는가? 인간적인 시와 감도를 따라 쓴 시와의 차이는 마치 그림에 있는 불과 실제적인 불처럼 근본적으로 다르다. 하느님 말씀과 인간의 말의 차이는 마치 밤과 낮이 다르듯 그렇게 서로 다르다.

그뿐만 아니라 시편은 공동체의 노래이다. 드리베르Drijvers의 말에 따르면 공동체 안에서만이 시편의 완전한 뜻과 음률을 찾을 수 있다고 한다. 이 말의 중요성을 깨닫기 위해 이것을 생각해 보라. 아름다운 민요를 노래하는 대신 읽거나 낮은 소리로 읊조린다면 완전히 그 맛을 망쳐 버렸다고 느끼게 될 것이다. 시편은 노래이다. 기도로 하는 대중의 노래이다. 이 특성을 제거한다면 시편은 제 맛을 잃게 될 것이다.

또한 시편은 **계시를 가득히 담고** 있는 노래이다. 구원의 모든 역사에 대한 요약이다. 시편에 대한 이러한 생각은 시편을 수집한(기원전 3세기) 사람들이 모세 오경처럼 시편을 다섯 부분으로 나누도록 영향을 주었다. 시편은 전달해야 할 계시의 메시지, 우주적인 계시의 메시지를 내포하고 있으며, 또한 개인을 위한 메시지도 내포한다.

하느님께서는 모두에게, 또 우리 각자에게 말씀하신다. 우리가 시편을 읊을 때 우주적인 메시지, 그리고 나 개인을 위한 메시지, 이 두 가지 부유함을 시편에서 얻을 수 있도록 해야 한다. 전자나 후자나 깊은 사고와 신학적으로 합당한 준비를 요구한다. 시편은 거짓되게 또는 그냥 적당히 뜯어 맞추거나 바꾸어진 뜻이 아니라 본래의 순수한 뜻으로 이해되어야 하기 때문이다.

그러나 시편은 예수님 안에서만 이해될 수 있다. 오리게네스는 이미 그의 시대에 이렇게 가르쳤다. "예수 그리스도 전에는 구약 성경은 물이었고 지금은 포도주이다." 시편은 그리스도 신비의 빛 안에서 보아야만 그 깊고 완전한 뜻을 파악할 수 있다. 그리고 세상 끝 날에야 비로소 이 빛이 충만하게 드러날 것이다. 성경이 담고 있는 뜻은 그리스도 이후에 비로소 충분히 이해될 수 있었는데, 세상 끝 날이 되면 더욱더 확실히 이해될 것이다. 그리스도만이 구원의 역사에 의미를 부여하고, 그 역사를 완성시켜 주는 분이시기에 시편을 그리스도의 빛 안에서 보지 않는다면 아무런 의미가 없다. 그리스도 없이 시편은 역사적인 모순일 뿐만 아니라 종교적인 모순인 것이다.

시편은 시다

이것을 잊어서는 안 된다. 시편을 쓴 시인은 청중에게 자신의 마음 상태와 추억 등을 전하고자 한다. 그러므로 시편을 구성하는 언어는 항상 부차적인 것이고 형식일 뿐이다. 시편이 전하고자 하는 메시지는 말에 담겨 있는 것이 아니라 그 말로부터 우러나는 감정에 담겨 있다. 그러므로 시편 기도에는 그 감정을 표현하기 위한 생명력 있는 여유가 필요하다. 급히 서두르는 마음은 시편의 의미를 말살하고 경솔함은 시편의 감정을 죽인다. 하느님께 대한 감정은, 이것을 표현할 수 있고 일으킬 수 있는 사랑과 침묵의 분위기가 없으면 솟아나지 않는다. 시편을 기도로 합당하게 사용하기 위해서는 개인적인 기도를 허용하는 깊은 사색과 침묵의 시간을 갖거나 기도에 자극을 주는 자연적으로 우러난 묵상이 있어야 한다.

그리고 시편은 셈족의 시이다. 셈족은 서양의 사상을 가지고 있지 않아서 개념화하는 일이 결코 없고 명상할 뿐이다. 셈족의 시인은 마음의 감정을 전달하기 위해 한 폭의 그림으로 그 감정을 묘사하는 화가와도 같다. 본 것을 이야기식으로 보여 주는 것이 아니라 그림을 조금씩 손질하듯 묘사한다. 그의 시는 점점 넓어져 가는 장미형의 장식과 같다. 평행법을 자주 쓰고 있는 것은 평행법이 그림을 손질하는 데 있어서 바탕적인 요소가 되기 때문이다. 그러므로 시편을 노래한 뒤에는 자유 기도를 하는 것이 아주 적합하다. 자유 기도는 시편의 의미를 더 뚜렷하게 하는 손질과 같기 때문이다. 시편에 대해 좋은 공동체적 주석을 할 수 있다면 이 감정적인 시편은 우리 안에 생명력을 갖는다.

셈족의 시는 음률과 시 구절이 그 근본 바탕을 이룬다. 시의 구절은 어떤 개념을 표현하므로 번역될 수 있으나, 음률은 절대 그렇게 되지 않는다. 음률은 개념들이 불러일으키는 감정과 어울려 가며 그 감정에 생동감을 준다.

시편은 항상 노래로 불려야 할 것이다. 시편을 연구하는 전문가들이 '성무일도에 관한 규칙'에, 전례 때 시편을 어떻게 사용해야 할 것인지에 대해 다음과 같이 말한다.

"시편들은 읽기 위한 책도, 기도문도, 산문도 아니며 찬미의 시이다…. 모든 시편은 어떤 음률적인 특징을 가지고 있다. 그러므로 노래하지 않고 읊을 때도 이 음률적인 특징을 살려야 한다."(n.103)

"시편의 음률과 시적인 특징은 하느님과 직접적인 대화를 위해 사용하는 것보다 오히려 노래로 하도록 꾸며진 것이다."(n.105)

시편에 대한 또 다른 어려움 – 히브리어의 빈약함

히브리어는 빈약한 언어이고 동의어가 적다. 반대로 한 단어가 많은 뜻을 내포하고 있으므로 번역하는 이들에게는 어려움이 많지만, 개념에 있어 예기치 않은 빛을 주는 언어이다. 히브리어는 연결이 잘 된 문자라기보다는 반복되고 의미가 중복되는 문장이 많기 때문에 정확성은 없지만 그 대신 힘 있게 표현된다. 전치사가 적어 분명치 못하고 접속사도 적다. 그리고 동사는 두 가지 시제, 과거와 미래 시제밖에 없기 때문에 행동에 대한 시간적 확실성이 없다. 구체적으로 말하자면, 하느님께서는 이렇게 관심을 적게 끌고 흥미를 적게 느끼는 기도의 도구, 시편을 우리 손에 주셨다. 우리가 우리의 기도를 만드는 사람이기를 원하시고, 이미 준비된 음식을 먹는 것이 아니라 우리가 요리한 음식을 먹도록, 곧 이 기도를 깊이 연구하고 개인적인 기도가 되게 하라고 우리를 부르시기 때문이다.

시편은 하느님의 금을 갖고 있는 사금과도 같다. 사금은 절대로 집 가까이에 있지 않으므로 금을 찾기 위해서는 멀리까지 가야 한다. 그래서 포기해야 할 것이 있고 수고해야 하며 모래와 금을 가려내기 위해 키질을 하느라 허리가 부러질 정도로 일해야 한다.

시편은 경솔한 이들을 위한 기도의 양식이 아니다. 하느님께서는 우리가 우리의 능력을 발휘할 수 있도록 하기 위해 시편이 인간적인 부족함과 빈약한 용어들로 둘러싸여 있기를 원하셨는데 이는 좋은 것이다. 시편은 생각하기를 귀찮게 여기는 사람과 소심한 자들을 위한 기도가 아니다. 게으른 자는 아무것도 얻지 못하고 마음이 소심한 자는 길을 잃어버릴 것이기 때문이다.

히브리의 시는 노래이다

그것은 낭독하는 것이 아니다. 거의 항상 춤을 동반하는 노래이다. 시편의 반복되는 음률은 춤을 위한 리듬처럼 그 음률에 맞춰서 몸을 흔드는 데 도움이 된다. 흔히 반복되는 음률은 손뼉을 치거나 발을 구름으로써 리듬에 맞추도록 도움을 준다.

히브리의 시는 공동체적인 표현인 노래이다. 시편 기도에는 공동체가 참여해야 한다. 혼자서 시편을 가지고 기도했다 할지라도 공동체의 힘이 그 기도를 지탱해야 할 것이다. 시편은 남들과 함께 올리는, 남을 위한 기도여야 한다. 시편은 공동체적인 정신, 곧 교회에 대한 인식을 길러 주는 강한 힘을 가지고 있다.

한마디로 시편의 사용법에서 깨달아야 할 가장 중요한 것은, 시편은 기도를 위해 다 준비된 음식이 아니라 오히려 요리해야 할 음식이라는 것이다. 다시 말하면 시편은 기도의 씨앗이며 기도의 자극제이다. 그러므로 시편이 기도의 꽃봉오리를 맺게 하지 못하면 무용지물이 될 위험이 아주 크고, 시편을 잘 이해하지 못했거나 올바르게 사용하지 않으면 기도의 꽃봉오리를 맺지 못하게 된다.

시편은 기도가 될 수도 있고, 혹은 아무것도 아닐 수도 있다. 뿐만 아니라 심지어 기도의 함정까지도 될 수 있다. 시편을 기도하기 위해서는 준비가 완료된 땅이 필요함을 깨달아야 한다. 마치 잘 마른 나무를 준비해 놓고 그 나무에다 불만 붙이면 기도의 불이 활활 타오르게 하는 것과도 같다.

하나의 대답

기도할 때 시편을 사용하는 데 있어서 제기될 수 있는 질문에 대답하도록 해 보자. 감도를 받아 쓴 시편을 가지고 기도해야 할 필요가 있는가? 인간은 항상 기도하지 않았는가? 오늘날의 사상과는 너무도 동떨어진 그 형식을 꼭 사용해야만 하는가? 이에 대해서 이렇게 답할 수 있다.

'감도를 받은'(시편과 같이) 기도와 개인적인 기도 사이에는 큰 차이가 있다. 간단히 그 원인을 말하자면, 감도를 받은 기도는 하느님께로부터 오는 것이고, 개인적인 기도는 인간으로부터 오는 것이기 때문이다.

마치 어떤 실업자가 고용주에게 일자리를 하나 달라고 그냥 부탁하는 것과, 그 고용주와 친한 친구의 소개장을 가지고 가서 부탁하는 것과는 그 결과에서 큰 차이가 있는 것과도 같다. 이 비유가 적절하지는 못하지만 하느님의 말씀으로 된 기도의 사용은 더듬거리는 인간의 말로 하는 기도와는 질적으로 큰 차이가 있다는 것을 확실히 말하고자 한 것이다.

제자들이 예수님께 가서 그들에게 기도문을 하나 지어 달라고 청해야 할 필요를 느꼈다는 것은 주목할 만한 일이다. 예수님은 그들에게 '주님의 기도'를 가르쳐 주셨다. 제자들에게 그냥 '자유 기도를 하라, 또는 여러분들에게 떠오르는 대로 기도하라.'고 하지 않으시고 하나의 기도문을 정해 주셨으며 그 '감도받은 기도'를 제자들에게 맡기시길 원하셨다.

밤을 새워 가며 아버지와 친밀한 관계 속에서 개인적인 기도를 하셨던 예수님 자신도, 히브리인들이 성전과 회당에서 늘 쓰던 기도인 시편을 사용하셨고, 또 시편 기도를 하시면서 십자가 위에서 돌아가셨다.

히브리 전통과 그리스도교 전통은 개인적인 기도를 장려하면서도 감도받은 기도로 기도하는 것을 수 세기 동안 한 번도 멈추지 않았으며, 3천 년 동안이라는 오랜 전통에도 그 중요성이 감소되지 않았다는 것은 분명히 성령의 활동이라고 할 수 있다.

그러나 우리 그리스도인에게 시편은 그리스도인 정신에 따라 사용해야 하는 것임을 명확하게 해야 할 필요성이 있다. 곧 그리스도 안에서 시편을 기도해야 한다는 것이다.

"우리가 하느님께 어떻게 말씀드려야 할지, 또 그분과의 관계를 어떻게 맺어야 할지는 예수 그리스도의 이름으로 기도함으로써 가능하다고 하느님께서 친히 우리에게 가르쳐 주신 것은 큰 은혜이다. 시편은 바로 우리에게 예수 그리스도의 이름으로 기도하는 것을 가르쳐 주기 위해서 주어졌다."고 본회퍼는 말했다. 또 "예로니모 학자 시대에는 농장에서나 공장의 일터에서 시편을 노래하는 소리를 들을 수 있었다."고 그가 말했음에 주목하자.

"시편은 어린 그리스도교의 온 삶을 채웠다. 그러나 무엇보다도 중요한 것은 예수님께서 십자가 위에서 시편의 말씀을 읊으시면서 돌아가셨다는 사실이다. 한 그리스도인 공동체가 시편을 잃어버린다면 비할 수 없이 귀한 보배를 잃어버리는 것이 될 것이다. 그러나 그 보배를 다시 발견한다면 더할 수 없는 큰 힘을 얻게 되는 것이다."

기도의 실습

- 시편을 '그리스도 안에서', 그리스도와 일치하여, 그리스도

께서 기도하듯이 그리스도의 마음으로 기도하는 것을 배우기 위해 성령께 간구하라.

"창조주이신 성령이여, 오소서."

- 시편 기도에 그대를 양성시켜 주시라고 그리스도께 간구하라. 영감을 받은 기도로서 시편을 존경할 줄 알도록 청하라. 그리스도께서 읽으시던 것처럼 영감을 받은 말씀을 읽으려고 노력하면서 그대가 그리스도의 감정 안에 동화되기를 청하라.

  "스승이신 예수님, 당신이 기도하시는 것처럼 기도하도록 저에게 가르쳐 주십시오."

- 시편으로 된 간청 기도로 그분과의 만남 안으로 들어가면서 하느님을 사랑하라. 그리스도와 함께, 그리스도 안에서, 그리스도를 통하여 아버지께 기도하도록 해 보라.

  "아버지, 당신의 뜻이 이루어지소서."

- 성모 마리아께서 시편으로 기도할 줄 아셨던 것처럼 시편으로 기도하는 은총을 성모님을 통하여 간구하라.
- 별지 '기도를 더 잘하려면'을 다시 읽고 좋은 기도를 위해 자신에게 주어진 모든 조언을 따르라.

하루를 위한 기도

모든 자유 시간을 아래의 시편 기도로 채우도록 노력하라(이것은 시편을 끝맺는 기도이다).

“숨 쉬는 것 모두 주님을 찬양하여라.”(시편 150,6)

집중이 잘될 때 다음 시편으로 기도하라. 이 시편은 ‘우주적인 시편’이라고 불린다.

시편 148,1-3.5.7-13

주님을 찬양하여라, 하늘로부터.
주님을 찬양하여라, 높은 데에서.
주님을 찬양하여라, 주님의 모든 천사들아.
주님을 찬양하여라, 주님의 모든 군대들아.
주님을 찬양하여라, 해와 달아.
주님을 찬양하여라, 반짝이는 모든 별들아.
주님의 이름을 찬양하여라,
그분께서 명령하시자 저들이 창조되었다.
주님을 찬미하여라, 땅으로부터….
불이며 우박, 눈이며 안개 그분 말씀을 수행하는 거센 바람아
산들과 모든 언덕들 과일나무와 모든 향백나무들아
들짐승과 모든 집짐승 길짐승과 날짐승들아

세상 임금들과 모든 민족들….

총각들과 처녀들도 노인들과 아이들도 함께

주님의 이름을 찬양하여라. 그분 이름 홀로 높으시다.

그분의 엄위 땅과 하늘에 가득하다.

| 둘째 주간 |

소리 기도

1

산

"너희는 기도할 때에 다른 민족 사람들처럼 빈말을 되풀이하지 마라."(마태 6,7)

기도의 체험에 따르면, 기도에는 마치 산을 오르는 것과 같은 성장 과정이 있는 듯하다.

첫째 단계 – '빈말'

이 단계의 기도는 기도가 모습을 갖추지 못했을 뿐만 아니라 나쁘게 형성된 기도, 곧 기도 아닌 기도이다. 기도라고 여길 수조차 없고 기도라고 부를 수도 없지만 많은 사람들이 이 기도를 사용하고 있으므로 이 기도에 대해서도 언급하지 않을 수 없다. 예수님은 이런 식의 기도를 단죄하셨고 제외시키셨다. "너희는 기도할 때에 다른 민족 사람들처럼 빈말을 되풀이하지 마라."(마태 6,7)

그런데도 이런 식의 기도를 많이 드리고 있다. 아무렇게나 드리는 묵주 기도, 급하게 드리는 미사, 아무렇게나 행하는 성사, 습관화된 영성체와 고해성사 같은 이 모든 것들이 너무 만연되고 있다. 이는 슬픈 사실이고 모순적인 것이며 이단이라 할 수 있다. 그런데 많은 사람들이 한평생 이런 식의 기도에 묶여 살고 있다.

이런 잘못에서 헤어날 수 있을까? 물론! 그러나 이것은 마치 암에서 치유되는 것과도 같다. 사실 빈말만의 기도는 기도의 암이라 할 수 있다. 암은 주사 한 대로 치료되지 않는다. 수술 혹은 퍼져 있는 부위에 방사선을 쬠으로써 치료된다.

용기를 필요로 한다. 치료의 시작은 공포를 갖는 일이다. 자신이 병자라는 것을 인식하지 못하는 사람은 그 병에서 치유될 수 없듯이, 태평스럽게 자고 있는 사람은 이 그릇된 기도에서 벗어날 수 없다.

둘째 단계 – 기도가 '독백'일 때

기도할 때 기도하는 사람이 하느님께 이야기한다는 것을 이따금씩 인식하고, 자기가 하는 말에 대해 약간의 조심을 하는 기도를 말한다. 그렇지만 그에게는 하느님이 수천 킬로미터나 떨어져 있다. 그에게 하느님은 하나의 인격체가 아니고, 살아 있는 하느님이 아니며, 감지할 수 있는 하느님이 아니다. 곧 현존하시는 하느님이 아니라 멀리 떨어져 마치 존재하지도 않는 분과 같이 느껴지기 때문에 이 사람이 드리는 기도는 하나의 독백일 뿐이다.

독백은 자기 자신에게 말하고 자신의 말에 맞장구를 치는 것이다. 누구와 통교하는 것이 아니다. 자기 자신과 말하는 사람이 다른 이와 통교하고 있다고 말할 수 있을까? 아니다. 그는 다만 이상한 사람일 따름이고, 아마 자기 자신과도 통하지 못하고 허공만 맴돌고 있을 뿐이다.

흔히 사용되는 기도 방법이지만 이것은 위험하다. 이렇게 기도하는 사람은 기도한다는 착각 속에 있지만 실제로는 기도하지 않고 있기 때문이다. 차라리 전혀 기도하지 않는 편이 낫다. 언젠가는 기도하지 않는다는 자책으로 대책을 찾을 테니까 말이다. 이런 식의 기도는 우리의 결점들을 개선시켜 주지 못한다. 시간만 허비하는 것이다. 병을 치료해 주지도 못하고, 오히려 양심을 무뎌지게 한다.

셋째 단계 – 대화

이 단계에 이르렀을 때 우리는 기도에 제대로 들어선다. 하느님과 더불어 대화를 할 줄 알 때, 비로소 우리는 기도하는 것이다. 하느님께서 인격체가 되실 때, 즉 들으시고 우리를 보시고 사랑하시며, 우리 삶에 참여하시는 살아 있는 한 인격체가 되실 때이다(그분께서는 항상 이러한 분이시지만 우리의 경솔함 때문에 이를 깨닫지 못할 뿐이다). 이때에야 비로소 우리 또한 그분 앞에 존재하게 되고 그분과 참으로 통교하며 그분께서도 우리와 참으로 통교하실 수 있다.

기도가 뜨거워지고, 믿음으로 그분께 우리 문제를 맡겨 드리며, 그분의 말씀을 듣는다. 이 단계의 기도는 앞에서 말한 두 단계의 기도와는 많은 차이가 있다. 앞의 단계에서는 기도의 중심에 우리 자신이 있었으나, 이제는 그분도 계시기 시작하셔서 우리와 하느님, 하느님과 우리가 기도의 중심에 있다. 이때 우정이 생기고, 양심 성찰이 일어나며, 하느님과 우리를 연결하는 다리가 놓인다. 그래서 하느님이 우리 문제에 개입하실 수 있게 된다. 하느님께서 우리를 어루만지실 수 있다. 우리를 회복시키실 수 있다. 우리를 변화시키실 수 있다. 기도에 제대로 들어섰다. 이 기도의 단계에 굳건히 있다면 애덕과 의무에 대한 충실성과 악을 끊는 데에 큰 진보를 가져오게 될 것이다.

그렇지만 이 단계를 항구히 사는 것을 배우는 것이 필요하다. 노력이 요구되고 방법도 필요하다. 이것은 정신 집중이 필요한 문제이기에 집중하는 법을 배워야만 한다. 하느님은 감각으로 느낄 수 있는 분이 아니시다. 하느님은 영이시고, 순수한 얼이시기에, 나 자신을 영적이고 사색하는 사람이 되게 할 때에만 그분께 도달할 수 있다. 노력이 요구되지만, 기도는 놀랄 만한 첫 결실을 가져다준다.

기도의 실습

- 너 자신을 하느님의 현존 앞에 두라. 허공에 말하는 것을 피하라. 하느님께 말씀드릴 모든 것은 정신과 마음에서 출발해야 한다. 너의 기도가 참될 수 있도록 진리의 성령을 간구하라.

  "오소서, 창조자이신 성령이여, 제 안에 참된 기도를 마련하소서."
- 너의 기도에 그리스도의 빛을 간구하여라. 너의 문제들을

그리스도께 단순하게 말씀드리면서 그분께 네 마음을 쏟아 붓도록 해보라. 자주 네 말을 중단하고 예수님께 청하라.

"주님, 말씀하십시오. 당신의 종이 듣고 있습니다."

"예수님, 저에게서 무엇을 원하십니까?"

- 아버지와의 만남에 들어가라. 공기가 네 몸을 둘러싸고 있는 것보다 그분의 사랑이 더욱 너를 감싸고 있다. 침묵하고 사랑하라. 하느님을 기쁘게 해드리기 위한 뚜렷한 어떤 결심이나 결정이 네 마음에 솟아났다면, 이때가 바로 아버지께 너의 선물을 바쳐 드릴 순간이다.

  "아버지, 제 뜻대로 마시고, 당신 뜻대로 하소서!"
- 별지 '기도를 더 잘하려면'을 주의 깊게 읽어 보고, 네게 주어진 그 조언들을 겸손되이 충실하게 따르라.

하루의 기도

모든 여유 시간에 기도하도록 힘쓰라. 여기 귀중한 간청 기도가 있다.

"스승님, 제게 기도를 가르쳐 주십시오."

가장 적합한 시간에 이 시편을 묵상하라. 이 시편은 깊은 무력감 가운데에서 하느님께 자기 신앙을 외치며, 부당함을 느끼면서도 하느님의 응답을 바라는 영혼의 기도이다. 기도란 하느님을 기다림이다('이스라엘'이라는 단어를 만날 때마다 온 교회를 생각하고 너의 공동체를 생각하며, 작은 교회인 너의 가족을 생각하라).

시편 130,1-8

주님, 깊은 곳에서 당신께 부르짖습니다.
주님, 제 소리를 들으소서.
제가 애원하는 소리에 당신의 귀를 기울이소서.
주님, 당신께서 죄악을 살피신다면
주님, 누가 감당할 수 있겠습니까?
그러나 당신께는 용서가 있으니
사람들이 당신을 경외하리이다.
나 주님께 바라네. 내 영혼이 주님께 바라며
그분 말씀에 희망을 두네.
파수꾼들이 아침을 기다리기보다
파수꾼들이 아침을 기다리기보다
내 영혼이 주님을 더 기다리네.
이스라엘아, 주님을 고대하여라,
주님께는 자애가 있고 풍요로운 구원이 있으니.
바로 그분께서 이스라엘을 그 모든 죄악에서 구원하시리라.

2

출발을 잘하기

"나에게 '주님, 주님!' 한다고 모두 하늘나라에 들어가는 것이 아니다. 하늘에 계신 내 아버지의 뜻을 실행하는 이라야 들어간다."(마태 7,21)

바르게 발을 내딛기

기도를 잘 시작하기 위해서는 바르게 발을 내디디면서 출발하도록 가능한 모든 노력을 다해야 한다.

첫 번째 못

첫 번째 못을 잘 고정시키면서 시작하는 것이 중요하다. 곧 기도 – 문제의 심각성이 갖는 핵심을 분명히 하고 계속적으로 되돌아가야 할 기준점을 명확히 하는 것이다. 그리고 무엇이 기도의 영혼이어야 하고, 무엇이 기도의 축이며, 기도의 근본적인 실제가 무엇인가를 명확히 하는 것이다.

기도는 본질적으로 사랑이다. 이 사실을 파악했을 때 나는 기도의 중심에 있으며 기도의 핵심을 쥐고 있고, 나의 기도를 시험해 볼 수 있는 계속적인 기준점이 되는, 틀릴 수 없는 자료를 가지고 있는 것이다. 사랑하고 있는가? 그렇다면 기도하고 있는 것이다. 사랑했는가? 그렇다면 나는 기도했다. 사랑에 있어 성장하고 있는가? 그렇다면 기도도 진보하고 있다. 만약 사랑하고 있지 않으면 거짓된 길을 걸어가고 있고 잘못된 도정에 들어선 것이다.

두 번째 못

언제나 네 안에 진실을 밝히면서 기도를 시작하라고 표현할 수 있다. 하느님은 진리시다. 거짓을 견뎌 내지 못하신다. 그분 앞에 나설 때 진실된 상태로 나서라. 너 그대로, 게으르고, 지치고, 분심에 빠지고, 비참으로 가득 찬 그대로 하느님께 나아가라. 솔직함은 겸손이다. 겸손으로 출발하는 것은 심리적으로 커다란 중요성을 가진다. 예수님께서는 이것을 바리사이와 세리의 기도를 예로 들어 주시면서 우리에게 가르쳐 주셨다. 겸손은 사랑의 첫 번째 요소이다. 겸손을 입은 사랑은 사랑의 참된 보증을 가진다.

함께 걸어갈 여정

기도하기를 배우려면 다음과 같은 길을 걷는 것이 필요하다.

1) **소리 기도**를 빈말만의 기도에서 치유시켜야 한다.

2) **듣는 기도**에 도달해야 한다.

3) **사랑의 기도**(마음의 기도)를 바르게 겨냥해야 한다.

한 단계는 다른 단계와 연관되어 있고 하나로부터 다른 하나를 준비시키며 서로 구별될 수 있으나 하나는 다른 하나에 통합된다. **소리 기도**가 건강하려면 사랑을 간직하고 있어야 한다. 하느님께 마음을 열면서 그분께 향한다면 내가 하느님을 사랑하고 하느님은 나를 사랑하고 계심을 알게 되기 때문이다.

듣는 기도는 이미 전부가 사랑이다. 그러나 들음은 응답을 요구하고, 들음은 모두 응답하도록, 곧 사랑을 향하도록 되어 있다. 잘 조직된 기도는 항상 다음의 세 가지 요소를 내포하고 있어야 한다.

– 주의 깊은 소리 기도

– 듣는 기도

– 사랑의 기도

핵심에 돌아가는 것

기도하기를 배우려면 항상 핵심으로 되돌아가는 것이 필요하고, 지나칠 만큼 핵심을 되뇌는 것이 필요하다. 핵심은 이것이다. **기도하는 것은 사랑하는 것이다.** 그러나 이제는 다른 두 마디를 덧붙이는 것이 필요하다. **사랑하는 것은 변화하는 것이다.** 이것을 파악하지 못한다면 기도의 본질을 파악하지 못한 것이고, 기도의 역동성과 기도의 동적 권능을 파악하지 못한 것이다.

기도는 머물러 있는 것이 아니고 출발하는 것이다. 기도는 행동이며, 자신을 내어 줌이고, 자신을 희생하는 것이며 자신을 바로잡는 것이기도 하며, 모든 무질서에서 자신을 정화시키는 것이다. 기도한다는 것은 자유로운 인격으로 바뀌는 것이며 하느님 안에서 실현된 사람이 되는 것이다.

단번에 도달할 수는 없지만 이 핵심을 겨냥하는 것이고 겨냥해야 한다. 기도가 이기주의를 쫓아내지 않는다면 그것은 출발부터 잘못된 기도이다. 기도가 네게 진리를 말해 주지 않는다면, 기도가 네게 너의 무질서를 정면으로 바라볼 힘을 주지 않고 그 무질서에서 벗어날 힘을 주지 않는다면, 그 기도는 거짓이다.

기도는 네 삶의 확대경이다.

– 하느님의 선물들이 네 눈에 잘 보이도록 하여 네 안에, 너를 위한 하느님의 자애로움에 대한 무한한 감사가 우러나오도

록 확대시켜 줘야 한다.

– 그다음 너의 모든 비참함을 주님께로부터 오는 힘으로 대항하여 악착같이 싸울 줄 알고 하느님께서 좋아하시지 않는 모든 것을 네 마음 안에서 뽑아내고, 네 삶이 하느님의 참된 작품이 될 수 있도록 네 안의 비참함을 확대시켜 보여 주어야 한다.

그래서 너의 가족 가운데 한 사람이 "왜 그렇게 기도하느냐?"고 물어 올 때 올바르게 대답할 준비가 되어 있어야 한다. "하느님께서 나에 대해 기뻐하시기를 바라고 여러분도 역시 그러하기를 원하기 때문이다."라고. 그리고 가족 안에서 누가 네게 상처를 입힐 때, 이제는 기도하기에 더 이상 감정을 상해하지 말고, 네게 상처 입힌 그 말을 즉시 기도 안에 가져가고 "나에게 상처 입힌 이 말 안에 어떤 진실이 담겨져 있는가?" 자문해야 할 것이다. 상처 입히는 모든 말들은 진리를 담고 있다. 네 양심을 비추는 작은 빛이다. 곧 작은 도움이며 확대경이다.

이제 왜 기도를 할 때에 침묵을 요구하고 침묵에 머물도록 교육시키는지를 알기 시작할 것이다. 침묵하지 않고 어떻게 양심 깊은 곳에 들어갈 수 있겠는가? 착각하지 말라. 기도에서 진보할수록 확대경이 제 기능을 발휘하기 때문에 자신을 더욱 죄인이라고 느낄 것이지만 그 사실에 대해 실망하지는 않을 것이다. 다음 사실을 깨달았기 때문이다. **기도한다는 것은 사랑하는 것. 사랑한다는 것은 변화하는 것.** 그리고 투쟁할 때 이미 변화되고 있다.

기도의 실습

- 네 안에 계시는 성령은 너의 위대한 기도의 스승이시다. 그분을 통하여 "하느님의 사랑이 우리 마음에 부어졌기"(로마 5,5)에, 그분은 사랑에 너를 양성시키는 분이시다. 믿음으로 성령을 구하라.
  "오소서, 사랑의 성령이여, 저의 기도 안에서 사랑하는 것을 가르쳐 주소서."
  "사랑의 성령이여, 저를 인도하시고 말 많은 기도에서 그리고 만족을 구하는 친밀주의(하느님과 만난다는 감상적이고 감각적인 친밀함의 상태 – 옮긴이 주) 기도에서 저를 해방시키시며, 사랑한다는 것은 변화하는 것이기에 사랑이며 새로운 삶인 기도에 저를 데려가 주소서."
- 예수님께 봉헌한 기도 시간에는 너의 기도가 네 자신을 그분의 현존에 잠기도록 하라. 말 많은 기도에서 너를 해방시켜 주시고, 들음으로 너를 양성시켜 주시라고 믿음으로 간청하라. 항구하게 이 말씀을 되새겨라. "'주님', '주님' 하는 자가 아니라…." 그리고 끈질기게 청하라. "예수님, 제 기도의 문제점들을 밝혀 주시고 들을 수 있도록 이끌어 주소서." 네 양심의 소리를 듣도록 해 보라. 나의 기도에서 가장 심각한 잘못은 무엇인가?

- 그다음 너를 당신 사랑으로 감싸 주시는 아버지와의 깊은 친교에 들어가라. 온전한 침묵 가운데 그분의 현존에 머물도록 노력하라. 그분의 현존 앞에 기쁨으로 머물도록 노력하라. 이것은 이미 사랑이다. 이렇게 되풀이하라. "아버지, 기도한다는 것은 사랑하는 것입니다. 사랑에 저를 양성시켜 주십시오. 사랑한다는 것은 변화되는 것입니다." 또는 단순하게 오랫동안 이렇게 되풀이해 보라. "아버지, 사랑에 저를 양성시켜 주소서."
- 별지 '기도를 더 잘하려면'에 있는 가르침도 아주 주의 깊게 읽어 보라.

하루를 위한 기도

네 의무를 이행하는 가운데 여유 있을 때마다 당신 현존으로 너를 감싸 주시는 아버지와의 만남에 들어가도록 하라.

"주님, 당신은 저를 가리어 주는 그늘이시며, 밤이나 낮이나 저의 방패가 되어 주십니다."

가장 고요한 시간에 아래의 시편으로 기도하라. 시편이 암시하는 산은 아마도 성전이 있는 하느님의 거룩한 산일 것이다. 가장 가까이 있는 성당의 감실을 생각하라.

시편 121,1-8

산들을 향하여 내 눈을 드네. 내 도움은 어디서 오리오?
내 도움은 주님에게서 오리니 하늘과 땅을 만드신 분이시다.
그분께서는 네 발이 비틀거리지 않게 하시고
너를 지키시는 그분께서는 졸지도 않으신다.
보라, 이스라엘을 지키시는 분께서는
졸지도 않으시고 잠들지도 않으신다.
주님은 너를 지키시는 분
주님은 너의 그늘 네 오른쪽에 계시다.
낮에는 해도, 밤에는 달도 너를 해치지 않으리라.
주님께서 모든 악에서 너를 지키시고 네 생명을 지키신다.
나거나 들거나 주님께서 너를 지키신다,
이제부터 영원까지.

영혼이 더 쉽고 더 맛있으며 더 좋아하는 것과
위로에 기울어지지 않도록 힘쓰기를.

십자가의 성 요한, 「가르멜의 산길」

3

분심들

"너는 기도할 때 골방에 들어가 문을 닫은 다음, 숨어 계신 네 아버지께 기도하여라."(마태 6,6)

초보자들

초보자란 누구인가? 자신이 초보자에 속한다는 것을 인정하기란 쉬운 일이 아니다. 아무도 하급에 속하기를 좋아하지 않는다. 그렇지만 소년이 어른처럼 행세하고자 하고, 어린이가 어른의 의복을 입고자 한다면 그것은 잘못된 것이다. 기도를 자신의 능력 이상으로 하려고 하는 사람은 넘어질 뿐 아니라 더 이상 나아갈 수 없다. 기도에 있어 자신에게 좌절감을 일으키는 것은 도움이 되지 못한다.

그러면 기도의 초보자란 누구인가? 초보자는 다음과 같다.

- 기도의 중요성을 아직 깨닫지 못하는 사람
- 기도할 때 못 견디도록 싫증을 느끼는 사람
- 기도문이나 암송 기도가 아니면 기도할 수 없는 사람
- 기도가 그리스도인 생활에서 첫째라는 것을 알지 못하고 여러 가지 가운데 하나일 뿐이라고 생각하는 사람
- 기도를 필요한 것으로 여기기보다 하나의 의무로 생각하는 사람
- 쉽게 기도를 그만두는 사람
- 기도를 견딜 수 없는 하나의 짐으로 생각하는 사람
- 기도를 행복으로 들어가는 문이나 하느님과 협상하기 위한 도구인 동전처럼 사용하는 사람
- 기도를 자신이 해야 할 의무의 도피처로 찾는 사람
- 기도 안에서 기도의 위로만을 갈망하는 사람

분심들

소리 기도에서 없어지지 않는 상처는 분심들이다. 이는 죽을 때까지 우리가 항상 짊어지고 가야 할 한계이다. 천국에서만이 분심이 없을 것이다. 관심의 핵심이 오직 하느님뿐일 것이기 때

문이다. 이 한계와 더불어 지내는 법을 배워야 하지만, 이것과 싸우는 법도 배워야 한다. 우리가 낭비하는 소리 기도는 하나의 슬픔이다. 분심에 빠진 것이 잘못이 아니라 습관적으로 분심 가운데 있는 것이 잘못이다. 언제나 분심 가운데 있는 것이 기도의 암을 형성한다.

이것을 참고 있어서는 안 된다. 먼저 놀라야 한다! 찌푸림도 없이 이 문제에 대해 태평하게 잠자는 사람은 걱정스러운 습관에 빠지게 된다. 분심은 하느님께 존경을 드리지 않는 예의 없는 태도이기에, 우리는 분심에 대해 혐오감을 느껴야 한다. 한 사람이 어떤 사무실 창구에서 자기가 무엇을 원하고 있는지 모른다거나, 사무원에게 대답하기보다는 다른 이와 잡담하면서 자기에게 건네진 얘기를 듣지 않는다면 어떨지 상상해 보라. 그러면 그 사람은 그곳에서 내쫓기고 말 것이다. 분심 가운데 있는 것은 하느님 앞에 부당하며 예의 없는 짓이다. 분심 속에서 하느님과 대화하기보다는 차라리 입을 다물어라.

소리 기도는 하느님께로 건너가는 작은 다리와 같은데, 여기에는 두 가지 위험이 있다.

1) 다리 이편에 있는 것, 곧 분심 가운데서 하는 기도이다.

2) 다리 위에 주저앉아서 건너지 않는 것, 곧 하느님께로 가지 않고 낱말에만 신경을 쓰는 소리 기도이다.

어린이가 읽기를 배울 때와 같은 일이 생긴다. 단어의 한 음절 한 음절에 머물다 보니 결국 무엇을 읽었는지도 모른다. 소리 기도는 나를 하느님과 분리시키지 않고 일치시켜 주어야 한다. 시편을 음미하기 위해, 그 시편에 많은 주의를 기울이는 것만으로 충분치 않다. 시편이 나를 하느님께 합일시켜 주지 않는다면 어떻게 기도했다고 말할 수 있겠는가? 지나치게 기계적으로 말들에 주의하는 것은 나를 속일 수 있다. 하느님과의 친밀한 만남을 방해한다. 소리 기도의 위대한 전문가였던 사막의 교부들이 매우 자주 아주 짧은 기도문들을 바쳤다는 사실은 주목할 만하다. 병든 소리 기도를 어떻게 치료할 수 있는가? 어떻게 낫게 할 수 있는가? 여기 몇 가지 방법이 있다.

– 기도문보다 자유 기도를 많이 사용하라.

– 소리 기도에 '멈춤의 자리'를 많이 사용하라. 곧 말을 하기보다 하느님께 마음을 쏟아부어라. 다시 말해 깊이 추구하기 위해, 생각하기 위해, 영혼의 호흡처럼 자주 '멈춤'을 예정해 놓는 것이다.

– 소리 기도 그 자체가 하느님께 '신앙의 외침'이 되게 하라(하느님께 감정을 토로하는 것은 얼마나 귀중한 일인가).

– 끈질기고 지속적으로 되풀이할 수 있는 짧은 말들로 기도하는 습관을 들여라.

– 가끔 호흡의 기법을 사용하면서 기도하라.

– 쓰면서 기도하라.

– 전례 동안 시편을 사용할 때에 하느님과 깊은 연결을 도와

주는 단어들에 밑줄을 그어 보라. 시편의 열쇠가 되는 문장, 열쇠가 되는 낱말에 밑줄을 그어 보라.

즉석 검증

기도의 내부에 중요한 문제가 있다. 기도가 사랑이라면 사랑으로 기도를 검증해 보는 습관을 들여야 한다. 그런데 사랑은 행위에 있기 때문에 기도도 행위를 통해 검증해 보아야 한다. 기도가 허공을 치거나 현실 도피일 수 있다는 위험도 전혀 가설만은 아니다. 우리는 우리 자신을 합리화시키는 데에 지나치게 재빠르다. 우리 자신을 속이는 데에 지나친 경향이 있으며, 기도할 때에도 그렇게 한다. 기도가 사랑이라면 기도의 자연스러운 출구는 하느님의 뜻을 겸손되이 찾는 것이며 그 뜻에 완전히 따르는 것이어야 한다. 그러므로 기도는 한결 더 긴급한 문제 안에 들어가는 것이고, 하느님의 권능과 함께 그 문제 안에 들어가는 것이다. 곧 하느님의 빛 안에서 문제들을 명확히 하고, 그분이 우리에게 주시는 힘으로 해결하기 시작하는 것이다. 이 습관을 터득하는 것은 아주 중요하다. 곧 가능한 즉시 실행할 수 있는 실제적인 결심에 도달하지 않고서는 기도를 마치지 마라. 다음 사항은 매우 유익하다.

1) 결심들은 숙고된 것이고 뚜렷해야 한다. 뚜렷한 결심은 의지가 확고함을 보증해 준다.

2) 결심들은 좀 더 긴급한 개개의 문제들에 관한 것이어야 한다.

3) 결심들은 머리에서 출발하지 않고 하느님으로부터 오는 빛에서, 하느님의 뜻을 겸손되이 찾는 데에서 출발하여야 한다.

4) 결심들은 마음에서 출발하고 하느님께 대한 우리 사랑의 구체적 표현이어야 하며, 그 결심이 아름다운 말이나 좋은 감정에 지나지 않도록 하느님의 마음에 쏟아부어져야 한다.

5) 결심들은 즉시 실행할 수 있는 것이어야 한다. 여러분은 늘 실행할 수 있다. 즉시 실행할 수 없는 의무에 관한 것이라 할지라도 그 의무에 대한 준비는 즉시 실행할 수 있는 것으로 결정하고 바로 시작하라.

기도는 "주님, 당신을 사랑합니다. 그래서 이제 당신의 힘으로 시작합니다. 당신께 그것을 보여 드리겠습니다."가 되어야 한다. 이것이 기도에 튼튼히 양성되는 것이고 여러분도 하느님도 모두 실망시키지 않는, 두 발을 땅에 딛고 선 기도이다.

기도는 하고자 하는 의지를 충만하게 하는 것이다. 자동차가 기름을 채우기 위해 주유소 앞에 멈추었다면 기름을 채운 뒤에 출발하는 것은 당연하다. 주유소에 주차하기 위해 기름을 채우지는 않는다. 출발하기 위해 기름을 채우는 것이다. 그리고 기름이 다 떨어졌을 때 다시 공급받기 위해 또 다른 주유소를 찾고 역시 다시 출발한다.

그러므로 기도 후에 어떤 헌신적인 결심으로 출발하는 데 습관을 들여라. 네 안에 있는 선은 또 다른 선을 불러일으킨다. 그 선은 다른 승리, 다른 구체적인 사랑의 행위를 위해 힘을 줄 것이다. 대개 우리는 기도가 기도로 끝나 버리는 잘못된 교육 속에서 성장했다. 기도는 사랑이기에 행위로 끝맺으며 행위를 준비시켜 주어야 한다.

기도의 실습

- 기도로 이끄시는 분은 성령이다. 기도를 지탱해 주시는 분도 성령이다. 그분께 자신을 맡겨라. 성령께서 네 안에서 기도하시고 너와 함께 기도하시고, 너를 위해 기도하신다. 너의 모든 주의를 성령께 집중시켜라. 그리고 이렇게 청하라.
  "성령이여, 제 정신을 집중하도록 양성하소서. 저의 병든 소리 기도를 낫게 하소서."
  "오소서, 창조자이신 성령이여!"
- 예수님 안에 네 정신을 두는 것에 드리는 시간은 너의 경솔함을 치유하는 귀중한 시간이다. 이렇게 기도하라.
  "예수님, 주의 깊은 기도에 있어서 성장하려는 의지를 제게 주소서."

"예수님, 사랑에 있어서 구체적인 결심을 하도록 저를 이끌어 주소서."

하루 생활의 기본적인 의무들을 하나하나 기억하면서 주님께 질문해 보라.

"예수님, 이 의무를 잘 이행하기 위해 제 안에서 어떤 것을 바꾸어야 합니까? 어떤 결심을 해야 합니까?"

- 아버지 앞에 침묵 가운데 머물며 사랑하도록 노력하면서 그분께 기도하라. 겸손과 신앙으로 그분의 현존에 머물면서 이렇게만 청하라.

  "아버지, 사랑하는 법을 가르쳐 주소서."

  "아버지, 말만 많은 제 기도를 치유하소서."

- 별지 '기도를 더 잘하려면'의 가르침을 주의 깊게 읽고 네게 주어진 조언을 충실히 따르라.

하루를 위한 기도

다음 시편 구절을 자주 소리 내어 기도하라.

"주님은 나의 목자, 아쉬울 것 없노라."

다음 아름다운 시편을 묵상하라. 성체성사 뒤에 좋은 감사 기도가 될 수 있다. 차려진 식탁과 넘치는 술잔은 성체성사의 은총들을 생각하게 할 수 있다.

시편 23,1–6

주님은 나의 목자, 나는 아쉬울 것 없어라.
푸른 풀밭에 나를 쉬게 하시고 잔잔한 물가로 나를 이끄시어
내 영혼에 생기를 돋우어 주시고
바른길로 나를 끌어 주시니 당신의 이름 때문이어라.
제가 비록 어둠의 골짜기를 간다 하여도
재앙을 두려워하지 않으리니
당신께서 저와 함께 계시기 때문입니다.
당신의 막대와 지팡이가 저에게 위안을 줍니다.
당신께서 저의 원수들 앞에서 저에게 상을 차려 주시고
제 머리에 향유를 발라 주시니 저의 술잔도 가득합니다.
저의 한평생 모든 날에 호의와 자애만이 저를 따르리니
저는 일생토록 주님의 집에 사오리다.

영적 생활에서 진보하지 않는 사람은 퇴보하는 사람이다.
그리고 얻으면서 걷지 않는 사람은 잃으면서 걷는 사람이다.

십자가의 성 요한, 「가르멜의 산길」

4

환경

"외딴곳으로 나가시어 그곳에서 기도
하셨다.(마르 1,35)

기도에서 장소, 시간, 몸은 내면세계에 강하게 흔적을 남겨 주는 세 가지 외적 요소들이다

"예수님께서는 기도하시려고 산으로 나가시어, 밤을 새우며 하느님께 기도하셨다."(루카 6,12)

"다음 날 새벽 아직 캄캄할 때, 예수님께서는 일어나…."(마르 1,35)

"밤을 새우며 하느님께 기도하셨다."(루카 6,12)

"땅에 대고 기도하시며 말씀하셨다."(마태 26,39)

예수님께서 기도하시기 위한 시간과 장소를 아주 중요시하셨다면 우리도 역시 기도하기 위한 시간과 몸의 자세, 그리고 우리가 선택하는 장소를 과소평가하지 말아야 한다. 성스러운 장소가 모두 다 집중에 도움이 되는 것은 아니다. 어떤 곳은 더 도움이 되고, 어떤 곳은 기도하는 데 도움이 덜 된다. 자기 집 또는 쉽게 이용할 수 있는 곳에 기도할 수 있는 장소를 마련해야 한다. 물론 어디서든지 기도할 수는 있지만 어느 곳에서든지 똑같이 쉽게 집중을 할 수 있는 것은 아니다.

이와 마찬가지로 시간도 조심해서 택해야 한다. 일과 중 어느 시간이나 깊이 집중할 수 있는 것은 아니다. 일반적으로 아침과 저녁과 밤이 집중하기에 더 쉬운 시간이다. 일정한 시간에 기도하도록 습관들이는 것이 중요하다. 그 시간에 기도하는 습관은 기도의 필요성을 느끼게 하고 기도할 마음을 갖게 한다. 기도를 첫 순간부터 열의 있게 잘 시작하는 것이 중요하다.

실제적인 조언

우리 습관의 주인은 바로 우리 자신이다. 몸은 나름대로의 법칙이 있지만 우리가 길들이는 대로 적응하기도 한다. 좋은 습관이 기도의 모든 장애들을 제거해 주지는 않지만 기도를 훨씬 쉽게 만든다. 건강이 좋지 못할 때에는 이를 고려할 필요가 있다. 기도를 하지 말아야 한다는 것이 아니라, 기도하는 방법을 바꾸는 것이 중요하다. 기도의 습관을 들이기 위해서 제일 좋은 스승은 경험이다.

몸도 기도하는 법을 배워야 한다

"조금 나아가 땅에 엎드리시어… 기도하셨다."(마르 14,35)

우리가 기도할 때 몸을 완전히 무시할 수는 없다. 몸은 인간의 모든 행위, 아주 깊은 내면의 행위에까지 그 영향을 미치기에 기도에도 항상 영향을 미친다. 몸은 기도의 도구가 되기도 하지만 장해물이 되기도 한다. 몸은 자기대로의 욕구가 있고 그것을 느끼게 하며 한계와 필요로 하는 것들이 있으므로, 자주 정신 집중을 방해하고 의지에 장애가 될 수도 있다.

세계의 모든 대종교들은 기도할 때 엎드리는 것, 무릎을 꿇는 것, 몸이나 손짓으로 표시하는 것과 같은 몸의 자세에 아주 큰 비중을 두었다. 이슬람교는 무엇보다도 몸의 자세를 통해서 기도하는 것을 가르침으로써 가장 하류층에 속하는 사람들 가운데 기도를 깊이 퍼지게 하였다. 그리스도교 전통도 기도에 있어서 몸의 자세를 신중히 고려하였다. 천 몇 백 년에 걸친 교회의 경험을 과소평가하는 것은 경솔한 짓이다.

몸이 기도할 때 대체로 정신은 기도하는 몸과 즉시 조화를 이루어 기도 행위에 역행하는 일은 일어나지 않으나, 흔히 몸은 기도하고자 하는 정신에 대해 저항한다. 그러므로 집중에 도움이 되는 자세를 취함으로써 몸에서부터 기도를 시작하는 것이 중요하다. 다음의 규정을 따르면 많은 도움이 될 것이다. 등을 곧게 펴서 무릎을 꿇은 채 어깨를 펴고(호흡이 정기적이고 충분하면 집중이 더 쉽다) 팔에 힘을 빼 아래로 늘어뜨리고 눈을 감거나 성체, 십자가 혹은 성상을 똑바로 바라보는 것이다.

실제적인 조언

혼자서 기도할 때는 팔을 높이 쳐들고 큰 소리로 기도하는 것도 좋다. 엎드려서 기도하는 것도 집중에 큰 도움이 된다. 너무 편리한 자세가 기도에 도움이 되지 않듯이 힘든 자세도 기도에 도움이 되지 않는다. 게으름에 핑계를 대지 말아야 하고, 그 원인을 살펴야 한다. 자세 그 자체를 기도라고 할 수는 없지만 기도 자세는 기도에 도움이 되거나 방해가 될 수 있으므로 주의를 기울여야 한다.

호흡과 리듬을 맞추는 것

동양의 모든 스승들은 우리 안에 깊은 집중력을 형성해 내기 위해, 호흡에 주의력을 집중하는 방법을 강조한다. 이는 사막의 교부들도 사용하던 것이며 재발견해야 할 기법이다. 충분하고도 규칙적인 호흡을 할 수 있는 자세를 취하는 것이 필요하다. 그러나 요가의 방법을 권하지는 않는다. 오늘날 젊은이들 사이에 요가가 너무 성행하고 있고 요가의 방법이 우리에겐 조금 이상해 보이기 때문이다. 대신 요가에 상응하는 자세를 권한다. 예를 들면 허리를 완전히 곧게 세우고 가슴을 펴고, 두 팔을 길게 늘어뜨려 장궤를 하거나, 무릎을 꿇거나, 의자에 앉아 상체를 완전히 똑바로 하는 자세를 취하는 것이다. 호흡이 규칙적이고 충분하면 집중은 한결 쉽다. 그리고 '아버지!' 또는 '예수님!'과 같은 짧은 호칭 기도로 자신의 호흡에 정신을 집중하라고 충고하고 싶다. 눈을 감고 이렇게 하면 유익할 것이다.

동양의 한 스승은 이렇게 말했다. "호흡은 당신에게 가장 큰 친구이다. 호흡에 자신을 집중함으로써 당신은 항상 완전히 긴장을 풀게 되며 당신 안에 있는 긴장도 없앨 수 있을 것이다." 어떤 이는 이 기법을 비웃을 수도 있다. 그러나 이 기법을 사막의 위대한 그리스도교 수덕가들이 사용했다면 이 기법은 경솔한 그리스도인인 우리도 도울 수 있다.

어쨌거나 호흡의 리듬에 맞추어 하는 기도의 기법이 유익하다면 사용해야 하고, 무익하다면 사용하지 말아야 하겠지만, 그것을 무시할 수는 없다. 우리의 병든 기도를 고치는 데 이용할 수 있는 모든 것에 큰 가치를 두어야 한다.

기도의 실습

- 주의 깊은 소리 기도를 드리려면 알맞은 환경이 필요하다. 기도하는 것은 공부하는 것과 같다. 광장의 혼잡 속에서는 공부할 수 없다. 성령께 향하고, 사랑이 담긴 간청 기도를 호흡의 리듬에 맞추면서 그분과 통하도록 해 보라.
  "성령이여, 사랑의 성령이여, 저의 기도를 치유시켜 주소서."
  "오소서, 사랑의 성령이여!"
- 예수님께 향하고 몸과 함께하는 기도의 중요성을 체험해 보라. 특히 게으름이나 하기 싫은 마음이 있을 때 그렇게 해 보라. 눈을 감거나 십자가 또는 성체에 시선을 고정시키고 가족 한 사람 한 사람을 떠올리며 주님께 다음과 같이 질문해 보라.
  "예수님, 제가 무엇을 하길 바라십니까? 제가 충분히 사랑하고 있습니까? 제가 들을 줄 압니까? 제가 줄 줄을 압니까? 제게서 무엇을 원하십니까?"

- 아버지께로 향하고, 깊은 침묵 가운데 들어가, 호흡의 리듬에 맞추어 이렇게 되풀이해 보라.
  "아버지, 당신을 사랑합니다."
  그러고 나서는 사랑의 실천을 한 가지 다짐하라.
- '기도를 더 잘하려면'의 조언들을 주의 깊게 다시 읽어라.

하루를 위한 기도

오늘 자주 이렇게 되풀이하라.
"주님, 제 삶은 오로지 당신 안에 있습니다."
신뢰 가득 찬 다음 시편으로 기도해 보라.

시편 16,1-2.5.7-11

하느님, 저를 지켜 주소서. 당신께 피신합니다.
주님께 아뢰니다.
"당신은 저의 주님. 저의 행복 당신밖에 없습니다."
제가 받을 몫이며 제가 마실 잔이신 주님 당신께서
저의 제비를 쥐고 계십니다.
저를 타일러 주시는 주님을 찬미하니

밤에도 제 양심이 저를 일깨웁니다.
언제나 주님을 제 앞에 모시어
당신께서 제 오른쪽에 계시니
저는 흔들리지 않으리이다.
그러기에 제 마음 기뻐하고 제 영혼이 뛰놀며
제 육신마저 편안히 쉬리이다.
당신께서는 제 영혼을 저승에 버려두지 않으시고
당신께 충실한 이는 구렁을 아니 보게 하십니다.
당신께서 저에게 생명의 길을 가르치시니
당신 면전에서 넘치는 기쁨을,
당신 오른쪽에서 길이 평안을 누리리이다.

그리스도에 대한 기억이 네 호흡의 리듬과 같이 걸어간다면
그때에 너는 침묵을 사용하는 법을 배우게 될 것이다.

클리마코의 성 요한

5

관계를 형성하는 것

"너희 아버지께서는 너희가 청하기도 전에 무엇이 필요한지 알고 계신다."(마태 6,8)

기도는 하느님과의 인격적인 관계,
곧 '너와 나'의 관계이다

예수님께서 이렇게 말씀하셨다. "너희는 기도할 때 이렇게 하여라. '아버지….'"(루카 11,2)

그러므로 기도의 첫 규칙은 다음과 같다. 기도에서 '만남'이 이루어져야 한다. 두 인격체의 만남, 곧 나의 인격과 하느님의 인격의 만남이다. 참인간들의 만남이다. 참인간인 나와 참다운 인간으로 오시는 하느님과의 만남이다. 로봇이 아닌 참다운 인간으로 행동하는 '나'이어야 한다. 기도란 하느님의 실재에 몰입하는 것이다. 살아 계신 하느님, 현존하시는 하느님, 가까이 계시는 하느님, 인격체로서의 하느님.

왜 자주 기도가 힘들게 느껴지는가? 왜 문제를 해결해 주지 못하는가? 그 원인은 아주 간단하다. 기도하는 동안 두 인격의 만남이 이루어지지 못하고 흔히 나 자신도 부재중이거나 로봇과 같고 하느님 역시 멀리 계시는 분, 아득히 먼 저쪽에 있어 막연한 그 누구처럼 여겨져 서로 친교를 이루지 못하는 까닭이다.

기도에서 '너와 나'의 인격적인 관계를 맺기 위한 노력이 없다면 그 기도는 거짓과 빈껍데기일 뿐이고 기도라 할 수 없는 것이다. 하나의 말장난이요, 웃음거리에 불과하다. '너와 나'의 관계는 신앙이기 때문이다.

기도란 성령에 따라 이루어지고, 성령으로 지탱되는 하느님과의 다정한 친교이다

예수님께서 이렇게 말씀하셨다. "너희 아버지께서는 너희가 청하기도 전에 무엇이 필요한지 알고 계신다."(마태 6,8)

하느님은 순수 이성이시고 순수한 영이시기에 성령을 통한 이성 안에서가 아니면 그분과의 친교를 이룰 수 없다. 하느님과 친교를 이루기 위해 다른 길은 없다. 내가 하느님을 상상으로 그려 낼 수는 없다. 만약 하느님을 상상으로 그려 낸다면 그것은 우상을 만드는 것이다. 기도는 환상의 노력이 아니라 지성의 노동이다. 정신과 마음은 하느님과의 친교를 위한 직접적인 수단이다. 상상만 하고, 나의 문제에만 잠겨 있고, 빈말만 하거나 읽기만 한다면 나는 그분과의 친교를 이룰 수 없다. 내가 생각할 때, 사랑할 때에 그분과 친교하는 것이다. 성령 안에서 생각하고 사랑할 때 친교하는 것이다. 성 바오로는 이 어려운 내적 일을 도와주시는 분이 성령이시라고 다음과 같이 가르쳤다.

"성령께서도 나약한 우리를 도와주십니다. 우리는 올바른 방식으로 기도할 줄 모르지만, 성령께서 몸소 말로 다할 수 없이 탄식하시며 우리를 대신하여 간구해 주십니다."(로마 8,26)

"하느님께서 당신 아드님의 영을 우리 마음 안에 보내 주셨습니다. 그 영께서 "아빠! 아버지!" 하고 외치고 계십니다."(갈라 4,6)

"성령께서 하느님의 뜻에 따라 성도들을 위하여 간구하시기 때문입니다."(로마 8,27)

실제적인 조언

기도할 때 자신을 바라보기보다는 하느님을 바라보는 것이 중요하다. 하느님께 대한 통교가 끊어지도록 버려두지 말 것, '연결'이 끊어지면 평온하고 침착하게 다시 새로 연결해야 한다. 그분께로 다시 새롭게 되돌아가는 모든 행위는 하고자 하는 의지와 사랑의 표시이다. 적은 말로 그러나 마음을 다해, 평온하고 침착하게 진심으로 그분께로 향해야 한다.

누리기를 배우는 것

기도할 때에 하느님 누리기를 배우는 것은 깊은 기도로 성숙하는 데에 매우 중요하다. 그것은 기도에 깊이를 더하는 방책이다.

기도를 마치 무거운 짐이나 의무처럼 생각하기 때문에 자주 기도에 대한 애착이 없어진다. 생각하는 것, 묵상하는 것, 공부하는 것이 힘든 것처럼 기도한다는 것은 영적 행위이기 때문에 힘든 것이 사실이다. 그래서 우리는 자주 기도를 의무라는 사고방식으로 우리 스스로에게 부과한다. 이것은 잘못이다. 기도는 의무가 아니라 필요한 것이고 긴요한 것이며 기쁨이다. 만약 누

기도를 더 잘하려면

다음의 조언을 따르라.

정해진 시간을 너의 기도에 바치도록 하라.

처음에는 적어도 30분을 바치는 것이 유익하다.

기도의 장소를 잘 선택하라.

그 장소는 조용하고 집중되는 곳일 필요가 있다. 할 수 있다면 네 앞에 십자가나 성화를 두도록 하라. 만약 가능하다면 성체 앞에서 기도하도록 하라.

어깨를 바르게 펴고, 양팔은 편히 늘어뜨린 채 무릎을 꿇도록 하라.

몸도 기도하게 하는 법을 배운다면 너의 기도는 더욱 조심성 있는 기도가 될 것이다.

십자 성호를 잘 그음으로써 시작하라.

이마를 짚으면서 너의 생각을 아버지께 봉헌하고, 가슴을 짚으면서 너의 마음을, 너의 사랑하는 능력을 그리스도께 봉헌하며, 양어깨를 짚으면서 너의 행위를, 너의 의지를 성령께 봉헌하라.

기도를 정확히 세 부분으로 나누어라.

기도를 잘 계획할수록 기도를 쉽게 할 수 있다.

네 기도의 첫 부분을 성령께 바쳐라.

성령께서는 바로 기도의 스승이시다. 네 안에 계시는 성령의 현존에 집중하라. 성 바오로는 말한다. "여러분이 하느님의 성전이고 하느님의 영께서 여러분 안에 계시다는 사실을 여러분은 모릅니까?"(1코린 3,16) 성령과 대화하도록 하라. 이 순간 네가 가지고 있는 힘든 문제를 성령께 표현해 보도록 하라. 믿음으로 성령을 청하라.

"창조자이신 성령이여, 오소서!"

둘째 부분을 예수님께 바쳐라.

듣는 기도를 하라. 네게 묵상하도록 주어진 '하느님의 말씀'을 펴 들고, 예수님께서 네게 개인적으로 말씀하시는 것처럼 읽어 보라. 네 양심의 소리를 듣는 것도 체험해 보라. 자문해 보라.

"주님, 제게 무엇을 원하십니까?"

"주님, 제 안에서 못마땅하게 여기시는 것이 무엇입니까?"

셋째 부분은 아버지께 바쳐라.

사랑하라! 그분 앞에 침묵 중에 머무르라! 너는 그분 속에 잠겨 있다. "우리는 그분 안에서 살고 움직이며 존재합니다."(사도 17,28) 사랑하라! 필요하다면 "나의 아버지, 나의 전부시여!"라고 하면서. 너의 침묵을 돕도록 하라. 실제적인 어떤 결심을 하라. 너의 구체적인 사랑의 행위로 바쳐 드려라.

즉시 실행할 수 있는 어떤 결심 없이 기도를 끝맺지 말라.

행위로 사랑하는 데 습관을 들여라. 기도는 너를 행동으로 이끌어 가야 한다.

성모 마리아께 마음을 집중시키면서 기도를 마치도록 하라.

성모송을 드리면서 기도를 배우는 은총과 기도에 맛들일 수 있는 은혜, 항구함의 은혜를 구하라.

가 숨 쉬는 것이 의무라고 말한다면 그는 바보가 아니겠는가? 기도가 사랑이라면, 지나치게 의무라 여길 것이 아니라, 필요성을 말하고, 충족감을 말하고 또 기쁨을 얘기해야 한다. 많은 사람들이 깊은 기도에 도달하지 못하고 충분히 기도하지 않는 까닭은 기도가 '의무라는 고정 관념'을 가지고 있기 때문이다. 이러한 고정 관념을 가진 사람은 기도의 깊이를 절대 맛보지 못할 것이다. 깊이에 도달하기 위해서는 기도가 기쁨이라는 것을 발견할 필요가 있다.

여기 한 가지 중요한 조언이 있다. 하느님을 누리기 위해 자주 기도의 한 부분을 남겨 두어라. 왜냐고? 원래부터 가지고 있었거나 나중에 얻은 잘못된 생각을 고치기 위해, 그리고 오랜 시간의 기도와 마음에서 우러나오는 기도에 도달하기 위해서이다.

열애 중인 두 사람이 의무 때문에 만날 수는 없다. 만약 그렇다면 아주 이상한 일일 것이다. 기도할 때 왜 시간을 재고 있는가? 아직까지 기도에 대한 열정을 느끼지 못하고 있기 때문이다. 음악에 대한 정열을 가지고 있다면 음악에 소모하는 시간은 쏜살같이 가 버린다. 독서에 대한 정열을 가지고 있으면 독서에 골몰할 수 있는 시간은 그날의 상이다. 피곤함을 느끼지 못할 뿐 아니라 오히려 휴식이 될 것이다. 운동에 대한 정열을 가지고 있다면 시간이 날 때마다 힘들다 하더라도 운동을 할 것이다. 그러므로 주님을 누리기 위해 너의 기도의 한 부분을 남겨 두는 연습을 하라.

왜 한 부분만인가? 기도 안에서 너는 근본적인 것으로 나아가야 하기 때문이다. 곧 급한 문제 안에 들어가고, 자신에게 진실을 말하고, 가면을 벗어야 하기 때문이다. 사랑은 행동하는 것에 있고 만족을 느끼는 데 있지 않기 때문이다.

그러나 이 모든 것을 한 연후에는 하느님을 얼마간 누리는 습관을 들이도록 하라. 어떻게? 창조적이고 자유롭게 되어라. 체계들을 없애고 긴장을 풀어라. 있는 그대로 충분하다. 말할 필요도 없고, 환상에 빠질 필요도 없이 그냥 주님과 함께 거기 머무는 것으로 충분하다. 얼마간 평화로이 주님의 발치에서 머무는 것은 얼마나 좋은가! 창조적이고 자유롭게 되어라. 여러분의 마음이 여러분을 가르쳐야 한다.

기도의 실습

- 기도한다는 것은 하느님께서 눈여겨보시도록 자신을 두는 것이며 그분을 많은 사랑으로 바라보는 것이다. 오늘 이것을 시도해 보라. 네 안에 현존해 계시는 성령께 정신을 집중하도록 노력하고, 이렇게 기도하라.
  "성령이여, 저의 약함을 도우러 오소서."

- “예수님께서는 그를 사랑스럽게 바라보시며 이르셨다.”(마르 10,21) 이 말씀을 예수님은 네가 기도 가운데서 그분 앞에 있을 때마다 네 안에서 이루신다. 사랑받도록 자신을 두라. 눈여겨 바라보시도록 너를 놓아두라. 그리고 이렇게 기도하라.
  “예수님, 저에게서 무엇을 바라십니까?”
  “예수님, 저를 보고 당신이 기뻐하실 수 있도록 제가 무엇을 할 수 있습니까?”
- 너를 당신의 사랑으로 감싸 주시는 아버지의 현존 안에, 네 자신이 잠기도록 해 보라. 그리고 그분의 현존을 단순히 누리면서 그분 앞에 머물러라. 다음 말 한마디로 기도하라.
  “아버지.”
- 별지 ‘기도를 더 잘하려면’이 네게 주는 조언을 충실히 따르라.

하루를 위한 기도

자주 되풀이하라.

“나의 아버지, 당신을 굳게 믿나이다.”

이 지혜의 시편을 묵상하라.

시편 25,1-2.4-7.15-18

주님, 당신께 제 영혼을 들어 올립니다.
저의 하느님 당신께 의지하니
제가 수치를 당하지 않게 하소서.
주님, 당신의 길을 제게 알려 주시고
당신의 행로를 제게 가르쳐 주소서.
당신의 진리 위를 걷게 하시고 저를 가르치소서.
당신께서 제 구원의 하느님이시니 날마다 당신께 바랍니다.
기억하소서, 주님, 먼 옛날부터 베풀어 오신
당신의 자비와 당신의 자애를.
제 젊은 시절의 죄악과 저의 잘못은 기억하지 마소서.
주님, 당신의 자애에 따라,
당신의 선하심을 생각하시어 저를 기억하여 주소서.
내 발을 그물에서 빼내 주시리니
내 눈은 언제나 주님을 향해 있네.
저를 돌아보시어 자비를 베푸소서.
제 마음의 곤경을 풀어 주시고 저를 고난에서 빼내 주소서.
저의 비참과 고생을 보시고 저의 죄악을 모두 없이하소서.

6

전례 – 기도하시는 예수님

"전례는 예수 그리스도의 사제직을 수행하는 것이다."(전례 헌장 7항)

전례는 예수님께서 기도하고 찬미하며 감사하는 것이며, 그리고 예수님께서 우리 모두를 기도하고, 찬미하고, 또 감사하도록 당신 곁으로 모으시는 것이다. 우리의 기도는 마치 미사 때 성작 안에 한 방울의 물이 떨어뜨려져 없어지는 것처럼 예수님의 기도 안에 잠기게 되어 없어져 버리지만 존재한다.

전례는 '완전하고 공적인 예배'이다. 이 기도의 존엄성은 그리스도 기도의 존엄성이 무한한 것처럼 무한하다. 그래서 경솔하게 참여하는 것은 나에게 용납될 수 없다. 전례 때 나의 기도는 참되어야 하며 자각적이고 불타오르는 기도여야 한다. 그리스도께서는 "존재하지 않는 기도를 받아들여 그의 기도가 되게 할 수 없다."고 하셨다.

나는 부재해 있는가? 나는 멀리 있는가? 나는 비어 있는가? 나는 참여하지 않는가? 그렇다면 나는 그리스도의 기도 안에서 무거운 짐일 뿐만 아니라 그리스도의 기도를 방해하는 요소가 된다. 교회는 이 문제에 대해 크게 염려한다. 전례 헌장 48항에서 아래와 같이 말하고 있다.

"교회는 그리스도 신자들이 예식과 기도를 통하여 이 신비를 잘 이해하고 거룩한 행위에 의식적으로 경건하게 능동적으로 참여하도록 깊은 관심과 배려를 기울인다."

다음 세 단어를 깊이 연구한다면 우리의 전례 생활은 충분히 견고한 바탕을 가지게 될 것이다.

의식적으로 – 지성(의식적으로)이 필요하고,

경건하게 – 마음(경건하게)이 필요하고,

능동적으로 – 의지(능동적으로)가 필요하다.

참여하고 일치하려는 모든 의지와 함께 우리의 현존 전부가 필요하다. 예를 들어, 전례에서 자주 로봇처럼 움직이면서 참여하는 문제에 관하여 책임감을 가져 보자.

십자 성호를 긋는 것,

일어서는 것,

고개를 숙이는 것,

입맞춤,

엎드려 절하는 것,

손을 올리는 것,

사제가 하는 좀 더 중요한 행위들을 향한 시선, 곧

– 높이 든 성작을 바라보는 것,

– 축성된 빵을 바라보는 것,

– 주례 사제를 향한 공식적 응답.

얼마나 많은 것들이 상습적으로 소홀히 되고 완전히 습관화되어 버리는지 모른다. 매일 모든 전례 때마다 몇 가지를 살리려는 노력을 기울이자.

• 가장 잦은 행위는 십자 성호를 긋는 것이다. 이것은 십자가의 권능이 나를 둘러싸는 것이고 온 교회의 이름으로, 온 교회와 함께 그리스도의 구원적 죽음을 기억하면서 드리는 성삼위적 찬미의 선포이다.

• 복음 봉독 때에는 왜 일어서는가? 그리스도의 직접적인 말씀에 대한 존경과 봉사하려는 나의 의지를 선포하기 위해서이다.

• 마음을 담아 머리를 숙여 절하자. 우리의 모든 비참과 약함을 그리스도께서 떠맡으시고 구하실 수 있도록 그분 앞에 우리의 교만을 꺾도록 하자.

• 마음을 담아 팔을 들어 올리자. 우리가 부당하기에 항복한다는 표시로, 또 '그리스도의 전례 의식'에 참여하지 않는 수많

은 우리 형제들을 감싸 들이는 표시로 팔을 들어 올리자. 정신과 마음, 의지에 의해 생기를 되찾은 각 전례 행위는 새로운 위력과 커다란 내적 부유함을 가지게 된다.

그렇게 하는 것이라야 전례 행위를 위해 열정과 독창력을 지녔던 교회, 그리고 전례 행위를 '그리스도의 예배'로서 또 교회와 그리스도의 '완전한 공적 예배'로서 생명력이나 표현력 없는 행위로는 절대로 도입한 적이 없는 교회를 향한 올바른 태도이다.

분심 중에 인사하는 것과 다른 일을 생각하거나 다른 일을 하면서 기계적으로 대답하는 것은 얼마나 많은 상처를 입히는가! 이처럼 생명 없고 영혼 없는 우리의 전례 행위들은 아버지의 마음에 상처를 입힐 것이다. 그것은 당신이 나와 상관없다고 말하는 것과 같은 것이고, 그런 예배는 모욕적인 언동이 될 뿐이다.

이 때문에도 바오로가 로마 신자들에게 보낸 서간에서 다음과 같은 일깨움은 주의 깊음의 새로운 깊이를 가지게 된다.

"형제 여러분, 내가 하느님의 자비에 힘입어 여러분에게 권고합니다. 여러분의 몸을 하느님 마음에 드는 거룩한 산 제물로 바치십시오. 이것이 바로 여러분이 드려야 하는 합당한 예배입니다."(로마 12,1)

기도의 실습

- 오늘의 기도가 주일, 주님의 날에 네가 참여할 미사, 성찬의 전례를 위해 마음을 준비하는 것이 되도록 노력하라. 성령께 다음과 같이 간구하라.
  "오소서, 창조자이신 성령이여! 다음의 미사 전례에 정신, 마음, 의지를 준비시켜 주소서."
  "전례란 그리스도께서 기도하시는 것이며, 기계처럼 관습적으로 전례의 기도에 참여할 수 없음을 깨닫도록 제 정신을 열어 주소서."
  "분심 가운데 드리는 소리 기도의 습관이 나의 전례를 오염시키지 않게 하소서."
- 그리스도께 드리는 시간에는 그리스도의 기도에 참여하는 새롭고 생생한 체험을 하도록 신앙으로 청하라. 이렇게 기도하라.
  "예수님, 당신의 기도 안에 저의 미약한 기도가 잠기게 하소서."
- 아버지께 봉헌한 시간에는 침묵하며 사랑하라. 사랑하도록 노력하라. 결심해야 할 순간이 왔다.
  "아버지, 다음의 미사 전례에는 축제처럼 참여하게 하소서."
  미사 전례에는 두 가지 선물, 곧 회개할 뚜렷한 한 문제와 어떤 사람의 고통을 가지고 가도록 결정하라. 침묵 속에서 이렇게 되풀이하라.

"아버지, 감사합니다. 예수님께서 올리는 감사의 제사인 성체성사에 대해 감사합니다."

- '기도를 더 잘하려면'을 다시 읽고 항구하게 따르도록 하라.

하루를 위한 기도

다음의 간청 기도를 자주 되풀이하라. 전례 준비에 아주 좋은 기도이다.

"주님은 나의 빛, 나의 구원이십니다."

평온한 시간에, 너를 미사 전례에 잘 준비시켜 줄 이 시편을 묵상하라. '주님의 집에 산다는 것'은 바로 성체성사이다. 이처럼 '환희의 제사'를 바치는 것과 '기쁨의 노래'를 올리는 것과 '당신의 얼굴을 찾는 것'들은 성체성사를 아름답게 시사한다.

시편 27,1.3-6.8-9.11.14

주님은 나의 빛, 나의 구원.

나 누구를 두려워하랴?

주님은 내 생명의 요새. 나 누구를 무서워하랴?

나를 거슬러 군대가 진을 친다 하여도
내 마음은 두려워하지 않으리라.
주님께 청하는 것이 하나 있어 나 그것을 얻고자 하니
내 한평생 주님의 집에 살며
주님의 아름다움을 우러러보고
그분 궁전을 눈여겨보는 것이라네.
당신 천막 은밀한 곳에 감추시며
바위 위로 나를 들어 올리시리라.
나 그분의 천막에서 환호의 희생 제물을 봉헌하고
주님께 노래하며 찬미드리리라.
"너희는 내 얼굴을 찾아라." 하신 당신을 제가 생각합니다.
주님, 제가 당신 얼굴을 찾고 있습니다.
당신 얼굴을 제게서 감추지 마시고
주님, 당신의 길을 저에게 가르쳐 주소서.
저의 원수들 때문이니 바른길로 저를 인도하소서.
주님께 바라라. 네 마음 굳세고 꿋꿋해져라.
주님께 바라라.

7

기도의 절정이며 생명의 샘인 전례

"전례는 교회의 활동이 지향하는 정점이며, 동시에 거기에서 교회의 모든 힘이 흘러나오는 원천이다."

(전례 헌장 10항)

교회는 일찍이 이렇게 말한 일이 없었다. 교회는 이 말을 하기 위해 2천 년을 기다렸다. 아니, 제2차 바티칸 공의회에서 빛을 보게 된 이 말을 교회는 2천 년 동안 마음에 품고 있었다고 하는 편이 더 낫겠다.

수 세기에 걸친 묵상과 전례 운동들을 통한 탐구에 따라 준비된 말들이지만, 공동체들 안에서, 마음들 안에서 전례적인 회개가 시작되지 않는다면 다만 쓰인 것에서 끝날 위험이 있다. 전례는 교회 생명의 절정이며 교회 활동의 최종 목적이지만 우리의 영적 삶을 위해서도 절정인가? 우리의 영성 생활은 걸어가고 있으며 이 정점을 똑바로 겨냥하며 나아가고 있는가? "교회의 모든 사도적 활동은 성체성사로 되돌아가기 위해서 성체성사로부터 태어나야 한다."고 공의회는 말한다. 한 주교(카를로 알리프란디)의 중요한 견해가 있다.

"예수 그리스도보다 더 위대한 것은 없고 그리스도 안에서 그분의 희생보다 더 위대한 것은 없다. 그러므로 교회 안에서 성체성사보다 더 위대한 것은 없다."

그러므로 전례는 첫자리를 차지할 권리가 있다. 영성 생활을 위해 하느님께서 우리에게 주시는 도구들에 대해 우리가 가지는 존경심의 첫자리, 영성 생활을 위해 우리가 해야 할 노력들에 있어서 첫자리를 차지해야 한다.

준비 없이 참여하는 전례가 습관화될 수도 있다. 우리가 살아오면서 망쳐 버린 수많은 성체성사는 우리가 성체성사의 기적을 아무것도 아닌 것이 되게 하는 나쁜 습관에 우리 의지를 주저앉게 할 수 있으며, 우리가 전례의 은혜를 파묻어 버릴 수 있다는 증거이다.

준비 없이 임하는 전례는 시작부터 잘못된 것인데, 그다음 뒤를 이어 그리스도의 신비에 따라 자국이 남도록 자신을 두지 않고 그 신비를 거리낌 없이 모독하는 두 번째 잘못으로 이어질 것이 거의 확실하다. 성 율리아노는 이렇게 말했다.

"여러분에게는 성체성사가 있습니다. 무엇을 더 원합니까?"

예수님께서 우리의 무관심을 건드리기 위해서 이것보다 더 감동적인 것을 연구해 낼 수는 없었을 것이다. 그런데 우리는 우리의 경솔함 속에 잠자고 있다.

성 이냐시오는 사제가 되었을 때 첫 미사를 거행하기 위해 1년 반을 기다렸다. 그리고 미사를 항상 '많은 눈물로' 드렸다고 자서전에서 쓰고 있다.

우리는 그리스도께서 전례를 통해 우리에게 주시는 은혜 앞에서 소경들이 아닌가?

성 율리아노는, 예수님은 성체성사의 신비를 통해 우리를 위해 완전히 유용성 있는 자로 있기 위해 '사람'이 되신 것이 아니라, '하나의 물건으로 변형'되셨다고 말한다. 무분별한 우리에게 이렇게 하나의 물질이 되시어 자신을 내맡기셨다. 그리스도의 이 은혜에 대한 책임감은 우리를 전율하게 해야 마땅하지 않을까?

준비 없이 전례에 참여하는 사람은 구멍이 났거나 밑이 빠진 양동이로 물을 길러 샘에 가는 사람과 같다. 시간과 수고만 낭비할 것이다. 전례에 자신을 준비하지 않는 사람은 성령을 막는 사람이다. "마음은 깨어 있어야 하고 드러나 있어야 하며, 만남에 들떠 있어야 한다." 신앙과 마음의 개방성은 으레 있는 것으로 여길 수 있지만, 전례 의식에 내가 참여하고 있다고 해서 저절로 신앙심이 생기는 것이 아니다. 전례의 기도는 전례보다 적어도 10분 전에 시작된다.

우리 생활에서 모든 영성 생활을 단순화하고 일치시키는 한 가지 원칙이 필요하다. 교회는 모든 영적 삶의 핵심이 전례 안에 있다고 믿는다. 정말 그렇다고 나도 말할 수 있겠는가? 그것을 알려 주는 요소는 물론 이것이다. 성체성사를 준비하는 데에 얼마만큼의 시간을 바치는가? 이 문제를 뚜렷이 의식하고 있는가? 다른 이들이 하는 것과 비교해 보는가? 항구히 노력하는가? 아니면 나의 열성의 높낮이에 따라 변하는가? 이 실제적인 문제에 대한 긴급함과 그 위력에 대해 확고한 신념이 있는가?

성 레오폴도는 미사 준비로 항상 한 시간의 성체 조배를 미사에 앞서 하도록 했다. 나에게는 준비를 위한 뚜렷한 시간을 가지려는 결심이 있는가? 아니면 막연히 경건한 원의만 떠돌고 있는가?

한 가지는 확실하다. 내가 전례에 활력을 불어넣기 위해 하는 노력은 내가 가지고 있는 존경의 정도를 정확히 반영해 준다. 전례가 단지 하루 가운데 또는 한 주간의 여러 가지 의무들 가운데 하나일 뿐이라면 그것은 나의 나약함에 따라 흔들린다. 반면에 전례에 대한 나의 존경심이 모든 것 위에서 첫자리에 놓여 있다면 나의 준비는 성체적 회개에 결정적인 첫걸음이 될 것이다.

보통 교회 문헌은 함부로 말하지 않는다. "전례에서 인간 성화와 하느님 찬양이 가장 커다란 효과로 그리스도 안에서 이루어지는 것이다."(전례 헌장 10항)라고 시인할 용기가 있다면 그것은 교회는 전례가 성덕을 향한 주요한 길임을 뜻한다. 즉, 다른 모든 활동들은 전례를 정점으로 삼아 자기 차례를 찾아야 한다는 뜻이다. 뿐만 아니라 공의회 문헌 전례 헌장 14항에서는 "신자들이 거기에서 실제로 그리스도 정신을 길어 올리는 첫째 샘이며 또 반드시 필요한 샘이기 때문이다."라고 말하는 것을 망설이지 않는다.

한마디로 존경심! 이것은 나의 온 전례 생활의 첫째가는 요소이다. 성령께서 우리를 영적 게으름, 무관심, 미지근함에서 깨워 주셔야 한다. 예수님께서 말씀하셨다.

"사실 너의 보물이 있는 곳에 너의 마음도 있다."(마태 6,21)

아주 명백한 원칙이며 우리를 전례에 양성시키는 데에 이 말씀을 서둘러 적용시켜야 할 필요가 있다. 이론을 정립하는 문제가 아니라 결정, 우리 태만의 정도에 따른 뚜렷하고 구체적인 결정들을 해야 함을 의미한다.

기도의 실습

- 오늘 너의 기도 시간을 미사 전례에 대한 준비나 감사로 바치도록 노력하라. 너의 정신을 전례 기도의 위대함, 곧 기

도하시는 그리스도께 열어 주시라고 성령께 기도하라. 그리스도께서 당신의 기도에 들어오도록 너를 초대하신다.

"성령이여, 저를 준비시켜 주소서."

"성령이여, 제가 참여한 미사 전례에 대해 저를 위하여 저와 함께 감사드려 주소서."

- 예수님을 향하고 준비되어 있지 않은 마음으로는 절대 미사에 참여하지 않도록 은혜를 청하라. 이렇게 기도하며 간구하라.

  "예수님, 저에게 당신의 마음을 주소서."

  정말 이것이 미사 전례 때 일어날 수 있기 때문이다. 그러나 네가 분심 가운데 있고 부재중이고 무감각하다면 어떻게 그리스도께서 네게 도달할 수 있겠는가?

- 아버지께 드리는 기도는, 침묵 가운데 그분 앞에 너를 두고 겸손되이 이렇게 기도하라.

  "아버지, 그리스도의 기도인 전례를 더 이상 모독하지 않게 하소서."

  많은 말을 하지 마라. 사랑하라. 그리고 이렇게 되풀이하라.

  "나의 아버지, 나의 전부시여."

  그리고 '전부' 안에 아버지와 아들과 성령과 사랑의 최대 선물인 성체성사에 대해 감사하는 마음을 담도록 하라.

- '기도를 더 잘하려면'의 조언을 읽고 따르라.

하루를 위한 기도

항구하게 되풀이하라.

"너의 온 힘을 다해 너의 하느님이신 주님을 사랑하라."

쉐마(이스라엘아, 들으라)를 무엇보다 미사 전례의 가장 성대한 순간인 영성체의 순간에 네가 즐겨 외우는 기도로 드릴 수 있어야 한다. 할 수 있는 대로 빨리 암기하도록 하라.

신명 6,4-9

이스라엘아, 들어라!

주 우리 하느님은 한 분이신 주님이시다.

너희는 마음을 다하고 목숨을 다하고

힘을 다하여 주 너희 하느님을 사랑해야 한다.

오늘 내가 너희에게 명령하는 이 말을 마음에 새겨 두어라.

너희는 집에 앉아 있을 때나 길을 갈 때나,

누워 있을 때나 일어나 있을 때나,

이 말을 너희 자녀에게 거듭 들려주고 일러 주어라.

또한 이 말을 너희 손에 표징으로 묶고

이마에 표지로 붙여라.

그리고 너희 집 문설주와 대문에도 써 놓아라.

| 셋째 주간 |

듣는 기도

1

듣는 것은 사랑하는 것이다

"나에게 '주님, 주님!' 한다고 모두 하늘나라에 들어가는 것이 아니다. 하늘에 계신 내 아버지의 뜻을 실행하는 이라야 들어간다."(마태 7,21)

하느님의 뜻을 알아차림

"주님, 주님."이라 부르기만 하는 소리 기도로는 부족하고 하느님의 뜻을 알아듣고, 그것을 이행하겠다고 결심하며 그것을 실천할 힘을 청하는 데까지 나아가야 한다. 곧 듣는 기도에 도달해야 한다. '듣다'는 성경의 열쇠가 되는 단어이다. 구약 성경에서 1,100번, 신약 성경에서 445번을 찾아볼 수 있다.

이스라엘의 신앙 고백은 "나는 믿습니다."로 되어 있지 않고,

자신에게 '하느님 말씀'을 되뇌는 것으로 되어 있으며, 이렇게 선포하고 있다. "이스라엘아, 들어라! 주 우리 하느님은 한 분이신 주님이시다. …마음을 다하고… 주 너희 하느님을 사랑해야 한다."

하느님을 들음은 기도의 핵심이다. 기도가 들음으로 이끌어가지 않는다면 우리는 기도의 껍질에 있을 뿐이다. 껍질로는 영양을 섭취할 수 없다. 우리 안에 참된 그리스도인이 태어나기 시작하는 것은 듣는 기도가 습관이 되었을 때이다. 한마디로 듣는 기도란 우리 양심의 깊이에 곧 우리에 대한 하느님의 뜻에 깊이 내려가는 것을 배우기 때문이다.

듣는 기도를 어떻게 정의 내릴 수 있을까? 아마 이렇게 할 수 있을 듯하다. "우리의 개인적인 문제들, 그중 가장 긴급한 문제들 안에서부터 신뢰와 겸손으로 하느님의 뜻을 찾는 것이다."

우리는 모두 긴박한 문제들을 가지고 있다. 바로 거기에서 듣는 기도가 시작되어야 한다. 하느님의 뜻을 겸손하게 찾아야 한다. 하느님은 교만한 마음에다 말씀하시지 않으신다. '모든 것을 아는' 사람은 하느님과 통교할 수 없다.

이것은 신뢰에 찬 탐구이다. 마음 대 마음으로 하느님께 다가가는 것이다. 이 탐구에서 사랑이 많으면 많을수록 하느님과의 친교도 깊어진다. 개인적인 문제에 대한 탐구이다. 우리의 의무에 대해 하느님께 질문을 드리는 것이며 우리에 대해 그분의 원의를 겸손되이 여쭙는 것이다. 진실을 자신에게 말하는 것이고 하느님께서 말씀하시도록 두는 것이며, 하느님께로부터 오는 힘으로 하느님 앞에서 가면을 벗는 것이다. 더 긴박한 개인적인 문제들에 대한 하느님의 빛을 찾는 것이다. 하느님의 모든 원의가 우리에게 관심이 있지만 태평하게 덮어 두면 안 되는 긴박한 문제들이 있다.

가장 긴급한 삶의 문제에서 출발하는 것이 옳다. "매일 그날의 괴로움이 있다."고 예수님께서 말씀하신다. 날마다 하느님의 빛 안에서 알아낸 대답을 해야 할 우선적인 문제가 있다. 듣는 기도란 자기의 삶을, 하느님의 뜻이 비추는 빛에만 따라 살아가는 법을 배우는 것이다. 이는 깊은 영적 교육을 하는 하나의 작업이다. 듣는 기도를 어떻게 하는가?

1) 무엇보다도 듣는 분위기를 만들어야 한다. 듣기를 원해야 한다. 이 바람 없이는 출발할 수 없다. 자동차에 기름을 가득 채워야 하는데 주유소에 들어가려고 하지 않는다면 기름을 채우고 싶지 않다는 표시이다. 듣기를 바라야 하고, 듣기를 바란다는 것은 하느님께 질문하기를 바란다는 뜻이다.

네 의지의 계략에 조심하라. 하느님과 '…하는 척'을 하고 아무것도 하지 않기란 쉽다. 하느님은 하고자 하는 의지가 없을 때는 결코 너를 방해하지 않으실 만큼 겸손하시다. 그러므로 듣고자 하는 의지를 청하라. 그리고 하느님께 너의 완고함을 고백하라. 하느님은 겸손한 행위 앞에 항상 감동하시고 언제나 응답하신다.

2) 듣기 위해 알맞은 도구를 사용하라. 그것은 무엇보다 다음 두 가지이다.

– 하느님의 말씀

– 네 양심의 소리

하느님의 말씀

1) 성령께 오랫동안, 그리고 겸손되이 간구하지 않고는 하느님의 말씀을 손에 들지 말라.

엔조 비앙키는 이렇게 말한다. "성령 없이는 성경을 이해하지 못하게 하는 베일이 성경을 덮고 있다." 그러므로 그 베일을 벗겨라. 성경을 펼치지 않고 읽을 수 있겠는가? 성경 케이스에서 성경을 빼내지 않고 읽을 수 있겠는가? 그러므로 너의 굳은 마음이 조금 풀릴 때까지, 네 안에서 신앙의 맥박을 조금 느낄 때까지 겸손되이 오랫동안 성령께 간구하라.

2) 눈으로가 아니라 마음으로 읽도록 노력하라. 하느님의 말씀을 모독할 수 없다. 신문을 읽듯이 읽어서는 안 된다.

3) 우리가 하는 독서의 결점은 늘 이런 것들이다. 조급함, 호

기심, 탐식.

호기심, 조급함, 탐식에 대해 살펴보라. 많이 읽는 것이 아니라 성령 안에서 깊이 있게, 마음으로 읽는 것이 중요하다. 성 예로니모는 말했다. "우리가 성체성사 안에서 그리스도의 살을 먹고 피를 마시듯이, 하느님의 말씀을 읽을 때도 역시 그러합니다."

성경 읽기는 하나의 친교이므로, 경솔하고 급하고 분심 속에 있는 것은 네게 허락되지 않는다. 탐식을 몰아내고 네게 충분한 한 모금만 취하고 나머지는 놓아두라. 샘을 말릴 수도 없거니와, 네 목마름을 없애는 데는 한 모금만으로도 충분하다.

4) 말씀과 더불어 정직하라. 말하지 않는 내용을 말하게 하지 말라.

바르게 알아듣는다고 어느 정도 확신할 수 있어야 한다. 성경 본문에서 주석으로, 주석에서 성경 본문으로 침착하게 넘어가라. 무엇보다도 읽는 동안 성령께 많이 간구하라. "예언자의 영혼을 건드리신 그 성령께서 읽는 이의 영혼도 움직이실 것이다."(성 대大그레고리오)

기도의 바탕은 이래야 한다. "말씀하십시오. 당신 종이 듣고 있습니다."(1사무 3,10)

5) 특히 네게 와 닿는 문장을 읽고 또 읽어라. 아마 너를 위해, 오늘을 위한 하느님의 메시지가 있을 것이다. 읽고 또 읽는 것은 하느님께로부터 가르침을 받고자 하는 원의를 증가시킨다.

조용히 침착하게 머물러라. 하느님의 비추임을 받기에 성급해하지 말라. 하느님은 말씀하시지 않고서도 말씀하신다. 가장 알맞은 순간에 빛은 올 것이다.

아토스 산의 수도승이 어느 날 엔조 비앙키에게 말했다. "성령은 마치 우리에게 다가오는 그 흰 비둘기와 같다. …그 비둘기는 네가 흥분하면 도망가고, 네가 평온하면 다가온다."

6) 하느님과의 연결선을 끊기 위해서는 아무것도 아닌 것으로도 충분하다. 약간의 교만으로도 충분하다.

말씀을 읽기 전에, 읽는 동안에, 읽은 뒤에 늘 많은 겸손이 필요하다. 하느님의 빛을 강요하지 말고, 겸손되이 간구하라.

양심의 소리

'말씀'을 들음은 자주 너의 양심을 듣는 것으로 보완되어야 한다. 어떤 때 '말씀'은 너의 의지를 깨우고, 너의 지성을 비추는 충만한 빛이지만, 더 긴급한 문제들을 제쳐 놓은 듯한 느낌을 받을 때도 있을 것이다.

경솔하게 행동하지 마라. 하느님을 들음은 언제나 양심을 듣도록 준비시킨다. 어떤 때에는 '하느님의 말씀'이 바로 그 긴급한 문제에 너를 강렬히 비추는 반면 어떤 때에는 긴급한 문제에 너를 준비시킨다.

뚜렷한 질문들로 하느님의 의견을 물으면서 너의 양심에 물어 보라.

• 하느님은 항상 선과 올바름과 진실 편에 계신다.

• 하느님은 절대로 우리 신분의 의무를 거슬러 편들지 않으신다.

• 하느님은 우리의 이기심, 비겁함에 책임을 지지 않으신다.

• 하느님은 착각들, 교만 그리고 허영인 꿈들을 어루만지지 않으신다.

• 하느님은 자주 우리의 원하는 바를 거슬러 말씀하신다.

• 하느님은 우리가 싫어하는 것들도 말씀하신다.

• 하느님은 자주 우리가 말씀하시길 원하지 않을 때에 말씀하신다.

• 하느님은 침묵으로도 말씀하신다.

하느님을 듣는 데에 습관을 들여야 한다. 듣는 습관을 만들어야 한다. 하느님을 듣는 습관을 가지지 않은 사람은 천둥 치듯 말씀하실 때에도 듣지 못할 위험이 있다. 하느님은 보통 우리에게 당신의 목소리를 전하시기 위해 우리의 사고력, 현명함, 양심의 소리라는 길이 아닌, 다른 길을 사용하지 않으신다. 그러나 중요한 문제는 그분의 뜻을 묻는 우리의 솔직함이다. 우리 의무들에 관한 그분의 뜻을 아는 것은 상대적으로 쉬운 일이다.

중대한 책임이나 커다란 결정들이 요청되는 문제들은 경우가 다르다. 이때에는, 이런 문제들에 있어 전문가이고 사려 깊고 신앙을 지닌 믿을 만한 사람의 조언을 듣는 것도 지혜로운 일이다. 그리고 하느님께서 우리 곁에 두신 사람들의 목소리를 소홀히 하지 않아야 한다. 가장 좋은 조언자는 자주 우리 발을 짓밟는 자들인데, 그에게는 문제를 속이면서 조언을 구하려고 할 수 없다.

그분의 대답은 하고자 하는 의지를 가진 사람들에게는 언제나 충분한 빛이 되지만, 우리가 우리의 변덕을 따라가려 한다면 어둠 또한 충분하다. 하느님은 우리의 인격과 우리의 자유에 대해 극도의 존경을 가지시기 때문이다. 절대로 억지를 쓰지 않으신다. 하느님은 예의 바른 분이시다.

기도의 실습

- 듣는 기도는 기도의 여정에서 중요하고도 새로운 과정이다. 성령께 할애한 그 시간에 하고자 하는 의지를 청하는 데 애쓰라. 이렇게 기도하라.
  "진리의 성령이시여, 제 안에서 진리를 이루도록 도와주소서."
- 그리고 다음과 같이 질문하면서 너를 예수님께 향하라.
  "어떤 것이 긴급한 문제입니까? 주님, 저에 대한 당신 원의는 무엇입니까?”

너의 양심에 깊이 내려가게 되면 너는 듣는 기도를 하고 있는 것이다. 오늘 네가 선정하는 하느님의 말씀은 너를 특별히 끌었던 복음의 한 단락일 수 있다. 처음 읽듯이 읽어 보라. 읽는 동안에 주님의 빛을 많이 간구하라. 너만을 위해서 참으로 말씀하시는 그리스도를 상상하라.

- 그다음, 사랑 가득한 침묵 속에서 아버지와의 관계 안에 들어가라. 몇 마디 말로 기도하라. ‘아버지’라는 말로 벌써 충분하다.
- ‘기도를 더 잘하려면’을 다시 읽고 주어진 조언에 따르라.

하루를 위한 기도

오늘 이렇게 기도하도록 노력하라.

“주님의 목소리를 오늘 듣게 되거든 너의 마음을 무디게 가지지 말라.”

듣는 기도로 초대하고 있는 이 아름다운 시편으로 기도하라.

시편 95,1-8

와서 주님께 환호하세.

우리 구원의 바위 앞에서 환성 올리세.
감사드리며 그분 앞으로 나아가세.
노래하며 그분께 환성 올리세.
주님은 위대하신 하느님….
땅 깊은 곳들도 그분 손안에 있고
산봉우리들도 그분 것이네.
바다도 그분 것, 몸소 만드시었네.
마른땅도 그분 손수 빚으시었네.
그분은 우리의 하느님
우리는 그분 목장의 백성
그분 손수 이끄시는 양 떼로세.
아, 오늘 너희가 그분의 소리에 귀를 기울인다면!
'너희는 마음을 완고하게 하지 마라….'

이성이 어두워질 때 의지도 무뎌지고 기억은 흐려져서
바르게 되어야 할 영혼의 능력들이 어지러워진다.

십자가의 성 요한, 「가르멜의 산길」

2

그리스도의 일깨움

"마르타야, 마르타야! 너는 많은 일을 염려하고 걱정하는구나. 그러나 필요한 것은 한 가지뿐이다."

(루카 10,41-42)

감미로운 정경

"그들이 길을 가다가 예수님께서 어떤 마을에 들어가셨다. 그러자 마르타라는 여자가 예수님을 자기 집으로 모셔 들였다. 마르타에게는 마리아라는 동생이 있었는데, 마리아는 주님의 발치에 앉아 그분의 말씀을 듣고 있었다. 그러나 마르타는 갖가지 시중드는 일로 분주하였다. 그래서 예수님께 다가가, '주님, 제 동생이 저 혼자 시중들게 내버려 두는데도 보고만 계십니까?

저를 도우라고 동생에게 일러 주십시오.' 하고 말하였다. 주님께서 마르타에게 대답하셨다. '마르타야, 마르타야! 너는 많은 일을 염려하고 걱정하는구나. 그러나 필요한 것은 한 가지뿐이다. 마리아는 좋은 몫을 선택하였다. 그리고 그것을 빼앗기지 않을 것이다.'"(루카 10,38-42)

이 구절은 듣는 기도의 본질을 명확히 서술하고 있다.

"마르타라는 여자가 예수님을 자기 집으로 모셔 들였다." 마르타는 진취적이고 열성이 많으며 봉사하는 데에 많이 단련된 여인으로 드러나지만, 듣는 기도를 하려면 필요한 것이 더 있다.

"마르타에게는 마리아라는 동생이 있었는데, 마리아는 주님의 발치에 앉아 그분의 말씀을 듣고 있었다." 마리아는 아주 다른 유형이다. 평온하고 생각이 깊고 침착하며 아주 공손하다. 언니의 흥분 앞에 이의를 제기하지 않는다. 집에 와 계시는 예수님의 현존에 '빠져 있었기' 때문이다. 제자들이 랍비 앞에서 하듯이 그분의 발치에 앉아 있다. 다른 어떤 것보다 그녀는 예수님의 인격에 관심이 있다.

"마르타는 갖가지 시중드는 일로 분주하였다." 마르타는 일에 빠져 있었고 잘 맞아들이기 위해 마음을 전부 빼앗기고 있었다. 그는 일을 관리하며 가정주부처럼 해야 할 일에 빠져 있었고, 예수님과 열두 제자 앞에서, 그리고 예수님을 맞아들이는 일에 서툴렀던 이웃 사람들 앞에서 좋은 인상을 심어 주고 싶은 원의에 빠져 있었다. 이 모두는 칭찬받을 만하고, 아주 좋은 것들이다. 마르타는 그의 진취성에서 놀라운 여인으로 드러나지만, 핵심적인 것을 잃어버리거나 위태롭게 할 위험에 빠질 정도로 일에 얽매여 있다.

이렇게 말했다. "…보고만 계십니까?" 이것은 '관심을 받아야 할 사람은 저인 줄 깨닫지 못하셨습니까?'라는 뜻이다. 마르타가 스승에게 스승 노릇을 한다. "제 동생이 저 혼자 시중들게 내버려 두는데도…." 비교하고 손가락질한다. 일에 경황이 없어서 자기 내면을 쳐다볼 시간이 없다. 일에 빠져서 더 중요한 것에 바칠 시간이 없다.

"동생에게 일러 주십시오." 예수님께 조언한다. 경솔한 사람은 기도 때에 그리고 기도 밖에서 언제나 하느님께 조언한다. "저를 도우라고." 그녀 자신이 모든 것을 지탱하는 핵심이다. 자기가 무너지면 모든 것이 무너진다고 여긴다.

"마르타야, 마르타야!" 부드러운 꾸중이다. 예수님은 폭력적으로 고쳐 주지 않으신다. '전반적인 상황의 가치를 알아듣지 못하는구나.'라고 하시는 듯하다.

"너는 많은 일을 염려하고 걱정하는구나." 이쪽저쪽으로 뛰는구나. 멈추어라!

"염려하고" 주의를 기울여야 하지만 핵심에서 너를 떼어 놓지 못하게 해야 한다.

“걱정하는구나.” 일 때문에 균형을 잃었다.

“많은 일을” 좋은 인상을 심어 주려는 네 일을 위해서이다. 제대로 분별하지 못한다.

“필요한 것은 한 가지뿐이다.” 하느님의 은혜가 최대한으로 발휘되도록 그 은혜에 주의를 기울여야 한다.

“마리아는 좋은 몫을 선택하였다.” 너희는 일을 잘못 나누어 가졌다. 너는 지나치게 일을 하고 동생은 맞아들이기만 하지만, 맞아들이는 일이 더 낫다. 예수님께서 봉사를 거절했으리라고 읽을 수는 없다. 그러나 더 좋은 것, 곧 중요한 것, 만족감은 덜하지만 해야 할 더 유익한 것이 있다는 것을 강조하신다.

“그것을 빼앗기지 않을 것이다.” 중요한 것은 우정을 주고, 우정에 응답하는 것이며 이것만이 남는 참된 가치이다.

마음의 기도에는 항상 선택해야 할 것이 있다. 읽는 것, 묵상하는 것, 쓰는 것, 배우는 것, 말하는 것, 대화하는 것, 이런 것들처럼 침묵보다 더 만족스러운 것들이 있다. 이 모든 것은 좋고 선한 것이고 어떤 때엔 아주 유익한 것이지만 가장 좋은 것은 아니다. 가장 좋은 것은 예수님의 인격을 우리 관심의 핵심에 두는 것이다. 예수님을 택하고, 이 가장 좋은 것을 위해 유익한 것까지도 한쪽에 밀쳐 두는 것이다. 하느님의 현존에 완전히 사로잡히는 것이다. 이것이 기도의 요점이고 나머지는 모두 부차적이다. 이 현존에 머무는 것에는 사랑, 감사, 관심, 들음, 존경, 흠숭이 들어 있다. 하느님의 현존 안에 머무는 것으로 '시간을 허비'할까 봐 두려워 말라. 실제로는 아무것도 잃지 않고 오히려 모든 것을 얻기 때문이다. 더 쉬운 모든 것에는 저항하고, 가장 어려운 것을 선택하는 것이다. 당신이 여기 계심에 감사하고, 제가 여기 있음에 감사합니다!

"마르타라는 여자가 예수님을 자기 집으로 모셔 들였다." 그러나 예수님을 참으로 모셔 들인 이는 마르타가 아니라 마리아이다!

진실의 문

마음의 기도에는 하나의 위험이 있다. 그것은 바로 친밀주의이다. 처음의 어려움들을 넘긴 다음엔 하느님과 지내기가 그렇게도 편하기에, 베드로처럼 이 말을 되풀이하고 싶어진다. "…여기에서 지내면 좋겠습니다. 저희가 초막 셋을 지어…." 그리고 아주 중요한 어떤 문제들을 잊어버릴 수 있다.

그 문제란 예를 들어 하느님께 진 빚을 청산하는 것, 잘 실천되지 않는 것들을 정면으로 바라보는 것, 바리사이 같은 것들에서 가면을 벗어 버리는 것, 무질서와 하느님의 마음에 드시지 않는 모든 것들을 바로잡는 것이다.

과장할 필요는 없지만 친밀주의의 위험은 있다. 그 깊은 이유는 사랑하려 애쓰면서 하느님 앞에 침묵 속에 머무는 것은 우리의 비참함과 함께 지내도록 우리를 버려두지 않을 정도로 힘든 일이기 때문이다. 우리가 빛의 세계에 잠겨 들자마자 우리의 그늘진 부분들이 드러나고 즉시 부당함에 두려움을 느끼게 된다.

그러나 기도의 첫걸음을 걷는 이에게서의 위험은, 아무것도 지불하지 않고 마음의 기도에 즉시 들어가기를 원하는 것일 수 있다. 그럴 때에는 마음의 기도가 설령 만족감을 느끼게 할지라도 아직 경솔하다.

잘 시작하는 것이 필요하다. 마음의 기도에 들어가기 위해 무엇보다도 먼저 진실의 문을 지나야 한다. 진솔해야 하며 진리를 건설해야 할 필요가 있고, 우리의 상처를 지적할 필요가 있으며, 우리 자신을 정화시켜야 하고, 급한 문제들 안에 들어가 바로잡아야 할 필요가 있다.

자신을 받아들이고 통회하고 보속하는 것

우리는 우리 자신의 미약함을 받아들여야 한다. 이 단계를 거치지 않고는 통회할 수 없고 정화할 수 없다. 나는 솔직하고 투명해야 한다. 그리고 하느님과 더불어 솔직하고 투명하기를 바란다면 무엇보다도 나 자신과 먼저 그래야 한다.

그래서 아주 객관적으로 신뢰 있게 나의 부정적인 면들 안으로 내려가야 한다. 나는 하느님께 나의 사랑을 보여 드리기 위해 있다. 하느님께서 내가 나의 부족함에서 벗어나도록 도와주지 않으시겠는가?

내 안에 진리를 세운 것으로는 아직 부족하다. 통회해야 한다. 내가 후회한다는 것을 몇 마디로 표현할 수도 있겠지만, 통회란 언어상의 문제가 아니다. 내 안에 어떤 부족을 보면 그 문제를 밀쳐 버리거나 모른 체하거나 회피하거나 밖으로 반사시키려는 유혹이 온다. 아니면 자기의 약함에 대해 울면서 투덜대고 싶은 유혹을 느낀다. 이것은 쉽지만 통회하는 것이 아니다.

통회한다는 것은 벗어난다는 뜻이며, 투쟁하겠다는 의지이다. 그래서 세 번째 단계, 통회에서 가장 중요한 단계인 '보속하는 것'에 이르게 된다. 물론 어떤 잘못을 즉석에서 완전하게 보속할 수는 거의 없다. 어떤 보속은 아주 복합적일 수 있다. 깊은 숙고를 요구하고, 책임감, 구체적인 것을 요구하며 때로는 현명함도 요구한다. 그러나 한 가지는 분명하다. 만약 적절한 방법으로 보속할 수 없어도 언제든지 보속하기 위한 구체적인 첫걸음을 결단력 있게 내디딜 수는 있다.

그 첫걸음은 물론 기도이다. 내가 해를 끼쳤다면, 또는 어떤 의무를 잘못 수행했다면 첫째로 해야 할 일은 내가 해를 입힌 그 사람을 하느님 손에 맡기는 일이다. 그리고 하느님께 완전히 보속할 수 있는 힘을 청하고 책임감과 빛, 힘을 갈구할 일이다. 이렇게 하는 것은 벌써 보속을 시작한 것이다.

그다음으로는 하느님의 빛 아래 구체적이고 즉각적이며, 확고부동한 보속을 위한 계획을 세우는 것이 시급하다. 곧 보속의 여정을 계획하는 것이다. 여정은 시간을 요구하지만 출발 일정을 정하고, 표를 사러 가는 따위의 여행 준비를 하는 것은 이미 여행을 시작하는 것이라고 할 수 있다. 중요한 것은 정직함과 솔직함이 있는지 살펴보는 것이다.

마음의 기도를 우리의 책임을 덮어 두고 모르는 체하면서 시작할 수는 없다. 마음의 기도는 하느님의 사랑에 직접 우리 자신을 투영시키는 것이다. 그분 앞에서 자신을 바로잡으려는 원의 없이 어떻게 마음의 기도를 할 수 있겠는가?

기도의 초보 단계에서는 진실의 문을 통과했는지 검증하지 않고는 마음의 기도를 절대 시작하지 않는 것이 현명하다. 더 나아가면 모든 것이 단순해진다. 마음의 기도 전이나 하는 동안이나 마음의 기도를 한 뒤에도 우리와 하느님과의 관계를 방해하는 문제들을 진리 안에서 명확히 하면서 직면할 수 있다. 마음의 기도에 습관을 들이는 이는 차츰차츰 집중하기 위해, 자신을 살펴보기 위해 많은 시간을 필요로 하지 않을 만큼 자신의 약함에 대한 강렬한 빛을 얻게 된다. 뿐만 아니라 어떤 잘못이 드러나자마자 빨간 등이 켜지고 선의의 의지가 응답한다. 그래서 하루 종일 기도를 떠나서도 정화를 위해 유익하다.

기도의 실습

- 성령을 향해 조심성 있는 소리 기도를 하라. 예를 들면 어제 사용했던 시편을 읽을 수도 있다. 네 안에 진리를 밝힐 수 있도록 성령께서 인도해 주시기를 청하라.
- 그다음 너를 그리스도께 향하고 마르타와 마리아의 그 현장을 재생시켜 보라. 상상력을 사용하여 예수님과 만남의 세부적 장면 하나하나를 창출해 내도록 해 보라. 성 이냐시오는 복음을 깊이 묵상하기 위해 이 방식을 이용하기를 많이 권했다. 그는 이것을 '현장 구성'이라고 불렀다. 네가 듣는 연습을 하는 동안 가장 중요한 것은 실제적인 것을 겨냥하는 것이다.

  "스승님, 여기서 제게 무엇을 말씀하고 싶으십니까?"

  "스승님, 제가 정말 당신께 귀 기울여 듣고 있습니까?"

  너의 실제적인 결심들을 정하라.
- 그다음에는 네 마음을 아버지께 향하게 하라. 사랑하고 침묵하라. 다만 이렇게 간구하라.

  "아버지, 제게서 무엇을 원하십니까? 제가 원하는 대로 하지 마시고 아버지께서 바라시는 대로 하소서!"

• 별지 '기도를 더 잘하려면'에 되돌아가라. 그리고 그것에 따르라.

하루를 위한 기도

다음 시편의 탄원 기도를 하루 내내 자주 되풀이해 보라.

"주님, 저를 눈여겨보시고 이끌어 주소서."

하느님을 사랑에 찬 귀 기울임으로 듣게 하는 다음 시편을 묵상하라.

시편 32,1-2.5.7-10

행복하여라, 죄를 용서받고 잘못이 덮인 이!
행복하여라, 주님께서 허물을 헤아리지 않으시고
그 얼에 거짓이 없는 사람!
제 잘못을 당신께 자백하며
제 허물을 감추지 않고 말씀드렸습니다.
"주님께 저의 죄를 고백합니다."
그러자 제 허물과 잘못을
당신께서 용서하여 주셨습니다. 셀라

당신은 저의 피신처. 곤경에서 저를 보호하시고
구원의 환호로 저를 에워싸십니다. 셀라
나 너를 이끌어 네가 가야 할 길을 가르치고
너를 눈여겨보며 타이르리라.
지각없는 말이나 노새처럼 되지 마라.
악인에게는 고통이 많으나
주님을 신뢰하는 이는 자애가 에워싸리라.

3

다섯 가지 통로

"말씀하십시오. 당신 종이 듣고 있습니다."(1사무 3,10)

항구한 노력

기도가 들음에 이를 때, 기도는 이미 어느 정도 나아갔다. 그러나 이 들음은 가끔이 아니라 항구해야 한다. 기도에 단련되지 않은 사람은 어쩌다 한 번씩 여기에 이를 수 있지만 곧 미끄러진다. 항구하게 머물러 있기는 힘들다. 어떻게 해야 하는가?

먼저 정화시키는 것에서부터 시작해야 하고, 교만을 꺾어 버릴 줄 알아야 한다. 진실하고 참되어야 한다. 우리가 가면을 벗어 버리지 않으면 하느님께서 우리에게 말씀하실 수 없다. 가장 먼저 해야 할 중요한 일은 이것이다. 자신에게 진실을 말하고, 진리 안에 머물고, 우리 자신을 있는 그대로 인정하는 것이다. 자신의 미약함을 용기 있게 보고, 검은 것은 검다 하고 흰 것은 희다고 말할 수 있어야 한다.

우리는 겉과 속이 다르게 가면을 쓰고 생활할 때가 많다. 하느님과 만남에 앞서 우리 자신의 편리한 생활을 뒤바꾸어야 하고, 우리 자신이 얼마나 미약한지를 이해하고, 하느님 앞에 전적으로 가난한 모습 그대로 자신을 내놓아야 한다. 우리가 진실할 때 하느님께서는 우리 안에 참으로 깊이 파고드실 수 있고…, 그리고 말씀하실 수 있다.

하느님께서는 말씀하신다. 어떠한 통로로 말씀하시는가? 정상적으로 하느님께서는 당신의 말씀을 들으려고 하는 사람에게, 그와 통교하기 위해 아래의 다섯 가지 통로를 이용하신다고 말할 수 있다.

정신

하느님께서는 우리를 깨닫게 해 주신다. 착각들이 무너지고 평화를 가지기가 힘들 정도로, 그렇게 분명한 방법으로, 새로운 빛 안에서 문제들을 깨닫게 하신다. 그러나 하느님께서 불안하게 만드시는 것은 아니다. 불안하게 하는 이는 사탄이지 하느님이 아니다. 하느님의 음성은 아주 조그마한 것으로도 질식시킬 수 있는 그렇게 미묘하고 고요한 것이다.

의지

하느님께서는 우리에게 원의를 주신다. 의지가 분명한 방향을 향하여 움직인다. 한 토막의 쇠가 자석의 영향권에 들어갈 때 자석에 끌려가듯이 우리의 의지는 하느님을 향하게 되며, 마치 한 토막의 쇠가 자석을 만나게 되듯이 유순하게 된다. 무엇을 해야 하는지 깨닫게 되고, 그것을 할 수 있는 힘을 가지게 된다. 우리를 어루만지신 분은 하느님이시다.

감정

모두가 오랫동안 기도한 후 강한 기쁨의 순간을 체험했을 것이다. 설명하기는 힘들지만 때로는 기쁨이고 때로는 다만 깊은 평화이며, 때로는 아주 감격적인 것이다. 하느님께서 우리에게 감각적으로 감지할 수 있는 느낌을 주신 것이다. 선에 있어 구체적인 열매가 뒤따른다면 이 감동은 하느님과의 참친교에서 오는 것이 거의 확실하다. '거의 확실하다'고 말하는 이유는 영적인 세계를 아무도 분명히 확인할 수 없기 때문이다. 그렇지만 예수님은 "열매를 보아 그 나무를 알 수 있다."고 하셨다. 하느님과의 친밀한 이 순간들이 우리를 열심하게 하며, 애덕에 있어 성장하게 하며 이기주의를 끊어 버리게 하고, 우리를 겸손해지게 한다면 이것이 바로 열매이다. 덧붙여 말해야 하겠다. 하느님께서는 항상 우리의 감정이 좋아하도록만 말씀하지 않으시고 때로 후회와 불쾌감과 허무감을 통해서도 말씀하시는데 우리는 이를 좋아하지 않는다. 그렇지만 하느님께서는 우리가 응답하기를 기다리신다. 우리 자신의 부족함을 느끼는 이 자체가 이미 우리 안에서의 하느님의 활동이고, 은총의 선물이다. 하느님께서는 응답을 기다리신다.

상상

버나드 쇼가 쓴 「아르스의 성녀 요안나의 대화」 가운데, 재판관이 그녀에게 "당신이 듣는다는 그 음성은 당신의 상상에서 오는 것이다."라고 하였다. 성녀는 대답하기를 "물론입니다. 하느님께서는 우리에게 말씀하시기 위해 우리의 상상력을 이용할 수밖에 없습니다. 그렇지만 말씀하시는 분은 하느님이십니다!"라고 하였다. 우리의 삶 안에서 하느님께서 아주 명백하게 말씀하시는 큰 빛의 순간이 있다. 우리 모두는 거의 다 이것을 체험해 보았다. 물론 몽상가에게 이런 이야기를 해서는 안 된다. 어떤 때, 우리가 듣는 양심의 소리는 그렇게 분명하고 또 우리가 바라는 것과는 정반대이기 때문에 '우리의 머리카락까지 셈하시고' 우리의 생활에서 결정적인 순간에 우리의 결심에 영향을 끼치면서 개입하시는 신비로운 현존에 대해 의심할 여지가 없게 된다.

기억

하느님께서는 어떤 때 과거에 저지른 잘못을 회상하게 함으로써 우리에게 그 영향이 미치게 해 주신다. 슬픔과 기쁨, 실패와 성공, 받았던 충고, 들었던 말, 조언, 보거나 받았던 표양들, 본 것들, 배운 것들, 잊어버렸던 이러한 것들을 통하여 말씀하신다. 때로는 우리가 많이 사랑했던 과거에 대한 향수를 느끼게 하거나 우리 잘못과 죄에 대한 쓴맛을 다시 느끼게 함으로써 우리에게 말씀하신다. 하느님께서 말씀하신다! 얼마나 많이 말씀하시는지! 문제는 그분께 응답하는 것이다. 그런 다음에 하느님의 말씀을 직접 듣고 싶다면 하느님의 기록된 말씀, 곧 성경이 있다. 이것은 기도에서 아주 중요한 부분이기에 따로 다룰 가치가 있다.

기도의 실습

- 성령께서는 듣기를 효과적으로 수련하도록 너를 초대하신다. 정신을 바짝 차리고 성령께로 향하면서 시편을 읽어라. 이렇게 기도하라.
  "진리의 성령이시여, 제가 제 안에 진리를 행하도록 제게서 가면을 벗겨 주소서."

- 그리스도께로 향하고 겸손되이 들어라. 그리스도께서 네게 자주 말씀하시는 그 방법을 체험하도록 해 보라.
  - 지성 : 그리스도께서 어떤 깊은 생각으로 너를 건드리셨을 때가 언제인가?
  - 의지 : 기도에 있어 항구하다면 너의 의지가 건드려졌다는 표시가 아닌가?
  - 과거에 대한 기억 : 어떤 실패나 어떤 성공이 가끔 네 안에 새로운 상황을 낳게 하지 않았는가?

  구체적으로 되어라.

  "주님, 말씀하십시오. 당신 종이 듣습니다. 제 안에서 인정해 주실 수 없는 것이 무엇입니까? 제게서 당신이 바라는 것이 무엇입니까?"
- 그다음에 너의 정신을 아버지의 현존에 잠기게 하라. 그리고 침묵하며 그분 현존에 머물러라. 이렇게 말해 보라.

  "저의 아버지, 저의 전부시여!"

  구체적인 결심을 하고 사랑의 구체적인 증거를 드려 보라.
- '기도를 더 잘하려면'을 읽기에 지치지 말고, 너에게 주어진 조언에 따르라.

하루를 위한 기도

하느님의 이 일깨움을 자주 기억하라.

“기쁨으로 주님을 섬겨 드려라.”

시편 100은 감동적이다. 이 기도 없이 보내는 날이 하루도 없어야 할 것이다.

시편 100,1-5

온 세상아, 주님께 환성 올려라.
기뻐하며 주님을 섬겨라.
환호하며 그분 앞으로 나아가라.
너희는 알아라, 주님께서 하느님이심을.
그분께서 우리를 만드셨으니
우리는 그분의 것, 그분의 백성, 그분 목장의 양 떼이어라.
감사드리며 그분 문으로 들어가라.
찬양드리며 그분 앞뜰로 들어가라.
그분을 찬송하며 그 이름을 찬미하여라.
주님께서는 선하시고 그분의 자애는 영원하며
그분의 성실은 대대에 이르신다.

4

그분의 음성을 듣는 기쁨, 하느님께 드려라

"당신께서 제 앞에서 침묵하시어 제가 구렁으로 내려가는 이들처럼 되지 않게 하소서."(시편 28,1)

성경의 재발견

최근 30여 년 동안 많은 그리스도인들, 젊은이와 어른들이 새로운 방법으로 '하느님의 말씀'에 자신을 열었다. 성령께서 많은 이들의 마음에 성경에 대한 참된 사랑을 일으키셨고, 일으키고 계신다고 참으로 말할 수 있다. 기쁨과 희망을 채워 주는 표시이다.

위험들도 있으므로 그것들을 보아야 한다. 알다시피 성경을 바르게 이해하기 위해서는, 읽을 줄 아는 것만으로 충분하지 않기 때문이다. 많은 단어들을 안다 해도 그것이 하나의 언어를 말할 수 있는 것은 아니듯이, 성경을 읽는다고 해서 그 진리를 속속들이 이해하는 것은 아니다. 지성을 잘못 사용하고, 성경을 개인적으로 읽는 것이 아마 가장 잦고 심각한 위험들이다.

지성을 포기하는 것

이것은 '하느님의 말씀'에 접근하는 데 있어서 지성을 가지고 노력하는 것을 포기한다는 것이다. 지성이 '하느님의 말씀'을 아는 데에 첫걸음뿐인 것은 사실이다. 그러나 이 첫걸음이 없으면 광신에 빠지거나 성경 본문에 대한 비뚤어진 해석으로 빠질 수 있다.

대인 관계에서도 마찬가지다. 사람들과의 참된 통교를 하자면 지성만으로는 불충분하지만, 깊이 있는 통교에는 지성의 조력이 필요하다.

성경을 읽을 수 있는 수준이기 위해 모든 그리스도인에게 성경학 학위를 받을 것을 요구하지는 않는다. 그러나 성경을 알아야 하는 문제는 '말씀'에 대한 사랑과 존경의 문제로 여기는 것이 근본적이다.

지성에 머무는 것

주지주의는 정반대의 위험이다. 지성을 잘못 사용하는 것이다. 성경의 이쪽 또는 저쪽을 지나칠 정도로 연구하는 데에만 멈추는 것이다. 그렇게 하면, 성경은 몇몇 전문가에게만 해당하는 미로처럼 보이게 된다.

이것은 항상 도사리고 있는 위험이다. 사탄은 '말씀'의 유일한 목적, 곧 사랑으로 회개하기 위해서 하느님의 불로 친교에 도달하려는 목적에서 사람들을 탈선시키도록 온갖 수단을 다하기 때문이다. 이 상반된 두 위험 앞에 시편 작가와 함께 기도하게 된다. "주님, 단순한 마음을 제게 주소서."(시편 86 참조)

그렇다. '말씀'의 놀라운 신비에 우리 마음을 열 수 있도록 단순한 지성을 청해야 한다. 지성과 단순성이 서로 배척한다는 것은 사실이 아니다! 예수님을 바라보자. 지적인 분이면서 단순한 분이시다. 복음서를 살펴보자. 지적이며 단순한 것으로 가득 차 있다. 성인들을 쳐다보자. 모두 지적이며 단순하다. 하느님은 지적이며 단순한 사랑이시며 사랑할 줄 아는, 곧 단순한 지성에 자신을 드러내신다.

지성과 단순성의 통합은 사랑으로만 주어진다. 사랑이 모자라는 곳에 지성은 복잡하고 모호해지며, 단순성은 천박함이 된다.

교회를 벗어난 독서

이는 성경을 알아들으리라는 자만으로, 아마도 교회를 얕보며 판단하는 자만으로 혼자서 또는 그룹으로 읽는 것이다. 이것은 성경과 교회는 불가분의 관계라는 것을 알지 못하는 데서 온다. 그리스도인은 하느님 앞에서 따로 떨어진 개별 존재가 아니다. 그래서 성경 읽기를 통해서, 또는 내적 영감에 의해서 '말씀'을 그분께로부터 직접 받을 수 있는 존재가 아니다.

그리스도인은 세례로 그리스도께서 사시고 말씀하시고 자신을 전해 주시는 친교 안에 들어가게 되었다. 이 친교 안에서 각 그리스도인은 '말씀'을 듣고 생활하는 것을 배운다. 성경이 이 들음의 근본적인 도구라면 교회는 그 들음의 필요 불가결한 '토양'이다.

'말씀'을 충실히 듣고 보호하고 전달할 수 있도록 '하느님의 말씀'은 교회에 맡겨졌다(계시 헌장 10항 참조). 제2차 바티칸 공의회(1962~1965년)는 '하느님의 말씀'에 대해 단순하고 교회적인 지성으로 보배로운 문헌을 넘겨주었다. 계시 헌장이 바로 그것이다. 모든 그리스도인은 한 세기를 두고 성경을 연구한 수고의 열매인 바로 이 문헌을 알 필요가 있다. 이것은 성령의 참된 선물이다.

'말씀' 안에서 하느님의 사랑을 읽을 것

성경의 참언어는 히브리어도 그리스어도 아닌 사랑이다. 하느님은 땅 위의 모든 말들을 다 알아들으신다 하더라도, 이 언어만 아신다. 하느님의 말씀은 전부 사랑의 '말씀'이다. '말씀'은 우리에게 오직 한 가지만을 말하고 있다. "아버지께서 나를 사랑하신 것처럼 나도 너희를 사랑하였다."(요한 15,9) 여기서 말씀하시는 분은 예수님이시다. "하느님은 사랑이십니다."(1요한 4,16) 그리고 그분이 말씀하실 때에는 사랑밖에 다른 것을 전달하실 수 없다.

우리는 모두 깊은 선함으로 우리에게 감명을 준 사람들을 알고 있다. 그들이 하는 모든 것, 말하는 모든 것에서 선함을 뿜어내고 있다. 달리 할 수가 없다. 말들과 행위들은 마음의 깊이를 되비추기 때문이다.

하느님은 사랑이시다. 다만 사랑이시다. 그러므로 그분의 마음에서 솟아나오는 모든 말씀은 '사랑의 넘쳐흐름'이다. '하느님의 말씀'과 '사랑의 말씀'은 똑같은 말이다. 따라서 성경 이해를 위한 근본적인 열쇠는 사랑이다.

그러니까 '말씀'으로 기도하면서 하느님의 사랑을 읽는 것을 배우지 않는다면 근본적으로 우리는 외면에 남아 있게 된다. 읽기는 하지만 이해하지 못한다. 한마디로 우리는 산만한 관광객과도 같다. 그러나 '하느님의 말씀'은 강인한 광부를 원한다.

'말씀'을 읽을 때 우리의 첫 번째 걱정이 도덕적인 문제인 경우가 너무 잦다. 주님께서 나에게 이 '말씀'으로 무엇을 기다리고 계시는가? 이것은 옳다. 그러나 이것은 첫 번째도 마지막 걱정도 아니어야 한다. 우리의 관심은 무엇보다도 성경의 그 페이지 안에서 우리에게 표현하고 전달하는 하느님의 사랑에 쏟아야 한다. 그분의 사랑을 알아보고 믿는 만큼 우리는 응답할 수 있게 된다. 하느님은 우리의 응답을 기다리신다. 사랑은 절대로 일방통행이 아니기 때문이다. 사랑은 주고받기를 바란다.

그러므로 언제나 그분 사랑의 새로운 차원을 알고 체험하고자 하는 불타는 원의로 '하느님의 말씀'에 다가가자. 하느님의 사랑을 더 많이 깨달을수록 우리의 응답도 더 부유하고 구체적일 것이다.

갈증과 인내

사막 교부들의 금언 중에 이런 일화가 있다. 어느 날 아주 자만심이 강하고 뛰어난 젊은 은수자가 성덕이 출중한 연로한 은수자에게 조언을 구하려고 갔다. 연로한 은수자는 아주 인자로이 그를 맞아들였다. 젊은이가 "사부님, 한 주에 여러 날을 단식해 온 지가 이백 주간이며 구약과 신약을 다 외웠습니다. 무엇을 아직 더 해야 하지요?" 하고 말하자, 연로한 은수자는 "너는 멸시와 칭찬을 똑같이 받아들일 줄 아느냐?" 하는 질문으로 대답했다. 젊은이는 "아니오." 하고 솔직하게 고백했다. 그러자 연로한 은수자는 인자하지만 단호하게 "그렇다면 사 년 동안 네 영혼을 속이는 것밖엔 네가 한 것은 없다."고 결론지었다.

메시지는 분명하다. '하느님의 말씀'을 알려는 목마름과, 지금은 어렵고 어둡게 보이는 많은 것들에 관해 항상 좀 더 나은 빛 안으로 들어가겠다는 목마름은 아주 좋은 것이다. 그러나 이 갈증은 현명한 인내가 동반되어야 한다. 문제는 다 알아듣는 데에 있지 않고 무엇인가 살기 시작하는 데에 있다. '말씀'을 살기 위해 이해하는 것이다. 산다는 것은 이해의 폭을 넓혀 줄 것이다.

친구와의 관계 안에서처럼 앎이 자랄수록 사랑도 자란다. 그와 마찬가지로 사랑은 사랑에 있어서 한 걸음 더 나아가기 위해 앎을 깊어지게 한다. '말씀'과의 관계도 우리가 사는 한평생 동안 이와 마찬가지다.

감추지 말고 자신을 드러낼 것

'말씀'의 왕국에는 감추는 것 없이, 겸손의 옷을 입고서만 들어갈 수 있다.

"너희가 회개하여 어린이처럼 되지 않으면, 결코 하늘나라에 들어가지 못한다."(마태 18,3) 예수님의 이 말씀은 '말씀'에 다가가기 위한 황금률이다. '말씀'은 우리보다 더없이 위대하다. 하느님의 현존 자체이기 때문이다. 우리가 이 '말씀'을 재는 것이 아니라 '말씀'이 우리를 '측정'한다. 다시 말하면 우리에게 진리를 말한다.

"인간적인 책들의 말은 우리가 이해하고 저울질해 볼 수 있다. 그러나 '하느님의 말씀'은 우리를 저울질하고 순명을 요구한다. '하느님의 말씀'과 우리의 의지 사이에 삶의 계약을 맺어야 한다."(마들렌 델브렐)

그러므로 오만을 버리고 요구 없이 '말씀'에 나아가자. 우리의 교만을 벗어 버리지 않으면 문은 닫혀 있을 것이고, '말씀'은 우리에게 입을 다물 것이다.

'감추지 말 것' 이것은 '말씀'의 왕국에 들어가기 위한 명령의 말이다. 의미는 겸손은 듣고자 하는 갈망이며, 흠숭은 순명이다.

특히 위의 마지막 말은 '말씀' 앞에서 가져야 할 바른 자세를 요약하고 있다. 사랑하는 이는 그 사랑의 대상자가 지닌 모든 원의를 실현시키기 위해 준비되어 있다. 하느님을 사랑하는 이는 그분의 원의를 이루며 순명한다. '말씀'은 순명, 곧 사랑을 요구한다. 항상 핵심인 사랑에 되돌아가자. 사랑('말씀'에 스며들어 있는)은 완전히 내어 주고 응답하기를 기다린다.

하느님께서 우리에게 청하시는 어떤 것을 거절할 때, 그분의 말씀과 우리의 기도는 막혀 있는 길이 되어 통과할 수 없음을 누가 체험해 보지 않았겠는가? 하느님은 살아 계시며 우리를 장난으로 다루지 않으신다. 그분의 사랑은 진지하며, 따라서 강하고 필수적이다. 비록 악의가 없더라도 우리가 그분을 경솔하게 대할 때마다 그분은 말문을 닫으시고 침묵 속에 계신다. 하느님의 침묵은 항상 그분과 함께 더욱 진지한 사람이 되라는 일깨움이다. 반면에 하느님을 향한 모든 유용한 행위는 우리의 마음을 빛으로, 그리고 그분 '말씀'의 깊이로 열어 준다. 이것은 누구나 다 하는 체험이다.

오 하느님, 제 마음을 깨끗이 만드소서

앞서 보았던 제안과 밀접히 연결되어 있는 중요한 과정이다. '하느님의 말씀'은 정화를 요구한다. '말씀' 자체가 정화시켜 주고 치유시키지만 정화를 요구하고 있다. 그렇기 때문에 우리는 우리의 부당함과 하느님의 용서를 필요로 함을 깨닫는다.

'말씀'의 왕국에 들어가는 데에 정화되는 것이 왜 그렇게도 근본적인 것인가? 죄는 친교를 방해하기 때문이다. 죄는 항상 모든 관계를 마비시키는 두 장애물인 거짓과 교만이다. 심각하지 않은 죄라도 죄는 항상 사랑을 저하시키는 오염물이다. 다시 말하면, 죄는 '하느님의 말씀' 앞에 우리의 눈을 어둡게 하고, 우리 마음을 굳어지게 한다. 의지까지도 약해져서 그 빛에 순명하는 능력이 줄어든다.

하느님은 항상 우리를 기다리시고, 우리를 정화시킬 수 있도록 무너지지 않는 충실성으로 우리를 만나러 오신다. 다만 솔직한 행위, 도움의 외침만을 우리에게서 기다리실 뿐이다. '말씀'을 손에 들기 전에 하느님의 용서를 구하기 위해 알맞은 자리를 언제나 마련하자. 어두움을 끊어 버리는 것만이 '말씀'의 아주 순수한 빛에 우리를 열어 줄 것이다.

기도의 실습

- 오늘 '하느님의 말씀'을 깊이 있게 맛들일 수 있도록 성령께 자신을 열어라. 지난 주일의 복음을 펴거나, 원하면 너를 감동시키는 복음서의 한 페이지를 펴 들어라. 그리고 이렇게 기도하라.
  "성령이여, 오늘 이 말씀을 새롭게 맛들이게 하소서."
  오랫동안 되풀이해 외우라.

"진리의 성령이여, 오소서."

"사랑의 성령이여, 오소서."

- 이제 예수님 앞에 머물러라. 그리고 마음으로 그분을 들어라. '하느님의 말씀'은 눈으로가 아니라 마음으로 읽어야 한다. 처음 읽는 것처럼 읽어 보라. "이 페이지는 하느님의 사랑에 대해 나에게 무엇을 가르쳐 주는가?" 하고 자문해 보라. 사랑을 파내지 않는다면 관광객처럼 말씀을 지나치고 만다. 그건 안 된다. '말씀'을 파헤쳐야 한다. 모든 구절은 사랑의 메시지를 가지고 있지만 경솔한 이들은 그것을 포착하지 못한다. 오늘을 살기 위한 구절 하나를 빨리 골라라.
- 그다음 아버지의 사랑에 자신을 내맡겨라. 침묵 속에 머물며 사랑하라. 하루를 위해 선택한 구절을 생각하면서 이렇게 기도하라.

  "아버지, 제 뜻대로 마시고 당신 뜻대로 하소서."
- 별지 '기도를 더 잘하려면'을 다시 읽고 따르라.

하루를 위한 기도

이 시편 기도를 되풀이해서 외워 보라.

“하느님께 가까이 있음이 저에게는 좋습니다.”

오늘 네가 할 수 있을 때 곧바로 하느님에 대한 애정 어린 들음으로 초대하는 이 시편을 묵상하라.

시편 73,1.21-26.28

정녕 하느님은 좋으신 분이시다, 올바른 이에게!
하느님은 좋으신 분이시다, 마음이 깨끗한 이들에게!
제 마음이 쓰라리고 제 속이 북받쳤을 때
저는 멍텅구리, 알아듣지 못하였습니다.
저는 당신 앞에 한 마리 짐승이었습니다.
그러나 저는 늘 당신과 함께 있어
당신께서 제 오른손을 붙들어 주셨습니다.
당신의 뜻에 따라 저를 이끄시다가….
당신과 함께라면 이 세상에서 바랄 것이 없습니다.
…제 마음의 반석, 제 몫은 영원히 하느님이십니다.
하느님께 가까이 있음이 저에게는 좋습니다.
저는 주 하느님을 제 피신처로 삼으렵니다.

5

'말씀'으로 듣기

"당신 말씀은 제 발에 등불, 저의 길에 빛입니다."

(시편 119,105)

하느님의 현존 앞에

성경을 읽을 때 나타나는 한 가지 위험은 묵상의 단계에서만 머무는 것이다. 곧 생각, 개념, 실제적인 결심 사이를 왔다 갔다 하는 것이다. 이것은 아직 너무 부족하다. '하느님의 말씀'은 우리에게 더 많은 것을 주려 한다.

'말씀'은 하나의 현존이며 한 인격이다. '말씀'은 신앙과 사랑을 통하여 우리가 친교 안에 들어가도록 초대하고 있다. 묵상이 쓸데없는 것은 아니다. 근본적인 것이지만 내적 진보 곧 신앙으로 나아감으로써 극복되어야 한다.

한 번 상상해 보자. 나는 지금 멀리 있는 친구의 편지를 읽고 있다. 글을 놀랍도록 살려 주는 그의 사진도 하나 있다. 잠시 멈춘다. 읽고 응시하며 되풀이 읽는다. 일이나 기쁨들, 여러 문제들을 나누면서 지낸 몇 해 동안의 기억들이 얼마나 떠오르는지! 편지의 모든 표현들은 내 친구의 특성들, 상황들, 순간들을 되살려 준다…. 초인종이 갑자기 울린다. 하필 이 순간에 중단해야 한다는 것이 마음에 내키지 않는다. 문을 열러 가서는…. 믿지 못할 일이! 며칠 전에 내게로 편지를 보낸 그 친구가 바로 내 눈앞에 있음을 보게 된다(그의 방문을 예고하는 추신의 내용을 아직 읽지 못했다). 표현할 수 없는 기쁨이…. 손에 들고 있던 편지를 밀쳐 둔다. 지금 그가 직접 와 있기 때문이다.

상상에서 현실로 – 말씀으로 기도하려고 멈추게 될 때에 우리는 특별한 방법으로 하느님의 현존 앞에 있게 된다. 그분은 우리와 대화하려고 여기 계신다. 말씀을 통하여 우리의 존재 깊은 내면에서 말씀하시고, 당신 '말씀'의 깊이로 우리와 다른 이들에 대한 모든 것을 '읽도록' 가르쳐 주시는 그분께 우리 마음과 삶을 열기를 기다리신다.

내가 읽는 말씀들은 나를 사로잡아야 한다. 그리고 그 말씀을 하셨고 나를 위해 지금 그 말씀을 하시는 그분의 현존으로 나를 이끌어 가야 한다. 그래서 성경의 말씀들은 하느님의 마음으로 들어가는 오솔길이다. 사실 바로 그곳에서, 말씀들이 나와서 우리에게 왔다. 만남의 장소에 도달하기 위해 이 오솔길 위를 걷는 것을 배우자.

주의 – 앞에서 말한 것은 신앙과 사랑의 체험이다. 감정의 장난으로 만들지 않도록 조심하자. 하느님은 우리의 감수성도 건드릴 자유가 있으시다. 그러나 우리는 그분과의 관계에서 감정적인 직감들에 지나친 중요성을 부여하지 않도록 배우자. 사랑과 신앙은 더 깊은 수준에 자리한다.

기도, 많은 기도

기도는 모든 깊음의 비결이다. 우리는 이것을 특히 '하느님의 말씀'과의 관계 안에서 체험한다. 기도 없이는 표면에 남거나 깊이가 있다 하더라도 지적인 깊이일 뿐이다.

'하느님의 말씀'은 사람의 지적 차원을, 아주 뛰어난 지성을 가진 사람의 지적 차원이더라도 무한히 능가한다. 성령만이 '말씀'의 깊이로 우리를 열어 준다. 그리고 성령께서는 우리가 바라고 구했을 때 당신을 주시며 활동하신다.

기도가 아주 열렬한 때, '하느님의 말씀'이 불이라는 것을 흔히 체험하게 된다. 그 이유는 단순하다. 하느님과 만난 침묵은 말씀을 받아들이기 위한 토양을 준비시켜 주기 때문이다. 준비된 토양은 기도하는 마음이다. 창조주이신 성령이여 오소서, 가난한 이들의 아버지여 오소서, 마음들의 빛이여 오소서….

'하느님의 말씀'을 더 잘 이해하는 이는 뛰어난 지성을 지닌 이가 아니라 좀 더 겸손한 마음, 항구한 기도로 정화된 마음을 지닌 사람들이다. 성경을 펴 들기 전에 성령을 오랫동안 간구하는 습관을 들이자. 그리고 기도하면서 읽고, 읽고 난 후에도 계속 기도하자. 성령은 말씀을 뒤덮고 있는 안개를 흩어 버리려고 오는 햇빛이시다(사실은 우리의 눈이 안개로 흐려져 있다!). 그리고 '말씀'은 이제 빛을 비추시며 밝히기 시작하신다. '말씀'이 우리를 그 빛으로 뒤덮을 때, 그리고 우리 안에 선에 대한 원의를 불붙게 할 때마다 멈추어야 한다. 우리는 성령의 은총 아래 있다. 그분께 감사드리고 그분의 빛에 순종하자.

한 말씀이 우리 안에서 불붙을 때

여러분들에게 한 번도 일어나지 않았는가? 갑자기 복음의 한마디, 또는 시편의 한마디가 신비롭게 여러분 안에 살아 생동하는 것이다. 그렇게, 그저, 여러분들이 특별히 어떤 것을 하지도 않았는데, 그 한마디는 여러분 안에 강렬하게 빛을 비추었다.

시편 127의 한 구절을 기쁨으로 기억한다.

"주님께서 집을 지어 주지 않으시면 그 짓는 이들의 수고가 헛되리라."

십여 년 전에 이 말씀이 특별한 힘을 가지고 몇 달 동안 내 마음 안에 남아 있었던 일이 있었다. 이처럼, 또 다른 순간에는 다른 말씀들이….

이런 일이 일어날 때 맨 먼저 잘잘못에 대한 일깨움에 우리를 열자. 하느님은 우리의 필요성을 아시고 우리를 회개시키기 위해, 성숙케 하기 위해 이런 일깨움으로 오신다. 그다음 성령의 그 일깨움을 존중하고 실천하도록 모든 노력을 다하자.

두 가지 조언

보존하라 – 가능한 한 묵상과 기도로 그 구절 안에 돌아가도록 하자. 성령께 간구하면서 그 구절을 파헤치고, 성경의 다른 말씀들과 연결시켜 보자. 그 말씀의 빛의 심오함 안에 깊이 들어가도록 우리가 해야 할 몫을 다하자. "마리아는 이 모든 일을 마음속에 간직하고 곰곰이 되새겼다."(루카 2,19)

실천하라 – 우리 안에 되울려 오는 그 말씀의 빛을 매일 살기 위해 노력하자. 한 말씀이 특별히 우리에게 와 닿을 때 구체적인 것이 되게 하는 노력은 한결 쉬워진다. 이 '용이함'을 사용하여 '말씀'에 순종하는 데에서 오는 기쁨을 체험하자.

'말씀'이 말하지 않을 때

앞서 말한 것과는 완전히 반대의 일이 일어날 때에는 어떻게 할까? 곧 성경을 펴 들고, 노력을 기울이고, 기도해 보는데도 '말씀'과의 만남에 들어가지 못한다는 느낌일 때에는 어떻게 할까? 이는 다른 순간에 체험했던 빛과 열기에서 우리를 멀리 떨어져 있게 하는 무감각의 장벽과도 같다. 이를 쉽게 영적 건조니 하느님의 시련이니 하고 말하는 사람들이 있다. 조급히 결론을 내리지 말자. 너무 빨리 자신을 아빌라의 성녀 데레사나 십자가의 성 요한 같은 사람으로 여기려는 유혹은 정말 유혹이다.

우리를 성숙시키시려고 빛과 어두움을 배합하는 데에 하느님은 당신 사랑 안에서 자유로운 분이시다. 그리고 하느님께서 우리의 성장을 위해 일하시는 데에 이 자유를 가지신다는 것은 다행한 일이다. 그렇지만 지혜는 우리 쪽에서 책임져야 할 몫이 있는지를 검증하도록 초대한다. 흔히 우리가 책임져야 할 몫은 이런 것들이다.

성급함 – 성급함은 의사소통을 방해하고 가로막는다는 것을 우리는 알고 있다. 내가 어떤 이에게 다가가서는 "내게 5분밖에 시간이 없는데, 당신에게 몇 가지 중대한 문제들에 대해 말하고 싶다. 내 말을 좀 듣고 그에 대한 당신의 의견을 말해 주면 좋겠다. 그러나 5분밖에 시간이 없음을 기억하라."고 말한다면 의사소통을 위한 좋은 서두가 되지는 못할 것이다. 우리는 '하느님의 말씀' 앞에서 이와 똑같은 태도를 취할 수 있다. 짧은 몇 분 동안에 우리의 삶에 대한 빛을 가지려 하고, 이해하려고 서두른다. '하느님의 말씀'을 제대로 듣기 위해서 첫 번째로 몰아내야 할 것이 바로 성급함이다.

무질서 – 나와 하느님 사이에, 나와 형제들 사이에, 나와 의무들 사이에 바로잡아야 할 무질서가 있다면 '말씀'과의 관계는 마비되어 버린다. 모든 무질서들, 곧 모든 죄들은 마음을 묶는 사슬이며 빛을 꺼 버리고, 말씀을 말하지 못하게 만든다. 이미 말한 것처럼 '말씀'과의 관계는 악과의 단절, 진리를 위해 투쟁하려는 의지를 요구한다. '말씀'을 읽을 때 나타나는 무미건조함은 흔히 정화되지 않은 우리의 마음이 그 원인이다.

분위기 결핍 – 말씀은 신앙과 사랑의 분위기를 필요로 한다. 분위기는 어느 한순간에 갑자기 형성되지 않는다. 그것은 하느님의 선물이며, 즉각적인 경솔함에서 우리 내면의 깊음으로 옮아가는 인내로운 걸음을 요구한다. 우리는 외면적인 것이 아니라 심원함을 위해 창조되었다. 하느님은 우리 마음의 깊은 곳에 계시며 그곳에서 스물네 시간 내내 우리를 열망하며 기다리신다. 그 분 자신이 '말씀'을 듣기 위한 분위기다. 우리가 해야 할 일은 아침부터 저녁까지 우리를 함정에 몰아넣는 경솔함을 끊어 버리는 것이다. 하느님께서 우리 마음속에 만들어 놓으신 '침묵의 지역'

에 들어갈 때만이 우리는 그분 '말씀'의 빛을 체험할 수 있다.

샘물이 계속 용솟음치도록 두어라

'하느님 말씀'에 대해 심취되기 시작하는 이는 '탐식'이라고 부를 수 있는 위험에 빠져들 수 있다. 곧 모든 것을 이해하고 모든 것을 생활화하고…. 모든 것에 도달하고 싶어 하는 것이다. 그러고는 다 활용하지도 못하는 그 과다한 빛 때문에 쓴맛을 느낀다.

이 체험을 적어도 두 가지 양상으로 좋게 이용할 수 있다. 무엇보다 먼저, '하느님의 말씀'은 무한히 우리를 능가한다는 것을 깨닫게 해 준다. '말씀'은 하느님만큼 위대하다. 그러므로 우리가 우리의 보잘것없음을 만지듯 확인하는 것은 당연하다. 그래도 우리는 매일 조금씩 우리를 빚어내고 성장시키는 말씀의 그 위대함을 위해 만들어졌다. 만약 '하느님의 말씀'이 다만 우리의 수준밖에 되지 못한다면 슬픈 일일 텐데…. 그리고 더 이상 '하느님의 말씀'이라고 할 수 없을 것이다.

두 번째로는 성 에프렘이 다음과 같이 표현하고 있는 현명한 규칙을 배워야 한다.

"주님, 당신 말씀 가운데 단 한마디라도 그 말씀이 가지는 모든 부요함을 그 누가 이해할 줄 알겠습니까? 우리가 이해할 수 있는 것보다 놓쳐 버리는 것이 훨씬 더 많습니다. 하지만 기뻐합시다…. 목마른 이는 마시는 것을 기뻐할 따름이고 샘을 마르게 할 수 없음을 슬퍼하지는 않습니다."

그렇다. '하느님의 말씀'은 영원한 생명의 샘이며 영원토록 용솟음치는 샘이다. 샘을 마르게 하라고 우리에게 요청하지 않고 하느님의 뜻을 따라 걷기 위해 우리의 갈증을 풀라고 요청한다. 그러므로 양量을 지나치게 추구하는 점을 깨어 살피도록 하자.

조금, 그러나 잘.

조금, 그러나 항구하게.

조금, 그러나 구체적으로.

샘이 끊임없이 용솟음치리라는 확신은 커다란 기쁨이 아닐까? 우리 생애의 모든 날에, 우리에게 필요한 빛과 힘을 우리는 '하느님의 말씀' 안에서 찾을 수 있을 것이다.

"오늘 저희에게 일용할 양식을 주시고"(마태 6,11)

"사람은 빵만으로 살지 않고 하느님의 입에서 나오는 모든 말씀으로 산다."(마태 4,4)

기도의 실습

• 성령을 오랫동안 청하라. 도움이 된다고 느끼면 오늘을 위

해 제시된 시편을 사용하라. '하느님의 말씀'을 통하여 그분을 직접 듣는 것이 얼마나 귀중한지를 이해할 수 있게 해 달라고 간구하라.

- 그리스도 앞에 머물고, 그분께 귀 기울여라. 루카 복음의 자캐오 이야기(19,1-10)를 펴 들고 그 죄인과 그리스도의 만남을 재생시켜 보라. 네 마음에 그리스도께서 말씀하시도록 해 보라. 그분의 시선을 응시하라. 네가 그 자리에 있었다면 그분께서 네게 뭐라고 말씀하셨을까? 그리고 너는 뭐라고 그분께 말씀드렸을까?
- 아버지를 향하여 기도할 때에는 너를 감동시킨 말씀을 떠올려 보라. 침묵 속에 머물고 사랑하라. 이렇게 기도하라. "아버지, 제가 원하는 대로 하지 마시고 아버지께서 원하시는 대로 하소서."
- 별지 '기도를 더 잘하려면'으로 되돌아가라. 너의 기도는 너의 항구성에 따라 좌우된다.

하루를 위한 기도

이렇게 자주 되풀이하라.
"주님, 제 마음 다하여 당신을 찾습니다."

하느님의 말씀에 대한 경탄을 온통 묘사하고 있는 시편이 있다. 시편에서 가장 긴 구절, 176절로 된 시편이다.

시편 119,12.14-16.34-37

주님, 당신께서는 찬미받으소서.
제게 당신 규범을 가르치소서.
온갖 재산을 얻은 듯
당신 법의 길로 제가 기뻐합니다.
당신 규범을 묵상하고 당신 길을 바라보오리다.
당신 규범으로 제가 기꺼워하고
당신 말씀을 잊지 않으오리다.
저를 깨우치소서.
당신의 가르침을 따르고
마음을 다하여 지키오리다.
당신 계명의 길을 걷게 하소서. 제가 이것을 좋아합니다.
제 마음을 잇속이 아니라 당신 법으로 기울게 하소서.
헛된 것을 보지 않게 제 눈을 돌려 주시고
당신의 길을 따르게 하시어 저를 살려 주소서.

6

네 선물들을 알아라

"제가 오묘하게 지어졌으니 당신을 찬송합니다."

(시편 139,14)

살아 있는 걸작

우리의 삶은 하느님의 선물들 속에 파묻혀 있다. 그 첫 번째 선물은 우리 자신, 즉 영원으로부터 그분의 사랑에 따라 숙고되어, 역사의 이 시점에 부모를 통해 존재하도록 불린 우리 자신들이 바로 첫 번째 선물이다. 그런데 우리는 자신이 하느님의 각별한 선물임을 의식하고 있는가? 시편 139의 "제가 오묘하게 지어졌으니 당신을 찬송합니다."라는 말씀으로 기도한 적이 많이 있는가?

우리 자신이 '하나의 기적'이라고? 그렇다. 하나의 기적이 아니라 기적의 연속이며, 그것은 우리 개인에게 공로가 있어서가 아니라, 하느님께서 원하셨고 또 원하시기 때문에 그러하다. 공로는 그분 것이다. 하느님께서는 어떤 것이든 잘하시며 기적들만 이루신다. 우리는 그 사실을 깨달아야 하고, 그분의 손에서 우리 자신을 신앙과 감사하는 마음으로 받아들여야 한다.

우리의 인격을 구성하고 있는 가장 아름다운 선물들을 발전시키고 정화시켜, 사랑으로 다른 이들에 대한 봉사로 사용하기 위해서 그 선물들을 아는 것을 배우는 것은 핵심적인 일이다. 바로 여기에 하느님께서 우리에게 바라시는 바가 있다. 곧 우리 삶 안의 모든 것이 다른 이를 위한 선물이 되기를 기다리신다. 우리 안의 모든 것은 선물이며, 그 모든 것은 선물이 되어야 한다. 우리는 이렇게 계획되었다.

놀라운 선물을 가지고 있으면서도 자기가 아무것도 아니라고, 아무 가치도 없다고 믿고 사는 사람들을 만나는 것은 가슴 아픈 일이다. 이들은 고통스럽고 의기소침한 사람들로, 자유롭게 더 나은 자신을 내어 줄 수 없는 사람들이다. 왜? 이들은 하느님의 기적들을, 그들 자신이 기적임을 알아보도록 도움을 받지 못한 사람들이기 때문이다. 아마 그들은 자기 결점들을 모두 알고 있고, 그것을 고치려고 안간힘을 다하지만, 하느님께서 그들 안에 두신 놀라운 선물들을 쳐다볼 용기가 없다. 그들은 자신이 가장 못나고 바보스럽고 세상에 쓸모없는 존재라고 확신하고 있다. 얼마나 애석한 일인가! 이런 사람들은 어떤 이로부터 많은 사랑을 받고 인정받을 때에만 자신에 대해 한결 긍정적인 시선을 가지는 법을 배울 수 있을 것이다.

누구를 닮았는가

아기가 태어나면 친척들과 친구들은 평을 하기 시작한다.

"엄마를 닮았어!"

"그래, 그렇지만 이마와 눈은 아빠를 닮은걸?"

갓난아기에게서 정말 그런 닮은 점들을 찾을 수 있는지 모르겠다. 그러나 한 가지 확신을 가지고 말할 수 있는 것은(한 번도 듣지는 못했지만) 이것이다.

"하느님을 닮았다."

지상의 모든 남자와 여자가 하느님을 닮았다는 것은 확실하다.

"하느님께서 말씀하셨다. '우리와 비슷하게 우리 모습으로 사람을 만들자. 그래서 그가 바다의 물고기와 ….' 하느님의 모습으로 사람을 창조하시되 남자와 여자로 그들을 창조하셨다. 하느님께서 그들에게 복을 내리며…."(창세 1,26–28)

우리의 얼굴에는 하느님의 '얼굴'이 새겨져 있다. 우리의 존재는 이 신적 영상에 의해 표시되어 있다. 지능, 의지, 사랑, 몸, 이 모든 것은 하느님의 신비를 반영하고 있다. 생애 가운데 적어도 한 번쯤은 신중하게 이 사실을 생각해 보았는가? 아버지나 어머니를 닮은 것보다 훨씬 더 하느님을 닮았다. 그리고 부모들도 하느님을 닮았다. 참으로 놀라운 일이다!

모든 사람이 유일한 존재라고 생각하면 그 놀라움은 감사와 흠숭으로 바뀔 것이다. 모두가 하느님을 닮았지만 우리는 또 서로 쌍둥이까지도 아주 다르다. 저마다 다른 한 사람 한 사람은 유일한 기적이며 하느님께서 세상에 던지시는, 되풀이되지 않는 메시지이다. 시편 작가처럼 어찌 감탄하지 않을 수 있겠는가?

"제가 오묘하게 지어졌으니 당신을 찬송합니다. 당신의 조물들은 경이로울 뿐."(시편 139,14)

하느님께서 우리 안에 놓아두신 은혜들, 커다란 책임을 지게 하는 그 은혜들에 대해 같이 묵상해 보자. 이것은 우리를 한편으로는 감사로 열어 주고, 다른 한편으로는 모든 것이 우리 안에서 완전한 내어 줌에 이르기까지 성숙될 수 있도록 우리 자신에 관한 힘든 작업으로 우리를 부르는 과제이다. 또 이것은 노력이 요구되고, 자유와 기쁨으로 이끌어 가는 마음을 사로잡는 작업이다.

겸손은 진실이다

어떤 이는 자신의 선물들에 대해 말하는 것이, 또는 그것을 생각하는 것조차도 자만이라고 생각한다. 누가 우리에게 느닷없이 "너의 인생에서 제일 좋은 다섯 가지 특징은 무엇인가?" 하고 묻는다면 우리는 거의 모두 대답하는 데 당황할 것이다. 왜? 우리가 겸손하기 때문일까? 그럴 수도 있겠지만 다른 이유일 수도 있다.

깊은 신앙생활을 하기 시작하는 이는, 자신의 부족함을 찾아내기 위해, 자신의 비참함에 시선을 고정시켜야 할 필요를 느끼는 것이 흔히 있는 사실이 아닌가? 그리고 자기 안의 모든 것이 비참한 것처럼 느껴진다.

이런 오류를 멀리하도록 하자, 이것은 복음이 아니며 그리스도께서 우리에게 가지고 오신 자유가 아니다. 물론 우리는 회개하기 위해 우리의 어두움을 정면으로 바라보아야 할 의무를 가지고 있다. 그러나 이에 못지않게 우리의 성장과 다른 이의 성장을 발전시킬 수 있는 우리에게 주신 선물들과 긍정적인 에너지를 발견하도록 우리는 부름을 받았다.

측량 기사 양성을 위한 학교에서 5년 동안 건축물을 무너뜨리고 그 퇴적물을 내다 버리는 것만 가르친다고 상상해 보라! 측량술을 배우는 것은 무너뜨리기 위해서가 아니라 건설하기 위해서이다.

우리의 영성 생활을 위해서도 그것을 배우자. 거짓 겸손에서 우리를 자유롭게 하자. 하느님의 선물들을 정면으로 바라보는 것이야말로 참된 겸손의 교육이다. 이것은 감사로, 하느님께 예속됨으로써, 그리고 형제들에게 우리 자신을 선물로 내어 줌으로써 우리를 양성시키기 때문이다.

핵심적인 작업

얼마 전에 "표현하고 싶은 어떤 원의를 가지고 있느냐?" 하는 질문에 한 젊은이가 "삶의 한순간도 낭비하지 않기를 바랍니다."라고 대답했다. 얼마나 멋진가! 그 순간에 그 젊은이는 삶이 극도로 귀중한 어떤 것임을, 그리고 우리에게 삶을 낭비해 버리는 사치는 허락될 수 없음을 깨달아 알고 있었다.

하느님의 선물들을 발견하는 것이 그렇게도 중요하냐고 누군가 제기할 수 있는 반론에 대답하기 위해 이 젊은이의 대답에서 시작해야겠다. 이것은 근본적인 것이다. 자, 여기에 몇 가지 이유가 있다.

• **우리의 삶을 낭비해 버리지 않기 위해서** – 사실 나 자신을 잘 모른다면 잘 사용될 수 있는 막대한 분량의 재질을 잠재워

둘 수 있는 위험이 있다. 이것은 하느님께서 우리 손에 놓아두신 귀중한 보물을 낭비하는 것이다.

• **하느님을 향해 정당한 태도를 갖기 위해서** – 하느님은 쓸데없는 쓰레기를 창조하지 않으신다. 오히려 우리 안에 묘한 일을 이루신다. "제가 오묘하게 지어졌으니 당신을 찬송합니다." (시편 139,14) 매일 아침 이 시편 구절을 입술에 떠올리며 일어나는 것을 익혀야 할 것이다. 하느님은 진리 안에 우리를 원하신다. 그 진리란 나라는 사람이 그분의 무한한 사랑에 파묻혀 산다는 것이다. 나의 신체, 지적이며 감성적인 나의 삶과 영적 삶은 서로 신비롭게 연결되어 있는 끝없는 고리로 된 하나의 사슬이다. 그 모든 고리는 선물이며 기적이다. 조화를 이루고 있는 이 총체를 방해하고 상처를 입히는 죄가 존재하는 것은 사실이지만 이 함께함의 기적은 남아 있다.

• **하느님께 용서를 청하기 위해서** – 비관주의에 지나치게 잠겨 사는 모든 이들과 나 자신을 위해 용서를 구하기 위해서이다. 비관주의에 잠겨 있음은 하느님께 모독이 된다. 지나치게 많은 이들이 축 늘어진 버드나무처럼 모든 것들에 대해, 모든 이에 대해 항상 불평하고 있다. 자신에 대해 기쁘지 않기 때문에 모든 것에 대해 불평한다. 세상을 어둡게 색칠하기 위해서 일부러 태어난 듯한 사람들까지 있다. 하느님께 용서를 청하고 우리로부터 시작하면서 모든 것 안에, 그리고 모든 사람들 안에

서 긍정적인 것을 발견하는 기술자가 될 때까지 비관주의와 대항해야 한다.

• **우리의 성장과 성숙이 위태로워지기 때문에** – 깊이 받아들여진 복음은 성숙한 사람을 만들어 낸다. 우리 안에 있는 부정적인 것을 거슬러 싸우는 것에 우리를 한정시킬 때 우리는 성숙해지지 않는다. 악과의 싸움은 근본적인 것이지만, 복음에 따른 삶의 한 부분일 뿐이다. 하느님께서 주신 달란트, 곧 우리 존재의 구조를 이루는 선물에 대해 눈을 뜨는 것도 필요하다. 그것을 알고 발전시키고 사용하는 것이다. 우리 곁에 사는 이들로부터 시작하여, 다른 이들은 우리에게 우리가 자유로운 자로서 봉사할 줄 알고 받아들이며, 자신을 내어 줄 줄 아는 사람이 되라고 요구할 권리가 있다.

하나의 위험…

선물들에 대해 말할 때 우리의 주의력이 다른 이들과 우리를 대조하는 데 집착해 버리는 함정에 빠져 길을 이탈해 버리기가 쉽다. 즉시 이 사람 혹은 저 사람 안에 보이는 이런저런 선물들…. 우리에게는 없는(혹은 없다고 생각하는) 선물을 생각하게 된다. 그래서 자신은 패배했다고 느끼게 된다. 이것 또한 잘못된 교육의 소산이며 어떤 때에는 정말 유혹이다.

우리 자신에 대한 존경심은 어디에 있는가? 그리고 우리 안에 하느님께서 이루시는 경이로운 일들에 대한 존경심은 어디에 있는가?

캘리포니아 대학의 유명한 교육학 교수인 레오 부스칼리아는 "우리 자신에 대한 신뢰도가 얼마나 적은지를 보는 것은 나를 고통스럽게 합니다. 대학 강좌 중 한 조사에서 '선택이 가능하다면 자신이 다른 사람이 되길 원한다.'고 대답하는 학생들이 80퍼센트 이상이라는 것은 믿기 어려운 사실입니다." 하고 아주 흥미로운 사실을 썼다. 그는 삶에 대해 열광하면서, 우리가 '우리 자신'인 것을 기뻐해야 할 뿐 아니라 열광해야 한다고 결론짓는다.

다른 사람들과 비교하는 데에 에너지를 소모하지 말자. 그것은 우리가 자신을 패배한 자로 간주하기 위해, 그리고 비관주의를 축척하기 위한 확실한 방법이기 때문이다. 우리 안에 있는 유일하고 놀라운 선물들을 발견하는 것을 배우고, 그것에 대해 감사하는 마음을 가지자! 이렇게 할 때 비로소 다른 이들 안에 있는 선물에 대해 인정하는 것을 배울 수 있을 것이다.

사랑의 책임감

한마디로 우리가 받은 선물들이란 무엇인가? 사랑의 책임감, 사랑할 수 있는 능력, 봉사할 수 있는 잠재력, 하느님께서 네 마음 안에 두셨고 열매 맺기를 기다리시는 사랑의 에너지 그것이다. 좋은 성격을 가지고 있는가? 기쁨을 전할 줄 아는가? 격려할 줄 아는가? 충고할 때 설득력이 있는가? 하느님께서 너를 부요케 하셨다. 네가 그 선물들을 장롱 속의 옷처럼 나프탈렌을 넣어서 보관하듯이 그렇게 둘 수는 없다.

그 선물들을 꺼내고 마치 주부들이 거실의 양탄자를 발코니에 내어 널듯이 펼쳐야 한다. 그것은 네 것이 아니며, 모든 이들을 위해 쓰이기 위한 것이라는 것을 인식해야 한다. 마음으로부터 이렇게 말해야 한다. "오십시오, 사용하십시오, 자유롭게 가지십시오. 하느님께서 여러분을 위해 저에게 주셨습니다."

조직하는 유형인가? 일을 재빠르게 하는가(어떤 이들은 마술적인 손을 가지고 있다)? 그렇다면 그런 선물들을 너만 가지고 있을 수는 없다. 너 혼자서만 그 선물을 감탄한다면 큰일이다. 모든 사람을 위해 사용되도록 선물을 제공해야 하고, 모든 사람이 그것을 향유하는 것을 기뻐해야 한다.

모든 사람에게 안정감을 주는 적당하게 권위를 가지고 있는 유형인가? 그것에 대해 의기양양해하지 말라. 모든 사람들의 선을 위해 활용할 책임이 있다. 나약한 사람이 단체를 인도한다면 형제들, 자매들, 가난한 사람들에게 얼마나 지장이 될 것인가. 겸손하게 이 선물에 대해 감사드리고 하느님의 눈 아래서 이 선물을 발전시켜라.

노고를 견디는 힘이 강한가? 끌고 나가는 힘이 강한가? 그 선물을 너 자신만을 위해 쓰지 마라. 한 사람이 더 끌고 나감으로써 약한 이들도 용기를 얻고 그들도 끌고 나가게 된다.

목청이 좋아 노래를 잘하는가? 시를 쓸 줄 아는가? 묘안을 많이 가지고 있고 시적 감각이 뛰어난 유형인가? 만화를 그릴 줄 아는가? 이런 선물들에 대해 감사드리는 것만으로는 너무 부족하다. 그것을 선물이라고도 부르지 말아야 할 만큼(선물이라고 여길 때 너는 너 자신에게 감탄하고 마음에 들어 하고 자신을 거울에 비추어 보게 된다) 책임이 있다. 기쁨, 아름다움을 공동체 안에 뿌려야 할 과제가 네게 있다. 너 자신에게 감탄하느라 시간을 허비한다면 잘못이다. 공동체를 위해 자신을 소모시켜야 하고 모든 사람들의 행복을 위해 너의 선물들을 발전시켜야 한다.

너는 마치 아주 좋은 승합차를 가졌는데, 자물쇠로 잠가 둔 채 차고에 보관만 해서도 안 되고, 새것처럼 항상 반짝거리도록 닦아서 감탄만 하여서도 안 된다. 승합차는 너를 위해서가 아니라 다른 사람들을 위해서 있다. "한 푼도 내지 않아도 되니 모두 차에 오르십시오. 잔치에 갑시다." 하고 말하면서 모두가 올라

타도록 초대해야 한다. 봉사에 쓰이도록 내놓을 선물을 찾아내지 못하는 사람에게 화가 있기를! 하느님의 모든 계획을 수포로 돌아가게 하기 때문이다.

“제가 오묘하게 지어졌으니 당신을 찬송합니다.” 이 사실에 대해 확신하고 있지 않는 사람은 자신의 삶을 손상시키고 있는 것이다. 하느님께서 그에게 이렇게 말씀하실 수 없을 것이다. “잘하였다, 착하고 성실한 종아! 네가 작은 일에 성실하였으니 이제 내가 너에게 많은 일을 맡기겠다. 와서 네 주인과 함께 기쁨을 나누어라.”(마태 25,23)

기도의 실습

- 성령께서 하느님의 선물들에 대해 네게 빛을 비추어 주시려고 너를 기다리신다. 믿음을 갖고 이렇게 간구하라.
  “성령이여, 하느님의 선물들은 하느님을 향한 하나의 일깨움입니다. 제가 감사드릴 수 있도록 해 주시고 제게 창의력을 주시며, 제가 당신 사랑의 걸작임을 깨닫도록 도와주소서.”
- 그리스도께로 향하는 오늘의 기도 시간에는, 네게 있는 선물들에 대해 그리스도께 여쭈어 보면서 듣는 기도를 하도

록 시도해 보라. 너의 지적 선물들에 대해, 너의 의지에 관한 선물들에 대해, 사랑에 대한 너의 선물에 대해 그리스도께 여쭈어 보라. 각 선물에 대해 감사를 표현하라. 생명, 지성, 신앙의 가장 큰 이 세 가지 선물들에 대해 감사하라. 네 존재의 가장 큰 선물들에 대해 그리스도께 여쭈어 보도록 하라. 네가 가진 선물들에 대해 그리스도께서 너에게 어떤 응답을 기다리시는지 여쭈어 보라.

- 아버지께 향하는 기도 시간에는 다만 아래와 같이 말하면서 침묵을 찾고 사랑하라.
  "아버지, 감사드리도록 도와주소서."
- '기도를 더 잘하려면'으로 도움을 받아라. 조언에 잘 따르도록 하라.

하루를 위한 기도

되풀이하라.

"제가 오묘하게 지어졌으니 당신을 찬송합니다."

시편 119의 구절을 계속 보라. 성 아우구스티노는 "시편은 나의 기쁨이다."고 말했다. 그리스도의 눈이 '말씀' 위에 머물렀다는 것을 가끔 생각해 보라. 시편은 그분의 일상적인 기도였다.

시편 119,57.64.73.103.105.112

주님은 저의 몫이시니

저는 당신 말씀을 지키기로 약속하였습니다.

주님, 당신의 자애가 땅에 가득합니다.

당신의 법령을 저에게 가르치소서.

당신의 두 손이 저를 지어 굳게 세우셨으니

저를 깨우치소서. 당신의 계명을 배우오리다.

당신 말씀이 제 혀에 얼마나 감미롭습니까!

그 말씀 제 입에 꿀보다도 답니다.

당신 말씀은 제 발에 등불, 저의 길에 빛입니다.

당신의 법령을 실천하려 제 마음을 기울입니다,

영원토록 다할 때까지.

7

전례 – 듣기의 배움터

"교회는 언제나 성경들을 주님의 몸처럼 공경하여 왔다."(계시 헌장 21항)

'말씀'에 대한 공경

"교회는 언제나 성경들을 주님의 몸처럼 공경하여 왔다."(계시 헌장 21항) 교회는 우리를 가르칠 때에 우리의 경솔함을 염두에 두어야 할 필요가 있음을 알고 있다. 교회는 우리가 영적인 것들에 있어서는 분심에 빠지거나 부재한다는 사실을 알고 있다. 그래서 '하느님의 말씀'의 실재에 우리를 일깨우기 위한 그 모든 교육 방법이 숙고되었다. 교회가 '하느님의 말씀'을 접할 때 아주 특이한 외적인 태도를 지니기 때문에, 무엇보다도 교회는 자신의 표양으로써 우리를 일깨운다.

전례 때에 전례 봉사자는 우리가 신문을 읽듯이 '말씀'을 앉아서 읽지 않는다. 전례는 봉독자가 '말씀'을 서서 읽기를 원한다. 소곤거리듯 읽기를 원하지 않고 메시지로서, 옛날 전령들이 하듯이 성대하게 선포하기를 바란다. 옛날에 전령은 나팔이 울리면 잘 정렬된 국민들 앞으로 전진해 나와서 높직이 말을 탄 채 영주의 포고령을 읽었다.

'말씀'의 가장 성대한 순간인 복음 봉독 때, 그리스도께서 직접 말씀하시는 그때에, 교회는 하느님의 모든 백성이 일어서서 듣기를 바란다.

대축일의 성대한 미사 때에는 성경이 회중 앞으로 아주 성대하게 옮겨진다. 부제는 성경을 높이 들어 올려서 마치 보물을 옮기듯이 들고 오고, 제대의 다른 봉사자들(복사들)은 초와 향을 들고 부제와 함께 나아간다. 성경을 성대히, 엄숙히 옮겨 가는 동안 성가대는 '알렐루야'를 기쁜 가락으로 불러야 하고, 복음 봉독 다음에 부제(혹은 사제)는 고개를 숙여 성경에 입을 맞추고 또 주례 사제가 입을 맞출 수 있도록 해야 한다.

'하느님 말씀'에 대해 왜 이런 외적인 의식을 하는가? 교회의 교육 방법이 이것을 생각해 냈는데, 바로 우리의 유치함을 넘어서도록 이 모든 의식들을 고안해 낸 것이다. 우리는 정말 어린애 같으며, 잡념 속에 잘 빠져든다. 그래서 약간의 외적 의식은,

우리가 중요한 실재 앞에 있음을, 곧 하느님께서 우리에게 말씀하시고 하느님께서 나에게 건네시는 말씀의 중요성을 과소평가할 수 없음을 깨닫도록 하는 데에 유익하다. 교회의 모든 의식은 형식적인 것이 아니며, 이 모든 것은 내가 받아들이려고 노력해야 할 가르침이다. 한마디로 교회는 내가 하느님의 선물, 곧 당신의 '말씀'을 받아들이도록 도와주는 근본적인 자세가 내 안에 생겨나길 바란다.

물론 내적 자세 없는 외적 자세는 보잘것없지만, 외적 자세는 내적 자세로 나아가는 첫걸음인 까닭에 교회는 이 외적 자세를 소홀히 하지 않도록 가르쳐 준다. 호두 껍질은 호두가 아니지만 그 껍질 없이는 호두가 존재할 수 없다. 마찬가지로, 외면이 내면은 아니지만 외면 없이는 내면을 잃어버릴 위험이 있다.

라디오 뉴스를 듣듯이, 다방에 앉아서 잡지를 펼치듯이, 소설책을 읽듯이 '하느님의 말씀'을 들을 수는 없다. '하느님의 말씀'은 '하나의 다른 세상'이다. 그러므로 어떤 특정한 내적 자세가 무르익을 수 있도록 외적으로 준비해야 한다.

'하느님의 말씀' 앞에서 교회는 우리가 듣기에 성숙한 사람, 말씀하고 계신 분에 대한 의식이 있는 사람, 그분께 대한 우리의 종속성을 아는 사람이기를 바란다. 교회는 거룩함에 대한 자각에 우리 자신을 열라고 요구한다. 그렇다. 미사에서 교회가 나에게 '하느님의 말씀'을 건네 줄 때 내게는 이 '거룩함에 대한 자각'이 자주 모자란다.

교회에 대한 충실 때문에 나는 모든 면을 놓고 '말씀'에 대한 존경에 있어서 새로운 문제를 제기해야 한다.

'말씀'을 접함에 대하여

'말씀'을 들음에 대하여

'말씀'을 내 안에 받아들임에 대하여

'말씀'을 받아들여 가꾸는 데 대하여

무엇보다 거룩함에 대한 자각은 '하느님의 말씀'을 조금이라도 모독하지 않도록 도와준다. 성체를 받아 모실 때에 조심성 없이 성체 부스러기를 떨어뜨려 짓밟히게 하지는 않을 것이다. 이처럼 '하느님의 말씀'도 조금이라도 유실되지 않도록 해야 한다. 사소한 분심과 경솔함이라도 피할 수 있도록 내 안에 거룩함에 대한 자각이 예민해지게 해야 한다. 내가 알아들을 수 있는 모든 것은 그 의미를 포착해야 하고 아무 것도 잃어버려서는 안 된다.

한 가지 심각한 모독은 준비하지 않는 것과 무지함이다. '하느님의 말씀'이 내게 조금도 와 닿지 않는다면 거기에는 무지라는 심각한 문제가 있을 가능성이 있다. 무지함에 대해 두려워해야 한다. 무지는 신앙에서 가장 해로운 원수다! 교회는 박해보다 무지를 더 두려워한다. 무지가 박해보다 정신적으로 더 많은 학살을 안겨 주기 때문이다.

이제는 '하느님의 말씀'을 알고자 하거나 '하느님의 말씀'에 대한 준비를 하는 데에 갖가지 자료들이 있다. 주일날 봉독할 '말씀'을 미리 알고 미사에 가는 것이 뭐가 그리 힘든가? 이것은 마치 정원사에게 미리 삽질하고 제초하고 거름을 주어 잘 일군 땅을 제공하는 것과 같다. 정원사에게 이미 준비된 잘 가꾸어진 땅, 검은 옥토를 제공하라. 그러면 정원사가 이미 준비된 땅에서 숙련된 손으로 어떤 기적을 일구어 내는지 보게 될 것이다.

오늘날 복음서 한 권의 값은 담배 한 갑보다 쌀 수 있다. 한 달 동안 '하느님의 말씀'을 제공해 주는 매일 미사 책은 신문 한 장보다 싸다. '하느님의 말씀'을 듣는 데 잘 준비하여 미사에 가기를 바란다면 우리에게 핑계란 없을 것이다.

다음으로, '말씀을 실행'하는 데 있어 거룩함에 대한 자각이 필요하다. 전례에 갈 때마다 이렇게 자문해야 할 것이다. 주님께서 오늘은 나에게 무슨 말씀을 하시려는 것일까? 나에게, 바로 나에게…. 나의 어머니에게도 나의 자매에게도 신부님에게도 아닌 나에게, 바로 나에게. 이것은 온갖 의약품이 복잡하게 진열되어 있는 약국에 들어가는 것과 마찬가지기 때문이다. 진열장에는 나를 위한, 나의 기관지염을 위한 작은 병이 있지만 내가 그것을 보고서도 무시하고, 내 기관지염이 아무렇지 않다고 생각하고서 기관지염을 위한 시럽은 사지 않고, 오히려 내 어머니의 손가락을 위한 반창고를 사는 것에 신경을 쓴다면 다른 선택은 없다. 나는 기관지염을 지니고 견딜 수밖에 없는 것이다.

전례 동안에 나는 '영혼의 의사'인 주님에게 나를 위해 어떤 약을 준비하셨는지 여쭈어 보아야 한다. 그분은 마련해 두고 계신다. 다만 내가 그것을 청하도록 기다리신다. 내가 다만 진열되어 있는 것들에 대한 호기심 때문에 그분께 갔다면 나에게 아무것도 주시지 않는다는 것은 당연하다. 그리고 그보다 더욱 나쁜 것은 나의 병은 내가 가지고 있어야 한다는 점이다. 낫기를 바라지 않는 사람을 치유시켜 주시지 않고, 치료 받으려 하지 않는 사람을 치료하지 않으시는 게 그분의 스타일이기 때문이다.

그밖에 '그다음….'이 있다. '말씀을 들은 다음' 아주 중요한 다른 문제들이 있다. 약국에서 영양제를 구입했다면 마땅히 먹어야 한다. 겉옷 주머니에 약을 넣어 가지고 있으면 아무 소용이 없다. 약을 먹어야 하고, 설명서에 따라 먹는 방법도 지켜야 한다.

어떤 사람은 정해진 시간에 나누어 먹어야 할 항생제를 한꺼번에 먹었기 때문에 딴 세상으로 떠났다…. 그리고 많은 사람들이 약이 쓰면 첫 숟가락만 먹고 버린다. 약이 효과를 내려면 의사가 시킨 처방에 따라 복용량과 방법을 지키면서 먹어야 한다.

전례 때에 하느님께서 나를 위해 준비해 놓으신 '말씀'을 찾았을 때에 나는 그것을 귀중히 간직해야 하고, 그 '말씀'을 꺼내고 파헤치고 가꾸어야 한다. 곧 소화, 흡수시키는 작업을 시작해야 한다.

'말씀'을 기도로 바꾸는 것, 이 한 가지만으로도 나에게 많은 도움이 될 것이다. 나를 위한 구절에 나의 주의력을 집중시킨 다음, 연구하고 탐색하고 사랑해야 할 하느님의 작은 보물처럼 집으로 가져가야 할 것이다. 내 핏속에 스며드는 하느님의 한 말씀은 내 삶의 길을 바꾸게 할 수 있다.

"말씀 전례와 성찬 전례는 서로 밀접히 결합되어 있어 하나의 예배 행위를 이룬다."(전례 헌장 56항)

교회가 이 말씀으로 무엇을 말하고자 하는지, 왜 그렇게 말하는지, 그 말씀을 내가 어떻게 받아들이고 생활해야 하는지 알아보고 싶다.

미사란 하느님과 사람 사이의 다리, 두 개의 아치로 된 커다란 다리라고 교회는 간단히 한마디로 말한다. 두 개의 아치는 '말씀 전례'와 '성찬 전례'라고 부르는, 곧 '하느님을 들음'과 '하느님께 응답'이라는 두 아치다. 두 개의 아치로 되어 있으나 다리는 하나뿐이다. 이들 두 아치를 나누어 버리면 다리는 없어진다. 이 둘은 언제나 함께 있어야 한다. 같이 있도록 만들어졌고, 함께 있을 때에만 기능을 발휘하기 때문이다.

교회는 알기 쉬운 말로 미사성제를 다른 모든 집들처럼 기초와 벽들로 이루어진 하나의 집이라고 말한다. 기초 없이 집은 서 있을 수 없고, 기초만 있어서는 아직 집이 아니다. 미사는 이 두 가지, 기초와 벽들로 되어 있다. 말씀 전례와 성찬 전례 두 개가 미사의 핵심 부분이다. 미사의 이 두 부분을 따로 분리시키지 않으면서 두 부분을 이해하고 생활해야 한다. 다른 하나를 무시한 채, 그 가운데 하나만 이해하고 생활한다면 그것은 미사에 참여하는 것이 아니다. 그것은 내가 교회가 파악하고 있는 대로, 예수님께서 주신 대로 미사를 이해하지 못하고 있는 것이다.

'성찬 전례'가 예배임을 받아들이는 것은 어렵지 않다. 그렇다면 교회는 왜 성찬 전례가 말씀 전례 없이는 불구와 같다고 우리에게 가르치는가? 왜 성찬 예배는 말씀 예배에서 시작한다고 가르치는 것일까?

어째서 '말씀'을 들음(1독서, 2독서, 복음 그리고 강론)이 이미 성찬 예배에 들어가는 것이고, 미사의 첫걸음을 걷는 것인가? 교회는 말씀을 듣는 것과 성찬식을 같은 수준에 두려고 하는 것 같다. 왜? 지나치지 않은가? 아니다. 교회는 결코 과장하지 않는다. 이 두 가지의 본질 그 자체가 교회에게 그렇게 말하라고 요구한다. 왜?

– 먼저 들음이 있고, 그다음에 응답이 있기 때문이다.

– 만약 들음이 깊고, 깨어 있고, 열성적이면 들음은 사랑이 된다. 그러므로 이는 이미 기도이고, 이미 하느님께 대한 참예배이기 때문이다.

하느님을 향해 주의 깊게, 정말로 그리고 내 존재의 깊은 내면에서 그렇다면, 나는 이미 하느님 사랑의 영역에, 곧 흠숭 속에, 하느님을 향한 성대한 예배 행위 안에 완전히 들어가 있는 것이다.

그다음 또 다른 이유가 있다. 교회의 모든 전통이 남긴 정신 안에 미사성제는 **하느님과 사람 사이에 이루어지는 커다란 교환**처럼, 하느님과 사람 사이에 이루어지는 헌신함의 줄다리기처럼 이해되었다.

– 하느님은 나에게 당신 '말씀'을 주시고, 나는 그분에게 나의 충성을 드린다. 무엇보다도 사도 신경을 통해, 그다음 예물 봉헌을 통해서 이 충성을 표현한다. 사도 신경이란 그분께 드리는 충실의 표현이라고 말할 수 있다. 예물 봉헌은 그분께 대한 사랑 때문에 형제들을 받아들이는 것이다.

사실 예물 봉헌은 사랑의 행위를 배경으로 해서, 가난한 사람들을 기억하는 데에서 생겨났다. 이 봉헌에서 가난한 사람들을 위한 선물들을 수집했고, 이 봉헌 예물 가운데서 부제들은 축성을 위한 빵과 포도주를 골라냈다.

– 그다음, 하느님께서는 당신 아들의 몸과 피를 나에게 주시고, 나는 그분께 대한 철저한 따름의 결심으로(이것이 영성체다), 그리고 형제를 향한 철저한 받아들임으로 응답한다(이것이 성체를 생활화하는 것이다).

미사란 한마디로 **하느님과의 사랑의 경주**, 자신을 내어 주는 '**사랑**'과 응답하는 사랑, 서로 주고받는 사랑, '**사랑**'에 응답하는 사랑이다. 미사의 이 현실을 잘 살기 위해 어떻게 해야 할까? 무엇보다도 말씀 전례가 참으로 **사랑**이기 위해, 참으로 예배 행위이기 위해 어떻게 해야 하는가?

자문해 보았다. 갑자기 내일 아침에 교황님을 알현하는 일이 일어난다면 무엇을 하겠는가?

– 무엇보다도 먼저 흥분할 것이다.

– 그다음, 아마도 오늘 밤에 잠을 설칠 것이다.

– 그다음, 고백하건대, 스위스 근위병을 피해 녹음기를 가져갈 수 있다면 기쁠 것이다. 교황님이 말씀하신 것들을 뒷날 흥분이 가라앉았을 때 차분하게 잘 음미하고 소화 흡수하도록 다시 듣고 싶기 때문이다.

바로 이것 때문에 '말씀 전례'가 참으로 '예배 행위', 성체성사의 수준과 같은 지위에 있을 수 있기 위해서는,

1) **주의 깊은** 들음

2) 주의 깊은 들음이 되려면, 내 생각에는 듣기를 **원해야 한다**.

3) **참된** 들음 – 나는 말씀 앞에 학회를 열거나, 도피하거나, 논쟁하려고 있는 것이 아니라 받아들이기 위해 있다. 깊이 사랑하는 사람 앞에서는 우리의 모든 경솔함이 무너져 내린다. 교만도 무너지고, 논쟁도 구실들도 모두 무너져 버리고 오직 들을 뿐이며 받아들일 뿐이다. 그리고 그 사람이 말하는 것 가운데 하나도 놓쳐 버리지 않으려고 세심히 주의를 기울이게 된다.

4) 구체적으로 말해서 '말씀을 들음'이 **사랑**이라면, **예배**라면 다음의 특징들과 같은 응답이 있어야 한다.

- 가장 주의 깊은 들음이다.
- 사랑이 가득한 들음이다.
- 열성적인 들음이다.
- 내 안에 구체화되는 들음이다.
- 겸손한 들음이다.

5) 마지막으로 조언할 것은 이것이다. '말씀'을 들음은 **내 안에 어떤 결과를 가져오고** 흔적을 남겨야 할 것이다. 성당에서 나오자마자 내 안에서 사라져 버린다면 그 들음은 분명히 참된 들음이 아닌 것이다. 예를 들어, 구두시험을 치렀다고 하면 그 시험 뒤에는 멋지게 대답한 개념이나 문장, 또는 실언과 실책을 두고두고 되씹어 생각하게 된다. 한동안 그것을 머릿속에서 지워 버리지 못한다. 마찬가지로 열기를 띤 토론을 벌였다면 토론이 모두 끝난 다음에도 내가 던진 말이나 다른 사람들이 내게 한 말들을 계속해서 돌이켜 생각하게 된다. '말씀 전례' 뒤에 여러분 안에 아무것도 남지 않는다면, '하느님의 말씀' 안에 여러분이 들어가지 않았으며 표면을 스쳐 갔을 뿐이라고 여러분 자신에게 솔직하게 고백해야 한다.

'말씀 전례'가 교회가 이해하고 있는 대로 여러분들에게 참된

예배의 행위가 되지 못했다. 그 자리에 가 있었으나 거기에 있지 않았고, 귀로는 들었지만 마음으로 따라가지 않았으며, 여러분들은 사랑하지 않았다.

기도의 실습

- 미사에 참여할 때에 '말씀 전례'를 제대로 준비하도록 성령께 기도하면서 청하라. 그리스도의 몸(성체)처럼 '말씀'을 공경할 수 있도록 청하라. 시편 119를 신심 깊게 읽어라.
- 그리스도 앞에서 듣는 기도를 잘 준비하라. 미사에 가게 되면 믿음의 정신을 청하라. 교회가 너에게 제시하는 성경 구절 가운데 한 구절도 놓치지 않도록 청하라. 미사 때에 선포될 말씀을 지금부터 들으려고 시도해 보라. 실제로 행하도록 하라. 네게 더욱 유익한 '생활의 말씀'이 어떤 것인지 구별해 내라. 할 수 있으면 그 말씀을 적어 보라.
- 아버지께 기도하는 시간에 네가 선택한 '생활의 말씀'을 되풀이해 보라.
- '기도를 더 잘하려면'이란 별지를 다시 읽어라.

하루를 위한 기도

이 구절을 여러 번 되풀이하라.

“너희는 마음을 다하고 목숨을 다하고 힘을 다하여 주 너희 하느님을 사랑해야 한다.”

쉐마 기도(이스라엘아, 들어라)에 지치지 말고, 마음으로 외우고 자주 사용하라. 영성체 때에 할 수 있는 가장 좋은 기도이다.

신명 6,4-9

이스라엘아, 들어라!
주 우리 하느님은 한 분이신 주님이시다.
너희는 마음을 다하고 목숨을 다하고 힘을 다하여
주 너희 하느님을 사랑해야 한다.
오늘 내가 너희에게 명령하는 이 말을 마음에 새겨 두어라.
너희는 집에 앉아 있을 때나 길을 갈 때나,
누워 있을 때나 일어나 있을 때나,
이 말을 너희 자녀에게 거듭 들려주고 일러 주어라.
또한 이 말을 너희 손에 표징으로 묶고
이마에 표지로 붙여라.
그리고 너희 집 문설주와 대문에도 써 놓아라.

| 넷째 주간 |

마음의 기도

1

첫걸음들

"너희는 마음을 다하고 목숨을 다하고 힘을 다하여 주 너희 하느님을 사랑해야 한다."(신명 6,5)

마음의 기도에서 첫걸음들

마음의 기도에 대해 정의를 내리는 것은 아주 어렵다. 용어상의 많은 혼란이 있었기 때문이다. 먼저 '마음'이라는 낱말로 우리가 뜻하고자 하는 의미를 명확히 해 보자. 마음은 인간의 내면, 자기 존재에서 가장 숨겨진 곳, 자기 존재의 충만함이 있는 곳, 인간이 하느님을 만나고 하느님이 인간을 만날 수 있는 곳이다. 그리고 존재의 생명력이 솟아나는 샘이다.

"동양의 전통에서 마음은 인간 존재의 핵심을 가리키고 지성과 의지의 능동적인 기능의 뿌리이며, 영성 생활의 출처이자 영성 생활이 수렴되는 종점이다. 인간의 영적, 정신적 생활이 솟아 나오는 깊고 숨겨진 샘이며 마음을 통해서 인간은 생명의 참 **'원천'**에 가까이 나아가고 그 '원천'과 친교를 나눈다."(시겔E. Bhr-Sigel)

'마음'에 대해 말할 때는 세례성사를 통해 모든 신자가 자기 안에 지니고 있고 하느님과 직접적으로 접할 수 있는 이 '신적 불꽃'을 생각하는 것이 더 마땅하다. '신적 불꽃'이란 토마스 성인이 '주입된 덕'이라는 특징적인 용어로 표현한 바로 그것이다. '덕'이란 권력, 능력, 기능을 뜻하며 '주입된'이란 말은 우리에게서 나온 것이 아니라 하느님께로부터 오는 것이란 뜻이다. 토마스 성인에게 주입된 덕이란 신앙, 희망, 사랑이다. 그는 이것을 오로지 우리의 힘만으로는 얻을 수 없으나, 우리가 발전시킬 수 있는 세례성사에서 오는 초월적인 기능처럼 본다. 하느님과 통하도록 도와주는 초월적인 기능이다. 거의 모든 영적 스승들에 따르면 이것이 곧 '마음'이다. 그렇다고 한다면 마음의 기도란, 기도할 때 우리 존재의 제일 깊은 내면, 우리 안에 있는 신적 불꽃을 하느님께로 향하게 하는 것이다. 이 기초 개념을 명확히 한 다음에 결론적으로 이렇게 정의를 내릴 수 있을 것 같다.

마음의 기도란 말, 생각, 상상을 제쳐 둔 채 우리 존재의 가장 깊은 내면을 그분께 열어 보이고 오로지 사랑하도록 노력하면서

깊은 내적 침묵으로 하느님 앞에 자신을 순박하게 두는 것이다.

단순함을 요구한다. 마음의 기도는 복잡한 사람에게는 적합하지 않고, 소심한 사람에게는 유익하지 않으며, 교만한 사람에게는(적어도 자기 교만을 수치스럽게 느끼지도 못하는 사람에게는) 불가능하다.

외적, 내적인 깊은 침묵을 요구한다. 모든 말들과 기도문을 제쳐 놓고 생각마저 지배하며 얼마 동안 상상력을 꺼 버려야 한다. 왜냐하면 내적 침묵을 방해하는 모든 것들은 마음의 기도를 방해하기 때문이다.

마음의 기도란 사랑하는 데에 모든 것이 있다. 그러면 이 '사랑함'이란 무엇인가? 아마 아무도 명확히 설명할 수 없을 것이다. 수천 가지로 표현되나 그 어떤 것으로도 완전하게 표현되지 않는다.

기도한 뒤에는 하느님을 사랑하는 것이 무엇인지 알 수 있지만, 기도하는 동안에는 '하느님을 사랑하는 것'이 무엇인지 설명하기가 어렵다. 서로 멀리 떨어져 사는 약혼자들이 '사랑의 편지'를 쓸 때 그들에게 사랑이 무엇인지 물어보라. '참 이상하군. 사랑이 사랑이지 뭐냐?' 하고 그들은 대답할 것이다. 사랑의 편지 속에 있는 말들은 말마디마다 사랑을 발산한다. 그 말들은 사랑에 빠지지 않은 사람에게는 시시할 정도로 아주 평범하고 단순한 말들일 수 있으나, 사랑에 빠진 사람에게는 모든 것을 말해 주는 말들이다. 어쩌면 가장 큰 도움이 될 수 있는 더욱 단순한 정의를 내리도록 해 보자.

마음의 기도란 완전한 내적 침묵 속에, 사랑하는 침묵 속에 들어가는 것이다.

자기 아이를 가없는 부드러움으로 사랑하는 어머니, 그리고 아기가 잠들어 있는 모습을 보며 침묵 속에 감탄하는 어머니, 바로 이것이 우리에게 마음의 기도를 드러내는 한 표상이 된다. 그 어머니의 입에서는 한마디의 말도 흘러나오지 않는다. 깊고 깊은 사랑에 무슨 말이 필요한가? 어떤 우정이 지나치게 많은 말을 필요로 한다면 그것이 과연 깊은 우정이라고 할 수 있을까?

그러나 마음의 기도에 대한 세 번째 정의가 있다. 아마 가장 적합한 정의일 것이고, 개념을 깊이 이해시켜 줄 수 있을 것이다.

마음의 기도란 우리 안에 계시는 성령께 우리 안에서, 우리와 함께, 우리를 통해 하느님을 사랑하도록 허락하는 것이다.

'허락하는 것'이라고 표현한 이유는 실제로 우리 안에 현존하시는 성령께서 언제나 사랑하고 계신다고 하더라도 우리가 그에 응할 때까지는 이 사랑의 부유함에 들어가지 못하기 때문이다. 아무도 물을 긷지 않아도 샘에는 항상 물이 솟아나고 있다. 그러나 우리가 샘에서 물을 길을 때 비로소 그 샘물은 '우리를 위해 솟아나는 것'이 된다. 마음의 기도란 우리 안에 계시는 성령의 이 계속적인 행위에 참여하는 것이며, 사랑하도록 그분을 놓아 드리는 것이며, 나아가 그분의 기도를 방해하는 모든 장애물을 치우고, 우리가 이용할 수 있는 모든 방법을 동원해서 사랑의 내적이고 친밀한 연결을 도우면서 그분과 함께, 그분 안에서, 그분을 통하여 사랑하는 것이다.

결론적으로, 마음의 기도란 우리를 위한 하느님의 사랑과 하느님께 대한 우리의 미천한 사랑, 그러나 무한하신 성령의 사랑이 들어옴으로써 더 이상 가난하지 않은 우리 사랑과의 다정한 교류라고 정의할 수 있다. 다시 말해서 푸코 신부가 순수하게 잘 표현했던 바로 그것이다.

"그분은 사랑으로 나를 바라보시고 나도 그분을 사랑하면서 바라본다."

마음의 기도에 대해 말하면서 낱말의 사용에 적지 않은 어려움이 있음을 밝히지 않을 수 없다. 마음의 기도는 성경만큼 오래되었고, 거의 모든 성인들이 실천했고, 사막의 교부들은 이 기도에 정통한 이들이었으며, 몇몇 성인들은 이 기도를 널리 소개했다. 흔히 이 기도는 다음과 같은 여러 가지 다른 이름으로 불리었다. 단순 기도, 침묵 기도, 단순하게 바라보는 기도, 내적 기도, 사랑의 기도, 관상 기도….

사막의 교부들 외에 이 기도를 널리 알린 성인들을 떠올려 보면, 아빌라의 성녀 데레사, 십자가의 성 요한, 삼위일체의 성녀 엘리사벳, 리지외의 성녀 소화 데레사, 푸코 신부 같은 분들이 있다.

러시아의 은수자들은 마음의 기도를 늘 실천했다(동방 교회에서는 계속적인 기도를 하거나 '생각에서 마음으로' 옮아갈 때에 흔히 '예수의 기도' 라는 명칭을 썼다).

마음의 기도란 결국 우리 안에 계신 삼위의 생명에 대한 응답이다.

마음의 기도가 왜 중요한가

왜 마음의 기도에 대한 중요성을 강조하는가? 무엇보다도 다음과 같은 이유들 때문이다.

첫째, 하느님께로 다가가는 가장 곧은 길은 지성이 아니라 사랑이기 때문이다. 둘째, 사랑은 인간의 가장 부유하고, 제일 중요하기도 한 내적 기능이다. 하느님께는 모든 것에서 가장 좋은 것을 드려야 하므로, 우리 자신의 가장 나은 것을 드려야 한다.

지성은 하느님께 도달하기 위한 알맞은 도구가 아니다. 하느님은 우리의 지성보다 너무나 높으신 분이시다. 인간은 자신의 생각으로는 한정된 자신의 세계로부터 자신을 아주 조금밖에 들어 올릴 수 없다. 인간이 자신의 지력으로 하느님을 이해하려는 것은, 연으로 해를 건드려 보려고 하는 어린아이에 비길 수 있다. 그러나 한 차례의 매서운 바람이나 약간의 비라도 그 연을 떨어뜨려 버리기에 충분하다. 하느님께 다가가고자 할 때 우리의 사고력은 얼마나 한정되어 있는가! 하느님께서 계신다는 것은 이해할 수 있으나, 하느님께서 어떤 분이신지 깨달을 수 있기보다는 어떤 분이 아니시라는 정도만을 짐작할 뿐이다. 그러고는 하느님의 문제에 대해 테두리조차 건드리지 못하고 그치게 된다.

그러나 인간은 연의 힘을 훨씬 능가하는 더 나은 가능성이 있다. 지력보다 강한, 하느님께 향할 때 지력을 능가하여 하느님께 도달할 수 있도록 하는 신비로운 힘, 곧 사랑을 가지고 있다. 신학자들은 하느님의 신비를 모든 측면에서 탐구해 보았다. 각기 다른 점에서 시작하여 또 다른 방법을 사용하면서 탐구해 보았으나 어느 누구도 신비가들만큼 하느님을 이해하지는 못했다. 왜 그럴까? 신학자들은 지력을 사용했고, 신비가들은 마음을 사용했기 때문이다. 프란치스코 성인은 어떤 철학자나 신학자보다도 하느님을 더 많이 이해했다. 인간은 사랑으로 지력보다 훨씬 더 높은 데에 도달할 수 있다.

"하느님은 사랑이시다."라고 그리스도교의 가장 위대한 신비가인 사도 요한은 말했다. 그러므로 인간이 사랑이 될 때 하느님과의 동일성 안에 즉시 들어가게 되고, 인간의 부족한 지성으로 도달할 수 있는 곳보다 훨씬 높이 인간을 옮겨다 주는 그분의 빛나는 궤도 안에 들어가게 된다. 그때 그 연은 더 이상 종이로 만들어진 부서지기 쉬운 장난감 연이 아니라, 자신의 목적지를 향해 대기권 밖으로 치솟아 오르는 강력한 추진력을 갖춘 우주선이 되는 것이다.

어떤 것들은 사랑하는 사람만이 이해할 수 있다고 말하지 않는가? 사랑은 이해력에 날개를 달아 주기 때문이다. 사랑 없는 지력은 빈약하고 제한되어 있고, 사랑 없는 지력은 어떤 어려운 목적들에 도달하기에 부적당하다.

우리의 내적 세계 전체는 인간을 위대하게 하는 하느님의 놀라운 은혜인, 세 가지 힘 또는 능력에 따라 유지된다. 그것은 지성-의지-사랑이다. 이것들로부터 영향을 받지 않은 내적 행위란 없다.

세 가지 힘

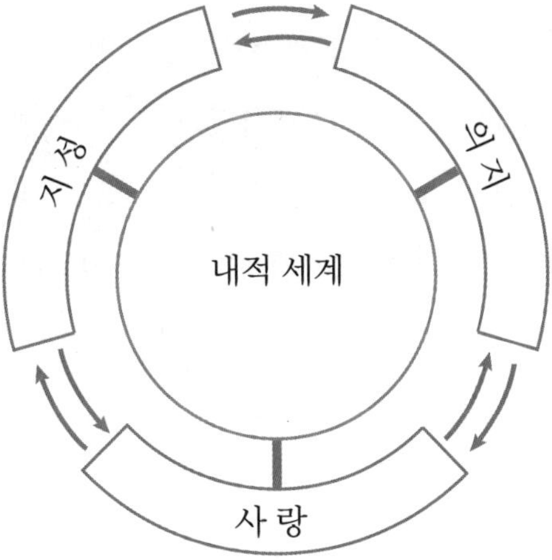

한 형제에게 어떤 관대한 행위를 실행하려고 결심하는가? 분명히 그 행위는 문제를 어느 정도의 깊이로 검토한 여러분의 지성으로부터 우러나왔고, 그다음 여러분의 의지가 뒤따랐다. 그다음 그 행위를 실행하려고 결심했다면 사랑이 그 뒤를 따랐다는 표시이다.

별 의미 없는 내적 행위일지라도 이 세 가지 능력의 여과를 거친다. 어떤 책을 읽기로 작정했는가? 또는 소풍을 가기로 결정했는가? 여러분의 결정 단계에는 찬성과 반대로 검토하면서 문제를 일으킨 지성이 있고, 그다음 그 과제는 의지로 넘어가게 된다. 의지가 움직일 때에는 그 계획을 사랑하기 때문에 결정적 기능인 사랑이 동의를 했다고 말할 수 있다. 마지막으로 말하는 것은 항상 사랑이며 사랑이 의지를 움직이게 하고 이를 작동시킨다. 사랑은 가장 중요하지만 가장 드러나지 않는 것 같다.

우리는 지성을 더 낫게 평가한다. 잘 차려입은 신사가 우리의 눈길을 자극하듯이 우리는 총명하다고 일컫는 사람들에게서 깊은 인상을 받는다. 스스로에 대해 "나는 영리하다."고 말할 때 우리가 아름답거나 부자라고 할 때처럼 자기 자신에 대해 자만하게 된다. 그러나 "나는 아주 착하다."고 말할 때에는 스스로를 그렇게까지 자랑스럽게 느끼지 않는다.

우리는 의지도 후하게 평가한다. "저 사람은 의지의 인물이다."라고 말할 때 그것이 칭찬인 줄 알고 있다. "강인한 의지를 가지고 있다."라는 평가는 모두가 좋아하는 찬사이다.

하지만 이 모든 것에서 가장 중요한 것은 사랑이다. 우리 삶에 많은 영향을 끼친 사람들은 똑똑한 자들도 아니고, 강인한 의지의 소유자들도 아니며 우리를 많이 사랑해 준 사람들이다. 이 말은 곧 사랑이 우리 안에 더욱 깊이 파고들어 그 흔적을 남긴다는 뜻이다. 사랑은 우리 존재에 강한 영향력을 주는 힘이다. 인간의 가장 큰 이점은 사랑하는 데에 있다.

그런데도 우리의 기도는 지나치게 지성을 사용한다. 우리는 지성주의자들이다! 기도할 때 너무 이치를 따진다. 기도가 지성적일 때 우리 삶 속에 깊이 파고들지 못한다.

또 이처럼 우리는 자주 의지주의자로 있게 되는 결함을 지닌다. 그리고 기도에 열성적일 때 우리 하루의 실제 삶 속에서 연기처럼 쉽게 사라져 버릴 커다란 결심들을 한다. 그러나 기도 안에서 사랑에 초점을 맞추는 것에는 충분히 단련되어 있지 않다.

우리의 모든 노력들을 사랑에 집중시킨다면 우리의 기도는 삶에 훨씬 더 많은 영향을 미칠 수 있을 것이다. "사랑하라. 그리고 원하는 대로 하라." 하고 성 아우구스티노는 말했다. 사랑할 때 다른 모든 것들은 유순해지고 성실해진다. 사랑할 때 더 잘 이해한다.

여러분은 음악, 문학, 스포츠에 대해 열광적인가? 그러면 여러분의 생각은 항상 음악에, 문학에, 스포츠에 가 있다. 그리고 여러분의 의지도 그곳에 있다. 그래서 여러분은 자유 시간이 생기자마자 음악을 하고, 고전 작품을 손에 쥐며, 스포츠를 즐긴다.

기도 안에서 사랑을 최대한으로 발산시키도록 하는 것은 아주 중요하다. 마음이 우리의 지성을 명민하게 만들고 우리의 의지가 하느님께 유순해지도록 강화시키는 역할을 담당할 것이다. 이것이 아주 큰 중요성을 마음의 기도에 부과해야 할 이유이다.

마음의 기도에 습관을 들이는 사람은 현명함을 얻으며 의지가 강화된다. 마음의 기도에 습관을 들이는 사람은 많이 따지거나 생각하지 않으면서도 문제에 곧장 다가간다. 그의 지성은 하느님의 문제들에 열려 있고 빛을 발하기 때문이며, 그의 의지는 하느님께서 원하시는 것을 원하는 데 있어 결단력 있고 강인해지기 때문이다.

기도의 실습

- 너는 성령을 많이 필요로 한다. 마음의 기도에 대한 수련은 힘들기 때문이다. 너는 그분께 아주 유순해야 한다. 열정적으로, 신앙으로 그분께 간구하라. 그분이 너의 마음의 기도를 이끌어 가시는 주인공이 되는 분이시다. 너와 함

께, 네 안에서, 너를 통하여 아버지를 사랑하시도록 너는 네 안에 현존하시는 성령께 자유로운 공간을 드려야 한다. 이렇게 기도하라.

"오소서, 사랑의 성령이여. 사랑하는 법을 가르쳐 주소서."

- 너를 그리스도께 향하고, 겟세마니의 현장을 네 안에 재구성하면서 듣는 기도를 하라. 예수님께서 겟세마니 그곳에서, 세 제자를 향하여 하신 그 말씀으로 너를 마음의 기도로 초대하심을 너는 알고 있다.

  "여기 머물러서 나와 함께 깨어 있으시오!"

  예수님은 제자들이 진심으로 동참하기를 바라시지만 제자들은 평안히 잠들어 있다. 예수님과 함께, 예수님께서 겟세마니에서 사용하신 가장 아름다운 마음의 기도를 반복해 보라.

  "아버지, 제가 원하는 대로 하지 마시고 아버지께서 원하시는 대로 하소서."

- 그다음 아버지께 향하면서 마음의 기도를 시도해 보라. 그분은 거기 너와 함께 있고 너는 그분 안에 잠겨 있다. 푸코 신부의 기도를 본받아라.

  "그분은 사랑으로 나를 바라보시고 나도 그분을 사랑하면서 바라본다."

  끝으로 아주 구체적인 사랑의 행위를 봉헌하라.

• 별지 '기도를 더 잘하려면'을 다시 읽어 보라.

하루를 위한 기도

오늘 자주 반복해서 읽어라.

"아버지, 제가 바라는 것이 아니라 당신이 바라시는 것을."

마음의 기도는 하느님에 대한 너의 철저한 선택을 나타낸다. 오늘의 너를 위해 지어진 시편이 있다. 시편집의 첫 시편이 바로 그것이다. 네가 하느님을 선택한다면 너는 풍성히 열매 맺는 나무일 것이고, 세상과 너의 이기주의를 선택한다면 바람에 흩날리는 겨와도 같을 것이다.

시편 1,1-4.6

행복하여라!
악인들의 뜻에 따라 걷지 않고
죄인들의 길에 들지 않으며
오만한 자들의 자리에 앉지 않는 사람,
오히려 주님의 가르침을 좋아하고
그분의 가르침을 밤낮으로 되새기는 사람.
그는 시냇가에 심겨 제때에 열매를 내며

잎이 시들지 않는 나무와 같아 하는 일마다 잘되리라.
악인들은 그렇지 않으니
바람에 흩어지는 겨와 같아라.
의인들의 길은 주님께서 알고 계시고
악인들의 길은 멸망에 이르기 때문일세.

어둠에 둘러싸여 있는 사람은
태양의 찬란한 빛살을 받아들일 수 없다.
이처럼 정(情, 무분별한 애착)을 피조물들 안에
두는 영혼은 하느님을 받아들일 수 없다.

십자가의 성 요한, 「가르멜의 산길」

2

성경적인 바탕들

"아빠! 아버지! 제가 원하는 것을 하지 마시고 아버지께서 원하시는 것을 하십시오."(마르 14,36)

더 잘 알기 위하여

마음의 기도는 하느님을 만나려고 우리 자신 속으로 깊숙이 들어가는 것이며, 사랑하면서 그분의 현존에 오랫동안 머무는 것이다. 마음의 기도는 하느님의 가장 중요한 계명(예수님은 첫째, 곧 가장 큰 계명이라 부르신다)에 응답하려는 시도이다.

"너희는 마음을 다하고 목숨을 다하고 힘을 다하여 주 너희 하느님을 사랑해야 한다."(신명 6,5)

아주 단순하고 깊이 있는 말씀이다.

“이스라엘아, 들어라! 주 우리 하느님은 한 분이신 주님이시다. 너희는 마음을 다하고 목숨을 다하고 힘을 다하여 주 너희 하느님을 사랑해야 한다. 오늘 내가 너희에게 명령하는 이 말을 마음에 새겨 두어라. 너희는 집에 앉아 있을 때나 길을 갈 때나, 누워 있을 때나 일어나 있을 때나, 이 말을 너희 자녀에게 거듭 들려주고 일러 주어라. 또한 이 말을 너희 손에 표징으로 묶고 이마에 표지로 붙여라. 그리고 너희 집 문설주와 대문에도 써 놓아라. 종살이하던 집에서 이끌어 내신 주님을 잊지 않도록 조심하여라.”(신명 6,4-9.12)

이 구절들은 성경에서 황금이고, 성덕의 구절들이며, 모든 구약 성경 안에서 가장 중요한 구절이다. 모세 오경은 4,875구절인데 이 쉐마(들어라)의 구절들은 그 모두를 통합하고 있다. 오늘날에 이르기까지 모든 시대에 걸쳐 이스라엘이 가장 많이 기도한 성경의 구절들이고 피로 물든 구절이며, 랍비 아키바로부터 화형을 당해 숨진 이들에 이르기까지 이스라엘의 순교자들을 만들어 낸 구절들이다. 모든 유다교 사상과 그리스도교 사상 전체가 이 구절들에 기초를 두고 있다.

쉐마는 십계명 다음에, 모세의 두 번째 담화에서 모든 것의 요약처럼 자리하고 있는데 다음과 같은 중요한 말들이 거기 앞서 나온다.

“너희는 주 너희 하느님께서 너희에게 명령하신 길을 따라 걸어야 한다. 그러면 너희가 차지할 땅에서 너희가 살 수 있을 뿐만 아니라, 잘되고 오래 살 것이다."(신명 5,33)

하느님께 대한 사랑은 하나의 선택할 수 있는 제안이 아니라 계명이다. 예수님께서 이 구절에 대해 아주 성대한 진술을 하셨다.

"이것이 가장 크고 첫째가는 계명이다."(마태 22,38)

히브리 전통에는 율법의 규정이 635가지나 되었다는 사실을 잊지 말아야 할 것이다. 그다음 예수님께서 덧붙여 말씀하셨다.

"둘째도 이와 같다. '네 이웃을 너 자신처럼 사랑해야 한다.'는 것이다."(마태 22,39)

끝으로, 예수님의 특출한 결론은 이러하다.

"온 율법과 예언서의 정신이 이 두 계명에 달려 있다."(마태 22,40)

그러므로 바로 여기에 성경 전체가 담겨 있다. 여기에 모든 계시가 있고, 여기에 계시의 집약이 있다. 이 구절들이 우리 삶의 토대가 되어야 한다.

하느님께 대한 사랑을 절대적으로 명령하고 있다.

"힘을 다 쏟아 사랑하라."

곧 제한 없이 사랑하라는 말이다. 그러나 이웃에 대한 사랑은 다른 척도를 가진다. 다른 이들을 너 자신처럼 사랑하라. 하느님께는 전부를! 형제들에게는 너를 위해 가지고 있는 그 사랑을!

다음 사실은 흥미롭다. 이스라엘의 가장 중요한 계명, 모든 계명들을 전부 요약하는 계명이 오늘에 이르기까지 이스라엘 제일의 기도가 되었다. 신앙 고백과 사랑의 고백이 되었다. 이것은 아마 하루에 세 번씩 하느님께 겸손되이 청함으로써 그분을 사랑하는 법을 배운다는 뜻일 것이다.

이것은 또한 힘을 다 쏟아 하느님을 사랑하는 데에 도달하고 싶은가? 하는 커다란 물음에 대한 응답이다. 기도에서 이것을 문제로 삼아라. 그러면 도달할 수 있을 것이다. 하루에 세 번씩 이것을 청하라.

세 번씩? 성경은 "이 말을 마음에 새겨 두어라."라고 말하고 있다. 곧 사랑의 계명이 절대 멈추지 않은 심장의 고동처럼, 네 안에 뛰놀도록 하라.

집에서나 밖에서나, 밤이나 낮이나 "너희 자녀에게 거듭 들려주고 일러 주어라."

"너희 손에 표징으로 묶고 이마에 표지로 붙여라." 모든 행위와 모든 의향 안에서 힘을 다 쏟아 하느님을 사랑해야 한다.

절대로 잊어버리지 않도록 "문설주에 써 놓아라."

그러나 사랑의 계명으로부터 절대 떨어지지 않는 것이 어떻게 가능한가? 이 계명을 기도화시킴으로써, 곧 이 계명이 너의 기도가 되게 함으로써만 가능하다.

예수님께서 이 계명을 최고의 계명이라고 성대히 선언하셨다면, 우리는 마음의 기도에 대한 의무를 가볍게 취급할 수 없다.

마음의 기도가 우리 존재를 엮어 가는 바탕이 될 정도로 노력해야 한다.

미국의 한 속담은 이렇게 말하고 있다.

"네가 사랑을 작동시킨다면 사랑은 작동한다."(Love works if you work at it.)

사랑은 그것을 가꿀 때에 있다. 사랑은 그것을 가지려고 애쓸 때에 있다. 사랑은 그것을 지키려고 아픔을 견딜 때에 있다.

배워야 할 첫 번째 가르침은 이것이다. 온 힘을 다해, 불굴의 끈기로 사랑을 청해야 한다. 하느님을 사랑하도록 온 힘을 다해 간절히 청한다면 하느님을 사랑하는 데에 도달할 수 있을 것이다. 이것이 삶의 가장 중요한 가르침이다. 사랑은 수많은 결정들을 요구한다. 바로 이것이, 예수님의 이 계명을 마음의 기도에 대한 항구하고 주의 깊은 실천에 연결시키는 것이 지혜롭다고 한 이유이다.

마음의 기도는 우리 하루의 전부, 모든 행위와 관계들을 걸러내는 체의 역할을 한다. 우리의 모든 삶이 지나가는 자리가 된다. 결국 마음의 기도란 온 힘을 다해 하느님을 사랑하는 것을 배우기를 간구하는 데에 있다. 사랑할 줄을 모르는가? 사랑하는 것을 배우게 해 달라고 청하라! 하느님께서 너를 사랑하시도록 두는 것을 배우게 해 주십사 청하라!

쉐마는 시편, 축복의 기도, 성경 봉독 같은 기도들 사이에 삽

입되어 있다. 인간의 마음은 열리는 데 있어 더디고, 열릴 때에도 구체적이지 못한 위험이 흔히 있다.

성경적인 바탕들 – 복음서에서

첫째, "나에게 '주님, 주님!' 한다고 모두 하늘나라에 들어가는 것이 아니다. 하늘에 계신 내 아버지의 뜻을 실행하는 이라야 들어간다."(마태 7,21)

행복 선언을 배경으로 하신 예수님의 말씀이다. 이 말씀은 실천의 중요성을 매우 강조하고 있다. 우리에게는 하느님과의 관계를 거짓으로 만드는 경향이 있다. 너무 쉽게 좋은 느낌, 멋진 말들에 빠져들면서 생활은 제멋대로 걷도록 내버려두는 수가 많다. 예수님의 이 말씀은 반석 위에 지은 집의 비유 바로 앞에 나온다. 이 비유는 바로 삶의 유일한 바탕으로서 하느님의 뜻을 탐구하는 데 대한 가르침을 해설하고 있다. "'주님, 주님' 하는 사람이 아니라…."

다음 사실은 의미심장하다. 예수님께서 행복 선언(마태 5–7장 참조)으로 당신의 메시지를 드러내 보여 주신 뒤에, 하느님과의 참된 관계는 빈말의 기도에 있지 않고 구체적인 사랑에 있다고 결론지으시며, 그 구체적인 사랑을 하느님의 뜻에 대한 구체적인 순명으로 제시해 주신다.

우리는 하느님께 구체적인 사랑을 드려야 할 때 우리에게 조금이라도 힘이 덜 드는 것을 드리려는 유혹에 늘 빠져 있다. 그러나 하느님께서는 대용품들에는 별로 관심이 없으시다. 분열된 마음으로 드리는 기도, 삶과 분리된 기도, 곧 멋진 영적 표현은 있으나 아무런 실천적 반영이 없는 것은 언제나 위험하다.

멋진 말만으로 이루어진 사랑은 절대 진리이신 하느님께는 불쾌한 것이다. 멋진 말로 된 사랑은 흔히 위선과 어우러져 있기 때문이다. 예수님은 위선 앞에서 언제나 분개하셨다. 우리 마음의 기도가 의무, 애덕, 악과의 끊음, 대인 관계에 반영되지 않는다면 우리는 분열된 마음의 기도에 갇혀 있는 자들이다. 진실에 대한 용기를 가져야 하고, 마음의 기도에 대한 열매가 보이지 않으면 우리는 기도에도 마음에도 가 있지 않다고 우리 자신을 고발할 용기를 가져야 한다. 이 속임수에서 자신을 방어하기 위해 무엇을 해야 할 것인가? 그 모든 것은 시작을 잘하는 데에 있고 마음의 기도에 깊은 혼을 심는 데에 있다.

혼이란 이것이다. 마음의 기도에서 회개의 지점을 확실히 하는 것, 그 회개 지점을 마음의 기도의 기본 골조로 하는 것이다. 수예를 위해서 수를 놓을 천이 필요하다는 것은 너무도 명백한 사실이다. 회개하려는 구체적인 의지가 없다면 마음의 기도란 하나의 착각이다. 그리고 회개의 지점은 **정확함-분명함-구체**

적이어야 한다. 그다음으로 그 회개 지점 위에 성령의 불이 내리도록 하는 것이 필요하다. 곧 마음의 기도가 끝나자마자 삶이 따라올 정도로 불타는 기도가 필요하다.

둘째, "그들은 겟세마니라는 곳으로 갔다. 예수님께서는 제자들에게, '내가 기도하는 동안 너희는 여기에 앉아 있어라.' 하고 말씀하신 다음, 베드로와 야고보와 요한을 데리고 가셨다. 그분께서는 공포와 번민에 휩싸이기 시작하셨다. 그래서 그들에게 '내 마음이 너무 괴로워 죽을 지경이다. 너희는 여기에 남아서 깨어 있어라.' 하고 말씀하셨다. 그런 다음 앞으로 조금 나아가 땅에 엎드리시어, 하실 수만 있으면 그 시간이 당신을 비켜 가게 해 주십사고 기도하시며, 이렇게 말씀하셨다. '아빠! 아버지! 아버지께서는 무엇이든 하실 수 있으시니, 이 잔을 저에게서 거두어 주십시오. 그러나 제가 원하는 것을 하지 마시고 아버지께서 원하시는 것을 하십시오.'"(마르 14,32-36)

"예수님께서 고뇌에 싸여 더욱 간절히 기도하시니, 땀이 핏방울처럼 되어 땅에 떨어졌다."(루카 22,44)

마음의 기도에 관한 가장 훌륭한 구절들이 우리 앞에 펼쳐져 있다. 그리스도의 기도는 피땀으로 물들 만큼 그렇게도 깊고, 열정적이며, 극도의 괴로움을 겪는다. 마음의 기도를 생생한 것으로 묘사하기를 바란다면 그 모범은 바로 여기 있다. 겟세마니의 피땀 흘리는 기도이다. 마음의 기도에 있어 이것보다 더 완전한 모범은 없다.

"복음서들은 예수님께서 기도하시던 것을, 뿐만 아니라 기도로 밤을 새우시던 것을 여러 차례 기억하고 있으나 그 어느 기도도 겟세마니의 기도처럼 그렇게 깊고, 파고드는 모습으로 제시되지 않았고, 예수님의 삶의 그 어느 순간도 이때만큼 결정적인 순간은 없었다."(성 요한 바오로 2세)

성 요한 바오로 2세는 겟세마니의 기도를 사랑에 대한 시험, 쉽게 말해서 예수님의 '마음의 기도'라고 부른다.

그리스도께서는 자신을 맨 밑바닥에 이르도록 낮추신다. 그분 스스로 이렇게 고백하고 계신다. "내 마음이 너무 괴로워 죽을 지경이다." 그 증거는 바로 피땀 흘리심이다.

그리스도께서는 인간의 모든 약함도 체험하신다. "아빠! 아버지! 아버지께서는 무엇이든 하실 수 있으시니, 이 잔을 저에게서 거두어 주십시오." 그러나 이 사랑의 최대 시련 안에서 인간적 약함을 따르지 않으신다. "그러나 제가 원하는 것을 하지 마시고 아버지께서 원하시는 것을 하십시오."

우리 마음의 기도가 순수하다면 이 말씀으로 인도되어야 한다. "제가 원하는 것을 하지 마시고 아버지께서 원하시는 것을 하십시오." 모든 것 안에서 하느님의 뜻을 찾고 받아들이려는 열렬한 의지가 없다면 마음의 기도란 존재하지 않는 것이다.

겟세마니의 예수님 기도는 마음의 기도 전부이며 핵심이다.

하느님을 사랑한다는 것은 다만 이것이다. 그러나 힘들다. 그러므로 마음의 기도에는 침묵과 공간이 필요하다. 예수님께서도 시간과 힘을 필요로 하셨다. 예수님은 마음의 고통과 싸우면서도 굽히지 않고 더욱 열렬하게 기도하셨다.

우리는 마음의 기도를 할 때에 우리의 의지가 강해지도록 하느님의 힘을 열렬히 간구하라고 가르친다. 예수님께서도 그렇게 하셨다.

"다시 두 번째로 가서 기도하셨다."(마태 26,42)

세 번을 그렇게 하셨다고 마태오 복음은 명시하고 있다.

"예수님께서는 그들을 그대로 두시고 다시 가시어 세 번째 같은 말씀으로 기도하셨다."(마태 26,44)

아버지께 우리의 의지를 봉헌하는 데 끈기와 반복은 필수적인 것이다. 그 반복 안에, 그 끈기 안에 사랑이 있다. 사랑이 성장하기 때문이다. 반복은 우리의 연약함을 극복하는 데에 필요하다.

이와 같이 마음의 기도를 하는 동안 몸을 기도하게 해야 할 필요성을 강조해야 한다. 몸이 기도하지 않는다면 영혼이 마음의 기도를 하기 힘들다.

예수님께서도 그렇게 하셨다.

"땅에 엎드리시어… 기도하시며"(마르 14,35)

"무릎을 꿇고 기도하셨다."(루카 22,41)

마음의 기도가 피곤해지고 졸리며 미지근할 때에는 겟세마니를, 그곳에서 피땀 흘리시며 예수님이 바치신 마음의 기도를 생각하는 것이 긴요하다.

"땀이 핏방울처럼 되어 땅에 떨어졌다."(루카 22,44)

마음의 기도는 사랑이지 않으면 아무것도 아니다. 그리고 사랑은 무엇보다 하느님의 뜻에 가능한 한 가장 완전한 방법으로 합일하는 데 있다. 이 합일을 걱정하지 않는 사랑이라면 불합리한 것이고, 반면에 합일을 걱정할수록 더욱 깨끗하고 순수하며 인간적 찌꺼기가 없는 것이 된다.

우리의 삶은 오직 하느님께 기쁨을 드리는 것이라 할 정도로, 사랑은 하느님의 뜻에 합일하는 것을 걱정해야 한다. 너무 많은 말들은 마음의 기도를 방해한다. "아버지!" 하고 말하는 것만으로도 이미 모든 것을 말하는 것이다. 나머지 말들은 마음의 기도를 손상시키는, 단지 공백을 메우는 말들이 될 수 있다. 어떤 경우에는 마음의 기도가 폭력을 필요로 한다. 예수님도 마음의 기도를 하시기 위해 피땀을 흘리셨다. 미래의 것들에 대해서 너무 공상하지 않도록 하자. 현재에 대한 하느님의 뜻을 놓쳐 버릴 위험이 있다.

셋째, "예수님께서 제자들과 함께 겟세마니라는 곳으로 가셨다. 그리고 제자들에게, '내가 저기 가서 기도하는 동안 여기에 앉아 있어라.' 하고 말씀하신 다음, 베드로와 제베대오의 두 아들을 데리고 가셨다. 그분께서는 근심과 번민에 휩싸이기 시작하셨다. 그때에 그들에게 '내 마음이 너무 괴로워 죽을 지경이다. 너희는 여기에 남아서 나와 함께 깨어 있어라.' 하고 말씀하셨다. 그런 다음 앞으로 조금 나아가 얼굴을 땅에 대고 기도하시며 이렇게 말씀하셨다. '아버지, 하실 수만 있으시면 이 잔이 저를 비켜 가게 해 주십시오. 그러나 제가 원하는 대로 하지 마시고 아버지께서 원하시는 대로 하십시오.' 그러고 나서 제자들에게 돌아와 보시니 그들은 자고 있었다. 그래서 베드로에게 '이렇게 너희는 나와 함께 한 시간도 깨어 있을 수 없더란 말이냐?' 하셨다."(마태 26,36-40)

사도들의 기도에 우리의 주의력을 집중시켜 보자. 예수님께서 그들을 '마음의 기도'에 초대하셨으나, 그들은 순종하지 않는다. 약함과 경솔함이 그들을 휩쓴다. 예수님은 열두 제자에게 아무것도 청하지 않으신다. "여기에 앉아 있어라."라고만 하신다. 그러나 '내가 저기 가서 기도하는 동안'이라는 말씀은 설득력 있는 표현이었다. '일을 우리 서로 분담하자. 너희는 잠자리에 들고, 나는 기도하러 가겠다.'고 말씀하시지 않았다. 예수님은 헌신적인 참여를 기다리셨다. 그러나 선택된 세 제자(더 나은 이들? 예수님께 더 나은 지도를 받은 이들? 예수님께서 더 의지했던 세 사람임에는 틀림없다)까지도 예수님을 완전히 실망시켰다.

세 제자에게는 진정으로 마음의 기도를 청하셨다. 곧 매우 고

통당하고 계시는 당신 곁에서 고요하고 사랑에 찬 현존이기를 청하신 것이다.

“너희는 여기에 남아서 나와 함께 깨어 있어라.”

완전한 실망! 세 제자는 잠자는 것을 더 좋아했다. 이것은 기도에 대한 예수님의 마지막 가르침이었다. 전적으로 실패했다.

마태오가 쓴 성경 본문에 따르면, 예수님은 제자들에게 깨어 있기를 세 번 청하신 것처럼 보인다. 그러나 경솔함, 피곤함, 사려 깊지 못함 따위로 인하여 이것은 지켜지지 못하고 만다. 주님께 필요했던 것은 그들의 말이 아니라 그들의 애정이었다. 마음의 기도는 바로 이것이다. 말들은 한쪽으로 제쳐 두고 하느님께 마음을 드리는 것이다. 말에 대해서는 경계하고, 마음을 드리는 것이다.

자칫 마음의 기도가 어렵다는 인상을 줄 수 있으나, 어느 한 사람에게 마음을 주면서 현존해 있도록, 전적으로 현존해 있도록 하는 것보다 더 쉬운 것은 없다. 그렇지만 마음을 소유하고 있어야 하고, 그다음은 마음을 드리는 것이 필요하다!

마음의 기도는 하느님과 관계에서 핵심을 겨냥하기 위해 모든 형식적인 절차와 우리가 가지고 있는 바리사이적인 빈말들을 뛰어넘는다. 세 제자는 준비되어 있지 않았고 아무도 준비할 생각이 없었으므로 해 낼 수 없었다.

마음의 기도에서 가장 잦은 함정은 바로 이 준비 부족이다.

정화의 공간, 약간의 현실주의, 우리의 구체적인 영적 상태의 기본점을 설정하는 것은 우리의 원의를 하느님의 뜻에 맞추기 위해서 아주 중요하다. 무엇보다도 '회개의 지점'을 준비하는 것이 중요하다. 마음의 기도가 정화를, 우리가 비참하다는 점에 대한 인식을 갖지 못한다면 이는 진지한 기도가 아니다.

예수님은 잠에 빠져 있는 제자들을 보시고 이렇게 말씀하신다.

"유혹에 빠지지 않도록 깨어 기도하여라. 마음은 간절하나 몸이 따르지 못한다."

가르침은 확실히 이것이다. 그리스도 곁에 충실히 머물기 위해서 그 충실을 청하는 것으로 충분하다.

마음의 기도는 힘들다. 그러나 그것을 할 수 있는 능력을 청한다면 주님은 그 은혜를 우리에게 주시기 위해 서두르신다.

우리의 약함에 있어 좀 더 심각한 함정들-게으른 의지, 충분치 못한 침묵, 텅 빈 손, 피곤함, 얼버무리기, 미지근함, 위안 찾기-이 있다. 깨어 살피지 않는다면 우리 마음의 기도는 하느님을 완전히 실망시키는 기도가 될 수도 있다.

게으른 의지

이것을 관리 · 통제해야 한다. 무엇보다 기도를 시작할 때에 이 마음이 드러난다. 잘 시작하는 것은 아주 중요하다. 우리 약함을 확인할 때마다 약한 의지 위에 하느님의 힘을 간구하는 것은 확실히 가장 효과적인 구제책이다.

충분치 못한 침묵

침묵이 부족하다는 것은 무거운 마음으로 기도를 시작하는 것을 말한다. 자신이 많은 잡념 속에 있다고 깨달을 때 기도를 훨씬 더 앞당겨 시작하는 것이 아주 유익한 방법이다. 우리의 약함을 주님께 봉헌하는 것, 그분 앞에서 우리를 낮추는 것, 하느님과의 만남을 원하는 것, 잘하고 싶어 하는 우리의 원의를 하느님께 표현하는 것, 이 모든 것은 흩어진 정신을 모으는 데 효과적인 수단들이다. 그러나 시간을 두고 일찍 시작하는 것, 기도에 앞서 기도에 여유를 주는 것이 필요하다.

텅 빈 손

모든 것이 질서가 잡혀 있다고 믿는 것은 지나치게 순진할 뿐 아니라 의식도 없고 생각도 없는 짓이다. 주님께서 지치지 않고 두드리시는 문제들이 있다. 응답해야 한다! 거기에서 회개의 선물을 준비해야 한다. 그리고 정당화할 수 없는 습관들 때문에 애덕의 영역 안에서, 의무들 안에서 중대한 잘못들이 있을 수 있다. 두려울 정도의 무책임함 때문에 행하지 않고 넘겨 버린 중요한 의무들이 있을 수 있다. 회개의 지점 위에 기도의 불길이 내리도록 회개 지점을 준비하는 것은 아주 단순하면서 구체적인 방법이다.

피곤함

어떤 피곤함은 정신을 집중할 수 없게 한다. 어떻게 해야 할까? 현명한 선택을 해야 한다. 게으름은 '기도를 그만두라.'고 말할 것이다. 그러나 사랑은 그와 달리 '너의 피곤함에 어느 정도 부합하는 방법으로, 약간 쉬게 해 주는 방법으로 기도하라.' 고 말한다. 예를 들면 '하느님 발치에 앉아 단순하게 감사드려라. 그리고 너의 피곤함을 봉헌하라. 그러나 기도하기를 중단하지 마라! 피곤한 사람도 사랑은 해야 한다.'고 말할 것이다.

얼버무리기

주님과 함께 있지만 우리 자신의 가장 나은 면을 끄집어 내지 않는다. 주님과 함께 있지만 열심하지 않는다. 주님과 함께 있지만 태평하게 자신과 자신의 문제들에 빠져 있는 것이다. 그럴 수는 없다. 마음의 기도는 열심함과 철저함, 결단들, 침체성을 분명히 끊어 버리는 것을 필요로 한다. 약간 빈둥거리며 시간을 보냄으로써, 잡념들에 문을 반쯤 열어 둠으로써 마음의 기도가 흐려지도록 하는 것은 진지하지 못한 태도이다. 겉모양만을 어느 정도 갖춤으로써 마음의 기도를 할 수 있는 것처럼 자신을 속이는 것이다. 마음의 기도는 힘을 다 쏟아, 전력을 다해 하느님을 사랑하는 것이다.

미지근함

미지근함은 게으름이다. 사랑의 결핍보다 더 못하다. 죄, 소홀히 한 의무들, 다 해어진 애덕, 쉽게 하는 판단, 무분별하게 내뱉는 말, 호기심, 세속적임, 허영, 체면을 살리려고 계속 애쓰는 것 따위와 손잡고 걸어갈 수 있다고 믿는 것은 마음의 기도가 아니다. 미지근함은 마음의 기도를 마비시키는 기생충이다. 마음의 기도는 애정에 차 있고 참되고 순수한 관계이기에, 이익을 구하고 오염되고 열등하고 참되지 않은 관계인 침체성을 결코 견뎌 내지 못한다.

위안 찾기

만족을 얻기 위해, 또는 다른 이들보다 우월함을 느끼기 위해, 또는 자신을 반쯤 도달한 자라고 믿으면서 마음의 기도를 할 때, 단조로움이나 무미건조함의 시련을 받아들이지 않을 때, 만족과 보상을 포획하러 다닐 때, 편안하게 지내기 위해서 평화 속에 머무는 것을 찾을 때, 이것은 위안을 탐하러 가는 것이다. 이것은 불합리한 것이다. 그럴 수 없다! 주님께서 나를 위해 준비해 놓으신 그것을 취해야 하고 열정적인 순간에는 주님께 분명히 '이 열정에 대해 감사합니다. 그러나 저는 다만 당신을 사랑하기를 원합니다.'라고 말씀드리면서, 만족해하는 마음에서 나 자신을 이탈시켜야 한다. 열정은 받아들이되 마음은 거기에 집착하지 않아야 한다. 가치 있는 것은 사랑이다. 헌신적으로 어두움, 무미건조함, 단조로움을 받아들이고, 그것을 주님께 드리는 헌신적인 봉헌이 되게 해야 한다. 주님, 제가 온 힘을 다해 당신을 사랑하기만 한다면!

기도의 실습

- 성령께서는 너를 깊은 기도를 하도록 이끄신다. 그것 때문에 네가 마음의 기도에 닻을 내렸다. 이렇게 기도하라.
  "성령이시여, 제가 사랑하는 것을 배우게 하소서."
  "성령이시여, 내적 기도로 저를 이끄소서."
  "성령이시여, 제가 온 힘을 다해 하느님을 사랑하기를 배우게 하소서."
- 너를 예수님께 향하고 '쉐마'의 구절들을 통해 들음의 기도를 하라. 아버지를 온 힘으로 사랑할 수 있는 은총을 신앙으로 간구해야 한다. 온 힘을 다해 네가 사랑할 줄 아는지, 사랑하기 위해 어디서부터 시작해야 하는지 겸손되이 그리스도께 여쭈어 보라. 기도 때 많은 것들을 할 수 없을 것

이나, 네가 그리스도의 말씀을 참으로 들었다면 기도를 끝낸 다음에 할 수 있는 많은 것들을 결정할 수 있을 것이다.

- 아버지의 사랑에 너를 잠기게 하면서 마음의 기도를 하게 될 것이다. 말들과 상상, 또는 감정으로 그분의 현존을 방해하지 마라. 사랑하는 것으로 충분하다! 너의 삶을 아버지께 봉헌하라. 자, 여기에 아름다운 마음의 기도가 하나 있다.
  "아버지, 당신 좋으실 대로 제게 하소서!"
- '기도를 더 잘하려면'을 다시 읽어라.

하루를 위한 기도

푸코 신부의 기도를 반복해 보라.

"아버지, 저에게 당신 좋으실 대로 하소서."

시편 117을 아는가? 이는 성경 안에서 가장 짧지만 귀한 보석이다. 사랑으로 흠뻑 젖어 있고 하느님의 무한한 사랑으로 짜인 기도이다(주님 사랑 끗끗하셔라. 영원하셔라!).

시편 117,1-2

주님을 찬양하여라, 모든 민족들아.

주님을 찬미하여라, 모든 겨레들아.

그분의 사랑 우리 위에 굳건하고

주님의 진실하심 영원하여라.

나도 그랬습니다만 이런 사람들도 없지 않습니다.
주님께서 계속해서 고요의 기도(마음의 기도)로 초대하시며
빛을 주시어도 귀머거리가 되는 사람들 말입니다.
그들은 소리 기도를 많이 외우는 것을 어찌나 좋아하는지
마치 매일 외워야 할 분량을 정해 둔 것처럼 할 수 있는 대로
빨리, 급하게 해치워 버립니다. 여러분은 이와 같이 하지 않도록
주의하십시오. 오히려 하느님께서 여러분을 고요의 기도로
부르시거든 주의하여 이 큰 은혜를 잃지 않도록 하십시오."

아빌라의 성녀 데레사, 「완덕의 길」

3

나를 사랑하느냐

"주님, 주님께서는 모든 것을 아십니다. 제가 주님을 사랑하는 줄을 주님께서는 알고 계십니다."(요한 21,17)

나를 사랑하느냐

"그들이 아침을 먹은 다음에 예수님께서 시몬 베드로에게 물으셨다. '요한의 아들 시몬아, 너는 이들이 나를 사랑하는 것보다 더 나를 사랑하느냐?' 베드로가 '예, 주님! 제가 주님을 사랑하는 줄을 주님께서 아십니다.' 하고 대답하자, 예수님께서 그에게 말씀하셨다. '내 어린 양들을 돌보아라.' 예수님께서 다시 두 번째로 베드로에게 물으셨다. '요한의 아들 시몬아, 너는 나를 사랑하느냐?' 베드로가 '예, 주님! 제가 주님을 사랑하는 줄을 주님께서 아십니다.' 하고 대답하자, 예수님께서 그에게 말씀하셨다. '내 양들을 돌보아라.' 예수님께서 세 번째로 베드로에게 물으셨다. '요한의 아들 시몬아, 너는 나를 사랑하느냐?' 베드로는 예수님께서 세 번이나 '나를 사랑하느냐?' 하고 물으시므로 슬퍼하며 대답하였다. '주님, 주님께서는 모든 것을 아십니다. 제가 주님을 사랑하는 줄을 주님께서는 알고 계십니다.' 그러자 예수님께서 베드로에게 말씀하셨다. '내 양들을 돌보아라. 내가 진실로 진실로 너에게 말한다. 네가 젊었을 때에는 스스로 허리띠를 매고 원하는 곳으로 다녔다. 그러나 늙어서는 네가 두 팔을 벌리면 다른 이들이 너에게 허리띠를 매어 주고서, 네가 원하지 않는 곳으로 데려갈 것이다.' 예수님께서는 이렇게 말씀하시어, 베드로가 어떠한 죽음으로 하느님을 영광스럽게 할 것인지 가리키신 것이다. 이렇게 이르신 다음에 예수님께서는 베드로에게 '나를 따라라.' 하고 말씀하셨다."(요한 21,15-19)

우리는 마음의 기도에 관한 또 하나의 힘 있는 가르침을 주는 구절들을 대면하고 있다. 주님께서 베드로에게 세 번이나 그의 사랑을 명확히 밝혀 말하기를 요구하신다. 왜 그렇게 하셨을까? 이런 의문을 가져 보는 것은 당연하다. 그렇게 하신 것은 분명히 베드로에게 그것이 아주 중대하게 필요한 것으로 느끼셨기 때문이다. 베드로는 세 번 예수님을 부인했고, 모든 이들 앞에서 그의 사랑을 표명하도록 초대하신다.

다음의 세부적 사실은 흥미롭다. 번번이 사랑의 고백 다음에는 예수님이 뚜렷하게 당부하신 부탁의 말씀이 이어지고 있다. 예수님은 하나의 과제와 성대한 책임을 부여하신다. "내 양들을 돌보아라." 결국 그 뜻은 너의 형제들을 위해 너 자신을 소모시킴으로써, 너의 형제들을 위한 구원의 도구가 됨으로써, 네가 나를 사랑한다는 증거를 나타내라는 뜻이다. 우리 마음의 기도는 행위를 통해 검증될 필요가 있다. 마음의 기도 후엔 언제나 우리의 사랑을 증명해야 한다. 마음의 기도는 말만 하는 것에 대해 혐오감을 느끼게 해야 한다.

베드로가 세 번째로 성대한 고백을 할 때에 예수님은 참으로 모든 것을 청하신다. 바로 생명의 봉헌을 요청하시는 것이다. "나를 따라라." 하고 말씀하셨다. "예수님께서는 이렇게 말씀하시어, 베드로가 어떠한 죽음으로 하느님을 영광스럽게 할 것인지 가리키신 것이다."

그렇다면 우리의 사랑을 편안히, 애매한 상태로 있게 둔다는 것은 불가능하게 된다. 우리의 사랑이 멋진 말로 채워진 채 남아 있는 것을 두려워해야 한다. 우리가 멋진 말의 세계에만 머물러 있을 때에는 정말 주님을 사랑한다고 확신할 수 없다. 그래서 예수님은 말을 구체적으로 검증하도록 도와주신다. "돌보아라!" 곧 도와라! 구해 주어라! 이것은 베드로에게 '가르쳐라', '조직하라' 하는 뜻이다. 곧 나에 대한 사랑 때문에 형제들을 위해 너 자신을 소모시켜라. '내가 직접 그것을 너에게 말하고 있기 때문이다.'라고 예수님께서 말씀하시는 것이다.

이것은 우리 마음의 기도에는 구체적인 것에 도달하지 않을 위험이 항상 도사리고 있다는 것이다. 예수님은 사랑의 구체성을 요구하신다. 그러므로 우리는 마음의 기도가 얼마나 구체적인지 깨어 살펴보도록 하자. 우리 사랑에 대한 확실한 검증, 뚜렷한 선물, 명확한 회개의 내용을 손에 쥐고 주님의 발치에서 일어나야 한다. 그리고 우리가 선택한 선물이 아니라, 그분으로부터 선택되고 그분 마음에 들고, 그분이 원하셨고 명확히 하신 선물, 곧 기도 안에서 무르익은 선물이도록 조심해야 한다.

시급한 문제들을 두고 숨바꼭질할 수 있고, 그 문제들을 전혀 보지 않을 수도 있다. 베드로는 아마도 주님께 다른 것을 드렸을 것이지만 주님께서는 우두머리 노릇을 잘하라고, 양을 잘 돌볼 줄 아는 우두머리, 곧 양 떼를 먹일 줄 알고 박해가 닥칠 때에는 생명까지 바칠 준비가 되어 있을 만큼 양 떼를 위한 열심한 우두머리가 되라고 청하신다.

물론, 갈릴래아의 보잘것없는 어부에게는 로마를 향해서 가는 것과 더구나 로마 제국과 맞서야 한다는 것은 머릿속에 스치지도 않았다. 예수님은 베드로가 용감하고 모험심 있고 신앙으로 가득 차 있고, 아무 문화적인 준비 없이도 세상에서 제일 높은 수준의 문명에 도전할 줄 아는 우두머리가 되게 하기로 결정하셨다. 이것이 예수님께서 베드로에게 기대하셨던 사랑의 선물이었다. 상황에 대처할 줄 알고 박해에 도전할 준비가 되어 있는 우두머리가 되는 것은 아주 힘든 선물이다. 물론 이것보다 더 쉬운 희생들도 있었지만 예수님은 어려운 것을 요구하셨던 것이다.

우리는 마음의 기도를 할 때에 "주님, 저에게서 무엇을 원하십니까?" 하는 물음에 대해 잘 깨달을 수 있을 때까지 머물러야 하고, 그다음 하느님의 힘으로 출발해야 한다. 스승을 '다른 모든 이들보다 더' 참으로 사랑하기를 원하는 베드로의 결심에 대한 예수님의 대답은 당혹스러운 것이다. 아마도 그를 놀라게 했을 것이다. 사실 베드로는 피를 흘리기까지 사랑해야 할 것이다. 이 일화에는 우리가 약해져 있는 모든 순간에 우리에게 도움이 될 감동적인 기도가 있다. "주님, 주님께서는 모든 것을 아십니다. 제가 주님을 사랑하는 줄을 주님께서는 알고 계십니다." 인간의 마음이 드릴 수 있는 기도들 가운데 가장 아름다운 기도 중 하나인 이 경탄할 만한 기도에 대해 아주 감사해야 한다.

당신은 모든 것을 아십니다!
제 영혼의 접힌 부분을 당신은 읽으십니다.

제가 솔직한지, 그렇지 못한지를 아시고,

제가 솔직할 수 있지만 약한 줄을 아시며,

제게는 비겁했던 경험들이 많음을 아시고,

배반에서 제가 벗어난 지 얼마 되지 않음을 아시며,

배반했으나 이제는 나를 토막 내더라도

배반하지 않을 것을 당신은 아시고,

당신이 저에게 힘을 주신다면

당신께 생명을 바칠 준비가 되어 있음도 당신은 아십니다.

말이 우리를 앞서가는 일은 잦다. 우리의 말들은 우리의 사랑보다 과장되어 있다. 주님께서 그 사실을 알고 계시지만 우리도 그 사실을 알아야 한다. 바로 이것 때문에 마음의 기도를 드릴 때에 주님을 실망시켜 드리지 않고 우리의 입을 다만 멋진 말로만 채우지 않아야 한다는 것에 대해 오랫동안 머물러 생각해야 한다.

장엄한 형상

"예수님의 십자가 곁에는 그분의 어머니와 이모, 클로파스의 아내 마리아와 마리아 막달레나가 서 있었다. 예수님께서는 당신의 어머니와 그 곁에 선 사랑하시는 제자를 보시고, 어머니에게 말씀하셨다. '여인이시여, 이 사람이 어머니의 아들입니다.' 이어서 그 제자에게 '이분이 네 어머니시다.' 하고 말씀하셨다. 그때부터 그 제자가 그분을 자기 집에 모셨다."(요한 19,25-27)

우리는 지금 마음의 기도를 보여 주는 장엄한 형상 앞에 있다. 십자가 아래에 있는 마리아의 모습은 마음의 기도에 대한 인상 깊은 가르침이다.

예수님께서 열두 제자에게 마지막으로 하신 기도의 가르침은 아버지를 향한 그리스도의 사랑이 가장 인상 깊게 나타난 장면, 곧 예수님이 피땀을 흘리시며 마음의 기도를 하시던 겟세마니에서 있었다.

이제 갈바리아에서는 성모 마리아께서 마음의 기도에 있어 위대한 스승으로 계신다! 마리아는 거기에, 그리스도와 함께 못 박혀 있는 것이다. 아무것도 하지 않고, 말하지도 울지도 않으며, 다만 거기에 그분과 함께 못 박혀 있으며 그분의 죽음을 도와드리고 있다.

우리 마음의 기도가 하느님 앞에 대가를 바라지 않고 그저 머무는 것, 그분을 위해 무엇에나 준비되어 있고, 그분의 발치에서 봉헌되고 낮추어진 자로 있는 것일 때 그 기도는 우리의 가장 완전한 마음의 기도일 것이다. 말할 필요가 없고, 사랑하는 것으로 충분하다. 이야기할 필요도 없고, 자신을 봉헌하는 것으로 충분하다. 흥분할 필요도 없고, 모든 것을 드리는 것으로 충분하다. 마리아는 거기 외에 다른 곳에 있을 수가 없었다. 자신의 사랑이 그곳에 있으므로 거기에 있을 수밖에 없었다. 우리가 사랑할 때 마음의 기도 외의 다른 것을 할 수 없다. 나머지 다른 모든 것들로는 충분하지 않다고 느끼기에 거기에 머무르고 사랑하는 것이다.

그러나 주의하자! 우리는 사랑한다면서 그다음 출발하지 않을 수 있다. 마음의 기도란 반드시 열매를 맺는 꽃이다. 마음의 기도는 언제나 회개에 도달해야 한다. 왜 마리아는 십자가 아래에 있는가? 울기 위해 그곳에 있는가? 아니다. 장 바니에는 이렇게 말하고 있다.

"자신을 위해 울려고 그곳에 있지 않았으며 '이제 나는 버려졌다.' 또는 '이제 십자가에서 내려와야 한다.' 하고 말하려고 거기에 서 있지 않았다. 그곳에 서 있는 것은 신앙 안에서 고통의 신비가 무엇인지 알기 때문에, 그리고 그 시간이 예수님의 때, 구원의 때인 줄 알고 있기 때문이다."

참된 마음의 기도는 우리 자신을 벗어 버리는 것이다. 주님께 우리 능력껏, 가장 나은 우리 자신을 드리기 위해 그곳에 머무는 것이다.

"마리아는 예수님의 고통의 신비를 믿었고, 그분과 함께 있기를 원하고, 예수님과 함께 이 신비를 살고 싶기에, 도망가기를 바라지 않았다. 거기에 있으면서 '세상의 구원을 위하여 너와 함께, 아버지께 나를 봉헌한다.' 하고 말하고 있다. 마리아는 고통의 신비 안에 풍부한 생명력이 있음을 발견했던 것이다."(장 바니에)

마음의 기도는 그분과 함께, 그분을 위해, 그분 안에서 사랑하면서 머무는 것, 그분과 함께, 그분을 위해, 그분 안에서 모두를 위해 바치면서, 모두를 도와주면서 머무는 그것이다.

마음의 기도는 어느 한 순간에 이르면, 많은 사람들에게 도달해야 할 필요를 느끼며 사랑할 줄 모르는 사람을 위한 사랑의 외침, 감사드릴 줄 모르는 사람을 위한 감사의 외침, 간청할 줄 모르는 사람을 위해 간청하는 외침이 되기를 시도한다.

마음의 기도는 다른 사람들을 위한 몸 바침이 되어야 한다. 마음의 기도는 온전히 하느님을 위한 사랑, 온전히 형제를 위한 사랑이 되어야 한다.

다음 세 가지는 참된 마음의 기도를 특징으로 하는 표지들이다.

첫째, 만족을 찾는 것이 아니라 사랑이어야 한다.

둘째, (하느님이 아닌) 어떤 생각들이나 산만함에서 이탈하여 침묵 안에서 하느님의 현존에 깊이 있어야 한다.

셋째, 하느님께서 우리 기도의 참중심이어야 한다.

이 세 가지 조건이 함께 검증될 때 우리는 참된 마음의 기도에 도달해 있는 것이다.

마음의 기도가 침묵 속에서 신앙과 사랑의 간청이 될 때 그

간청은 '오늘'을 위한 간구가 되어야 아주 지혜로운 것이다.

이런 구체성은 그 효과를 위해 매우 중요한 것이다. 뿐만 아니라 우리의 충실에 대한 간청은 다만 '오늘'에 멈출 것이 아니라, 우리의 사랑이 특별히 보살펴지고 지탱되어야 할 필요가 있는 하루 가운데 특정한 상황에 직접 가는 것이 아주 중요하다.

"예수님의 십자가 곁에는 그분의 어머니와…."(요한 19,25)

우리는 고문을 당하고 조소를 받고 십자가에 못 박힌 아들 앞에 서 있는 한 어머니가 절망의 한계점에 가 있을 수밖에 없다는 사실을 충분히 현실적으로 생각하지 못한다. 마리아는 그렇지 않았다. 오히려 자신을 희생 제물로 바치는 데에 있었다. 침묵 속에서 그리스도와 함께 희생 제물로서, 자기 존재의 마지막 신체 내부 조직까지 철저히 아버지께 봉헌함으로써 그리스도와 함께 희생 제물로 바쳐진 이가 바로 갈바리아에서의 마리아이며 마리아의 마음의 기도이다.

우리가 아무리 애를 쓴다 하더라도 마리아의 갈바리아에서 기도 때에 당한 고통의 쓰라림을 공감해 볼 수는 없을 것이다. 갈바리아는 마리아의 겟세마니, 마리아의 수난, 마리아의 봉헌이었다. 아들의 극심한 고통 앞에서 무력하기만 한 어머니는 '차라리 나를 아들 대신에 못 박아 주시오.' 하고 절규했을 것이다. 갈바리아에서의 마리아는 십자가 없이 십자가에 못 박힌 여인이었고, 피 흘림 없이 희생 제물로 바쳐진 여인, 못 없이 찔리고 채찍에 맞음 없이 찢긴 여인이었다.

온전한 침묵과 온전한 희생 제물인 고통과 찢긴 상처의 이 현존은 마음의 기도에 있어 우리의 책임감을 생각하게 한다. 침묵을 아무 행위도 없는 빈 것으로, 연속적인 잡념으로 변화시키기가 쉽다. 침묵은 조직적으로 구성되어야 하고 유지되어야 하며, 깊음으로 영양을 취해야 한다. 침묵이 잡념 때문에 너무 파괴되었을 때에 침묵을 마음의 끊임없는 부르짖음이 되게 하는 것은 아주 중요하다. 간청의 기도가 참된 마음의 기도가 될 수 있다. 반면에 침묵이 유지될 때에는 모든 말보다 더욱 침묵을 선택해야 한다. 자주 침묵할 때 무거움과 권태가 우리를 덮친다. 그러나 우리가 사랑한다면 단호하게 그것에 대응해야 한다. 우리는 아마도 마음의 기도 때 자주 마리아의 도움을 구해야 할 것 같다. "죄인인 저를 위하여 빌으소서!" 마리아는 분명히 기도하고자 하는 우리의 좋은 원의를 떠받쳐 줄 것이다.

성령께 사랑할 줄 아는 능력을 청하기 위해, 마음의 기도 가운데 많은 시간을 할애하는 것은 중요하고 효과적인 방법이다. 우리의 사랑을 지탱해 주는 것이 바로 우리 안에서 활동하시는 성령의 역할이다. 십자가 아래에 선 마리아는, 기도란 하느님께 우리 자신을 드리는 것, 그분께 헌신적으로 우리를 봉헌하는 것, 그리스도와 더불어 우리를 희생 제물로 드리는 것임을 우리에게 가르쳐 준다.

마음의 기도는 하루 일과의 출발이다. 그리고 하루의 생활을 보면, 우리가 침묵 안에서 참으로 사랑할 줄을 알았는지가 드러난다. 우리가 진하게 사랑할 줄 알았다면 하루 생활 전체가 그 은총의 순간에서 영향을 입었을 것이다.

마음의 기도를 실제보다 더 어렵게 만들지 말자. 주님을 향한 계속적이고 열렬한 간청의 형태로 마음의 기도를 한다면 오히려 아주 쉽다. 그것은 가난한 사람으로서 드리는 기도이다. 가난한 사람들에게 용기 있게 마음의 기도를 권해야 한다. 누가 주님께 신앙으로 부르짖을 줄 모르겠는가? 예리코의 소경이 예수님을 멈추게 하고 기적을 행하시게 만든 그 마음의 기도를 하기 위해, 그는 아무런 '기도의 가르침'도 받을 필요가 없었다. 마음의 기도를 미리 만들어 놓은 구조 안에 가두지 않도록 하자. 사랑에는 틀이 없다! 사랑은 틀을 견뎌 내지 못한다. 핵심에 다가가자. 사랑하라! 현존하라! 그리고 그분께서 우리 주의력의 핵심에 계셔야 한다. 이것이 전부이다.

그다음, 마리아의 시선으로 예수님을 바라보라! 마리아가 내 곁에, 나와 함께 마음의 기도를 하려고 꿇어앉아 있다면 무엇을 하고, 무엇을 말하고 어떻게 사랑하실까? 이 마리아의 현존을 실재가 되게 하는 것은 불합리한 것이 아니다. 나를 마리아께 연결시키는 성인들의 통공으로 나의 마음의 기도를 깊고 참된 것이 되도록 하기 위하여 왜 내 곁에 마리아의 현존을 신앙으로 간청할 수 없는가?

기도는 근본적인 것이지만 '기도 다음'이 더욱 중요하다. 사랑의 관계는 순명, 삶의 투영(조명)이 되어야 한다. 순명 없는 사랑은 존재하지 않는다. 사랑하는 사람은 순명한다. 사랑하는 사람은 자기의 모든 자유를, 자기의 모든 의지를 하느님께 의탁한다. 우리의 사랑을 오늘 하루 안에 명확하게 투영시키도록 하자. 그리고 오늘 하느님의 도우심과 함께 우리의 사랑을 시도해 보려는 그 특정한 상황들을 뚜렷이 하도록 노력하자.

기도의 실습

- 성령께서는 네가 마음의 기도에 도달하기를 간절히 원하신다. 지금까지 네가 항구했다면 마음의 기도에 관해 말하지 않았다 하더라도, 첫날부터 마음의 기도가 네 마음에 새겨지고 있었음을 너는 알아차릴 것이다. 이제 너는 멈추지 말아야 하고, 마음의 기도를 소유하도록 습관을 들여야 하며, 절대 그 기도를 그만두지 않아야 한다. 성령께 이렇게 기도하라.

  "저의 기도가 사랑이게 하소서! 말에서 행위로 건너가게 해 주소서! 저의 기도가 진지하고 항구한 회개가 되게 하소서."

- 예수님께서 겐네사렛 호숫가에서 마음의 기도를 이해시켜 주시기 위해 너를 기다리신다. 그분 말씀을 듣도록 하라. "예수님, 제가 어떻게 훈련해야 합니까?"
- 아버지께서 당신의 무한한 사랑을 네게 주시면서 너를 맞이하신다. 침묵하고 사랑하라. 네 마음의 기도를 위하여 마리아께 너를 일치시켜 보라. 갈바리아에서 마리아의 기도는 순수한 상태의 사랑 그것이었다. 신앙으로 간구하라! 그리고 아버지의 사랑 속에 잠기면서 마리아와 너를 일치되게 해 보라. 그다음 즉시 구체적인 결심을 하라.
- 별지 '기도를 더 잘하려면'을 다시 보라.

하루를 위한 기도

베드로의 기도를 되풀이해 보라.

"주님, 주님께서는 모든 것을 아십니다. 제가 주님을 사랑하는 줄을 주님께서 알고 계십니다."

마음의 정화에 대해 말하고 있는 시편이 있다. 네가 기도를 시작할 때 성령과의 맞대면을 시작하는 데에 네게 도움이 될 수도 있다. 마음의 기도를 준비하는 데 알맞은 시편이다. 마음의 '진실'과 회개를 간청하는 시편이다.

시편 51,3-6.8-10.11-12.14.17

하느님, 당신 자애에 따라 저를 불쌍히 여기소서.
당신의 크신 자비에 따라 저의 죄악을 지워 주소서.
저의 죄에서 저를 말끔히 씻으시고
저의 잘못에서 저를 깨끗이 하소서.
저의 죄악을 제가 알고 있으며
저의 잘못이 늘 제 앞에 있습니다.
당신께, 오로지 당신께 잘못을 저지르고
당신 눈에 악한 짓을 제가 하였기에….
그러나 당신께서는 가슴속의 진실을 기뻐하시고
남모르게 지혜를 제게 가르치십니다.
저를 씻어 주소서. 눈보다 더 희어지리이다.
기쁨과 즐거움을 제가 맛보게 해 주소서.
저의 허물에서 당신 얼굴을 가리시고
저의 모든 죄를 지워 주소서.
하느님, 깨끗한 마음을 제게 만들어 주시고
굳건한 영을 제 안에 새롭게 하소서.
당신 구원의 기쁨을 제게 돌려주시고
순종의 영으로 저를 받쳐 주소서.
주님, 제 입술을 열어 주소서.
제 입이 당신의 찬양을 널리 전하오리다.

기도의 목적은 지적 사색에 있다기보다는 사랑에,

그리고 의지의 실천에 더 있다.

기도의 본질적 요소는 많이 생각하는 데에 있지 않고,

많이 사랑하는 데 있다.

아빌라의 성녀 데레사, 「영혼의 성」

4

사랑하고 사랑받도록 자신을 두기

"누구든지 나를 사랑하면… 내 아버지께서 그를 사랑하시고, 우리가 그에게 가서 그와 함께 살 것이다."
(요한 14,23)

첫째 단계 – 사랑하기

마음의 기도가 가야 할 여정은 끝이 없는 것 같다. 사랑은 끝이 없고 항상 새로운 깨달음이 있기 때문이다. 오늘 알아차리는 그것은 내일이면 더 나은 성숙을 필요로 하고, 내일 도달하게 되는 그 깨달음은 모레 해야 할 여정을 준비시킨다.

마음의 기도는 사랑 안에서 이룰 성숙을 위한 수련, 우리 사랑의 능력을 발전시키는 여정이라고 말하고 싶다. 마음의 기도를 위한 탁월한 수련은 세 가지가 있다. 첫째는 사랑하는 법을 배우는 것이라고 표현하고 싶다. 마음의 기도의 뼈대를 형성하는 것은 이 수련에서이다. 우리 안에 새로운 사고방식을 형성하는 것이 시급하다. 기도는 말을 하는 것이 아니다. 기도는 사랑하는 것이다.

예수님께서 '주님의 기도'를 우리에게 기도의 모델로 제시해 주시며 맡기셨을 때부터 우리는 기도가 다만 사랑이라는 사실을 명심해야 한다. 주님의 기도는 사랑의 일곱 가지 청원으로 되어 있다고 앞서 말했다. 그리고 그것은 또한 하느님께 우리를 내어 드리고 사랑하려는 우리의 일곱 가지 결심이기도 하다. 기도는 구체적인 행위의 사랑이거나 그렇지 않으면 자기기만이거나 착각이다. 마땅히 밝혀져야 할 허위를 벗기는 데에 두려워하지 않는 바른 사고방식을 우리 안에 형성시켜야 한다. 우리의 기도를 사랑이 되게 하기 위해 어떻게 우리를 훈련시켜야 할까?

침묵

무엇보다도 우리는 침묵하기를 훈련하는 것이 필요하다. 성 토마스는 "하느님께 침묵으로 존경을 드려야 한다."고 말한다. 그분에 대해 생각하고 말하는 모든 것은 그분께 적합하지 않기 때문이다. 내적인 침묵이나 외적인 침묵이나 침묵을 두려워하는 사람은 깊은 기도를 할 수 있도록 자신을 성장시키지 못한다. 몸의 침묵을 단련시키는 것이 필요하다. 곧 기도 때 우리가 우리 몸의 주인으로서 침착하고 편안하게 있는 것이다.

언어와 모든 경박한 설명들에 있어서 침묵.

눈의 침묵 – 눈을 감거나 성체를 주시하는 것.

공상의 침묵 – 공상이 떠다니면서 방해하지 않도록 부드럽게 상상을 멈추는 것.

감정의 침묵.

정신의 침묵 – 한 가지 생각만으로 충분하다. 즉 '영원으로부터 현존하시는 분 앞에 있는 것.'

의지의 침묵 – 오직 한 가지만을 원하는 것, 온 힘을 다해 하느님을 사랑하려고 그분 앞에 있는 것.

마음의 침묵 – 사랑하라! 사랑하라! 사랑하기를 결정하고, 온 힘을 다해 사랑하기를 배우려는 것.

하느님 안에 이 깊고 고요한 집중이 이루어질 수 있도록 적합한 장소를 선택하는 것이 중요하다. 몸도 기도하게 하는 것이 중요하다. 단련을 위해 권하고 싶은 좋은 자세는, 차분하고 규칙적인 호흡을 할 수 있도록 허리를 완전히 곧게 하고, 가슴을 펴고, 두 팔을 길게 늘어뜨려 장궤한 자세이다. 이 자세는 집중에 아주 도움이 된다.

마음속으로 내려가는 것

침묵은 아직 기도가 아니며 기도의 준비일 뿐이다. 우리 안에 이 침묵의 분위기가 있을 때, 정신을 우리 마음의 깊은 곳으로 파고들게 하라고 권한다. 그 깊은 곳에서 하느님, 곧 성부, 성자, 성령의 현존과 만나게 된다. 예수님의 이런 가르침은 우리에게 결정적이고 근본적인 것이다. "누구든지 나를 사랑하면… 내 아버지께서 그를 사랑하시고, 우리가 그에게 가서 그와 함께 살 것이다."(요한 14,23) 첫 그리스도인들에게 한 바오로의 가르침은 감동적이다. "여러분이 하느님의 성전이고 하느님의 영께서 여러분 안에 계시다는 사실을 여러분은 모릅니까?"(1코린 3,16)

말하지 말고, 따지지 말고,
무엇보다도 공상하지 말고, 다만 사랑하라

우리 안에 계시는 하느님의 현존에 우리 존재 모두를 집중하고 사랑하면서 이 현존에 응답하는 것이다. 말하는 것은 필요 없다. 사랑은 말을 필요로 하지 않는다. 말은 집중을 방해한다. 사랑하라! 그러나 어떻게? 이 질문에 대답하기란 무척 힘들다. 하느님의 현존에 자발적으로, 기쁘게 머무는 것은 물론 사랑하는 것이다. 그러나 그것으로 충분하지 않다고 느낀다. 예수님의 경고가 머리에 떠오른다. "나에게 '주님, 주님!' 한다고 모두 하늘나라에 들어가는 것이 아니다. 하늘에 계신 내 아버지의 뜻을 실행하는 이라야 들어간다." 그러므로 사랑이란, 행위에 있는 것이지 감정이나 말들에 있지 않다는 것을 우리 자신에게 명확히 하자. 어떤 행위들인가? 하느님 앞에 움직이지 않고 머무는 동안 내가 무엇을 할 수 있을까? 사랑은 행위에 있고 행위는 결정으로 시작된다. 이 결정에 사랑의 참된 추진력이 있다.

기도 앞의 기도

이 시점에서 우리는 기도에는 준비가 필요하다는 점을 뚜렷하게 깨닫는다. 행위가 결정에서 시작된다면 구체적이고 명확하며 구속력 있는 결정들을 내리는 것이 긴요하다. 그러나 이 결정들은 갑자기 내릴 수 없고 침착함, 숙고, 내면의 검토를 필요로 한다. 바로 이것 때문에 우리는 보통, 우리 안에 있는 가장 긴급한 문제에 대한 실제적인 결심을 우리 양심에 명확히 하지 않고서 마음의 기도를 시작하는 것은 좋지 않다고 말한다.

회개의 지점

정화와 통회를 위해 시간을 할애하지 않고서는 마음의 기도를 시작하지 말라고 권고한다. 우리가 '회개의 지점'이라고 부르는 그것을 우리 양심에 명확히 하는 것이 급선무이다. 처음에는 모든 것이 아주 복잡하게 보일 수 있지만, 조금 지나면 그 시급함을 파악하게 된다. 힘들지 않다. 당연히 해야 할 일일 뿐이다.

교회의 전통에 따르면 기도는 언제나 참회 행위로, 정화와 통회로 시작된다. 마음의 기도 역시 이 논리를 벗어나지 않으며 오히려 강하게 그것을 요구하고 있다. 말하기 위해서가 아니라 사랑하기 위해서 하느님의 현존에 머물려는 원의가 집중되는 바로 그 순간, 사랑이 회개하려는 의지가 되어야 할 필요가 생겨난다.

제 뜻이 아니라, 당신의 뜻!

회개의 지점을 명확히 하는 것, 여기에 주님을 향한 우리의 구체적인 사랑 전부가 있다. 그런 다음, 마음의 기도는 자연스럽게 헌신적인 '네, 제가 여기 있습니다.'라는 응답에 집중되고, "아버지, 제 뜻이 아니라 아버지의 뜻이 이루어지게 하십시오." 하는 예수님의 기도 안에 표현된다. 겟세마니의 기도보다 더 완전한 마음의 기도란 없다. 그렇기에 침묵 안에 사랑하는 것이란 하느님께 자신의 의지를 강하고 결단력 있게 봉헌하는 것, 그것이다. 사랑의 침묵은, 하느님의 뜻을 모든 것에 있어 유순히 따라가는 데 있어서 의지가 유순하고 열성적이며, 강하고, 구체적일 수 있도록 이 의지 위에 성령의 불을 내리도록 하는 것이다. 회개의 지점은 기도가 명확하고 구체적인 것이 되도록 돕는다.

운동선수의 훈련

운동선수란 몇 번의 의지적인 훈련을 통해 육성되는 것이 아니고 항구한 훈련을 통해서만 육성되듯이 마음의 기도 또한 끊임없는 수련을 통해서만 도달하게 된다. 선수를 육성시키는 것은 인내이다. 마음의 기도로 우리를 양성시키는 것도 인내이다. 그것은 힘이 든다! 그러나 마음의 기도 첫 열매는 그렇게 침묵 안에서 사랑하며 기도해야 할 필요성이다.

말들에 역겨움을 느끼게 되고 침묵에 대한 끝없는 갈망을 가진다. 기도 때에 지껄이거나 이쪽저쪽으로 왔다 갔다 하는 것을 더 이상 참지 못해야 한다. 모든 여정의 종점은 예수님께 피 흘림을 요구했던 그 기도임을 알아듣게 된다. 초보자에게는 깊은 내적 침묵의 분위기를 만들고 '회개의 지점'을 준비할 수 있도록 15분 동안을 정화 작업에 바치도록 권한다. 그동안 자기 양심에 다음과 같은 질문을 해야 한다. "주님, 제게 무엇을 원하십니까? 주님, 제게 가장 시급한 회개란 무엇입니까? 저에 대한 당신의 뜻이 무엇입니까?"

단 한마디로 된 기도

사랑하는 침묵이란 힘이 든다. 무엇이 그 침묵을 유지시켜 주고 용이하게 해 주는가? 침묵을 지탱시키는 데에 한결 실제적이고 효과적인 방법은 개념을 함축하고 있는 짧은 말을 되풀이하는 것이라고 본다. 예수님 또는 아버지 또는 성령이라는 말만으로도 도움이 될 수 있다. 다음 기도를 되풀이하는 것도 도움이 될 수 있다.

“하느님의 아들 예수님, 죄인인 저를 불쌍히 여기소서.”

복음의 한 구절이 도움이 될 수도 있다. 그러나 적게 말할수록 집중이 더 쉽다는 것을 경험에서 배운다. 호흡에 맞추어 예수님의 이름을 부르는 것이 크게 도움이 될 때가 자주 있다.

둘째 단계 – 사랑받도록 자신을 두기

우리는 마음의 기도 둘째 수련에 와 있다. 물론 이 용어는 적합하지 않다. 따라서 바르게 이해하는 것이 필요하다. 사랑할수록 자신의 관심을, 우리를 위한 하느님의 사랑에 집중시키고 사랑받도록 자신을 두어야 할 필요성을 더 느끼는 것은 이해가 된다.

“나를 사랑하는 사람은 내 아버지께 사랑을 받을 것이다. 그리고 나도 그를 사랑하고 그에게 나 자신을 드러내 보일 것이다.” 하고 예수님께서 말씀하시지 않으셨던가? 기도가 사랑이 될수록 우리를 위한 하느님의 사랑에 대한 시야가 더욱 열린다. 그리고 그 사랑이 침투하도록 자신을 내맡겨야 한다는 것이 긴요해진다.

사랑할 줄 모르는가? 사랑받도록 너를 놓아두라

마음의 기도로 가는 여정에서 우리의 관심 모두가 하느님께,

그분의 사랑에 집중될 필요성이 강력하게 생겨날 수가 있다. 우리는 그것을 마음의 기도에서 성숙의 한 과정으로 여긴다. 초기에는 은총의 활동에 힘입어 사랑에 있어서 아주 구체적인 사람이어야 할 필요를 생생하게 느낀다. 그리하여 회개에 대한 우리의 책임이 강조된다. 그다음, 하느님의 사랑에 모든 주의력이 집중된다. 사랑받도록 자신을 내맡겨 두라! 사랑하는 것이 어렵다면 모든 사람이 다 사랑받도록 자신을 놓아둘 줄 알아야 하겠지만, 사실 그것은 마음의 기도에서 성숙의 한 과정이다.

기도를 시작할 때에 성령께서 사랑하는 것을 우리에게 가르쳐 주시도록, 또 기도를 사랑으로 바꾸는 것을 우리에게 가르쳐 주시도록, 그리고 하느님의 사랑을 깨닫고 그 사랑을 받아들일 줄 알도록, 그리하여 사랑받도록 자신을 맡겨 두는 법을 배우는 것을 도와주시도록, 성령께 대한 겸손하고 열성적인 간구에 자신을 내맡기는 것이 아주 중요하다.

그렇다면 결국 무엇인가

사랑받도록 자신을 맡겨 둔다는 것은 하느님께 온전히 현존해 있는 것이며, 그분께 전적으로 유용성 있는 자가 되는 것이다. 사랑받도록 자신을 놓아둔다는 것은 하느님께 우리 자신을 내맡기면서 하느님과 그분의 뜻이 중심이 되도록 하는 것이다. 푸코 신부는 기도하면서 그것을 이렇게 표현했다.

"이 몸을…. 좋으실 대로 하십시오. 저는 무엇에나 준비되어 있고, 무엇이나 받아들이겠습니다. 아버지의 뜻이 저와 모든 피조물 위에 이루어진다면 이밖에 다른 것은 아무것도 바라지 않습니다. …하느님은 내 아버지이시기에 끝없이 믿으며 남김없이 이 몸을 드리고 당신 손에 맡기는 것이 어쩔 수 없는 저의 사랑입니다."

그러므로 사랑받도록 자신을 맡긴다는 것은 모든 것 안에서, 모든 것을 위해서 하느님의 뜻을 선택하는 것이다. 사랑받도록 자신을 맡긴다는 것은 작은 일들 안에서도 하느님의 기쁨이 되려는 결심이다.

분심

분심은 마음의 기도에 있어 골칫거리이다. 소리 기도가 분심 때문에 시련을 당한다면 마음의 기도는 전부가 침묵으로 된 기도이기에 더욱더 그러하다. 그러나 분심까지도 마음의 기도에 그 나름대로 특수한 요인으로 조금씩 작용할 수도 있다. 다루는 방법을 바꾸는 것으로 충분하다. 흔히 우리는 분심 때문에 짜증을 부린다. 그래서는 안 된다. 모든 분심은 우리 자신을 아는 데 있어 어떤 빛을 내포하고 있다. 이 분심이 나에게 무엇을 가르쳐 주는가 하고 자문하면서 그 분심을 차분히 다루며, 그 분심에 응한다면, 분심은 우리를 위해 아주 중요한 어떤 것에 대해 빛을 준다는 것을 깨닫게 되는 경우가 많다. 분심은 우리의 어떤 비참함, 어떤 옹졸함 또는 긴급히 다루어야 할 문제를 드러내 주는 일이 자주 있다.

그렇다면 그 비참함이나 시급한 문제를 가지고 우리의 가난함 그대로 "보십시오, 주님. 제가 이렇지 않습니까? 보십시오, 제게 얼마나 당신이 필요한지요! 주님, 저를 치유하여 주십시오!" 하고 말씀드리며 주님께 그것을 보여 드리도록 하자. 분심은 우리 침묵의 기도에 색채와 열기를 부여해 준다.

세 가지 시험

마음의 기도를 검증하는 데로 끊임없이 되돌아오는 것이 중요하다. 마음의 기도는 재빠르게 손상되기 때문이다. 마음의 기도를 검증하는 세 가지 시험은 다음과 같다. 첫째 우리가 하느님 앞에 있고, 영원으로부터 현존하시는 분 앞에 있는지, 둘째 우리 기도의 중심에 우리 자신이 아니라 하느님께서 계시는지, 우리의 문제들이 아니라 그분께서 계시는지, 셋째 그분과 함께하는 우리의 머무름이 참으로 사랑인지, 이 세 가지 조건이 검증될 때 마음의 기도는 견고하고 안정성이 있다. 여기서 우리는 정신적으로 피곤하거나 마음이 아주 산만할 때 마음의 기도가 쉽지 않다는 것을 깨닫게 된다. 고요함 속에 깨어 있는 게 필요하다. 기도를 방해하는 요소들을 이기는 것은 침착한 노력이다.

마음의 기도는 하느님과 친밀해지는 느낌에서 오는 '가장' 큰 기쁨을 가져다준다. 성덕의 큰 배움터이다.

기도의 실습

- 시편 51로 기도하며 성령께로 향하라. 내적 침묵의 은총을 간구하라. 침묵을 할 줄 모른다면 마음의 기도는 네게 불가능하다. 그러나 성령께서 너와 함께 계시고 또 깊이 기도하기를 네가 바라는 것보다 훨씬 더 많이 원하신다.
- 그다음 그리스도께 주의력을 집중하라. 마음의 기도에 관해 성경적 바탕이 되는 성경 한 페이지를 손에 들고 묵상하고 듣고 그리스도께 질문하라. 다음과 같이 청하면서 기도를 끝맺도록 하라.
  "주님, 제가 마음의 기도에 습관을 들이려면 첫걸음으로 해야 할 일이 무엇입니까?"
- 아버지께 드리는 공간을 너는 열심히 살아야 한다. 많은 말들을 지껄이지 말고 그분의 현존에 머물고 사랑하라. 푸코 신부의 기도를 이용해 보도록 하라.
  "이 몸을 좋으실 대로 하십시오."
- 별지 '기도를 더 잘하려면'을 다시 읽어라.

하루를 위한 기도

용기 있게 다음의 말을 되풀이해 보라.

"아버지, 제 뜻이 아니라 아버지의 뜻이 이루어지게 하십시오."

시편 40은 마음의 기도를 시도해 보는 어떤 불쌍한 죄인의 간청 기도이다. 네게 아주 유용하게 쓰일 수도 있다.

시편 40,2-6.9.13.18

주님께 바라고 바랐더니 나에게 몸을 굽히시고
내 외치는 소리를 들으시어 나를 멸망의 구덩이에서,
오물 진창에서 들어 올리셨네.
반석 위에 내 발을 세우시고 내 발걸음을 든든하게 하셨네.
내 입에 새로운 노래를,
우리 하느님께 드리는 찬양을 담아 주셨네….
행복하여라, 주님께 신뢰를 두며 오만한 자들과
거짓된 변절자들에게 돌아서지 않는 사람!
주 저의 하느님 당신께서는 저희를 위하여
기적과 계획들을 많이도 행하셨으니…
제가 알리고 말하려 해도
헤아리기에는 그것들이 너무나 많습니다.
저의 하느님, 저는 당신의 뜻을 즐겨 이룹니다.

제 가슴속에는 당신의 가르침이 새겨져 있습니다.
셀 수조차 없는 불행들이 저를 둘러쌌습니다.
제 죄악들이 저를 사로잡아 더 이상 볼 수도 없습니다.
제 머리카락보다도 많아 ….
나는 가련하고 불쌍하지만 주님께서 나를 생각해 주시네.
저의 도움, 저의 구원은 당신이시니
저의 하느님, 지체하지 마소서.

세리가, 그리고 잃었던 아들이
용서를 얻는 데는 단 한마디로 충분했다.
너의 기도 안에 어떠한 미사여구도 쓰지 않도록 하라.
한 어린아이의 단순하고 단조롭게 더듬거리는 말은
그 아버지를 감동시키는 데 충분하다. 장황하게 늘어놓지 마라.
말을 찾느라고 정신을 분산시키지 마라."

성 요한 클리마코

5

사랑을 전달하기

"아버지의 나라가 오게 하시며…"(마태 6,10)

셋째 단계 – 사랑을 전달하기

최후의 만찬 때 예수님께서 드린 긴 대사제의 기도는, 그분의 사랑을 전 인류 위에 비추는 장엄한 마음의 기도이다. 예수님의 표양에 따라 우리 마음의 기도는 어느 시점에 가서는 사랑의 시야를 트이게 해야 할 필요가 있다. 사랑을 전해야 할 필요, 모든 사람들 위에 사랑을 쏟아부어야 할 필요가 있다.

"하느님께서는 모든 것 안에서 모든 것이 되실 것입니다." 하고 바오로는 코린토 신자들에게 말했다(1코린 15,28).

"아버지의 나라가 오게 하시며…"라고 기도하도록 예수님께서 가르치셨다.

이것 때문에, 마음의 기도 여정에서 우리의 사랑 안에 모든 사람들을 감싸 들이는 것에 빨리 도달하는 것이 긴요하다.

도움을 청하는 기도

참으로 모든 것을 끌어안는 기도가 하나 있다.

"예수님, 당신의 마음을 제게 주소서!"

우리가 이렇게 기도할 때 예수님께서 우리에게 주시려는 그 모든 것을 정말로 간청하는 것이다. 이것보다 더 구할 수는 없다. '마음의 기도'의 침묵 속에서 우리가 그리스도의 마음을 청할 때 베드로와 함께 "주님, 주님께서는 모든 것을 아십니다. 제가 주님을 사랑하는 줄을 주님께서 알고 계십니다!" 하고 말씀드리는 것처럼 그리스도께 가장 큰 사랑의 선물을 드리는 것이다. 과감하게 그렇게 청해야 한다!

"큰 것들을 청하기 두려워하는 이는 큰 것들을 얻지 못한다." (성 굴리엘모)

"그리스도만이 모든 것이며 모든 것 안에 계십니다."(콜로 3,11)

모든 사람들을 위해 그리스도의 마음을 청해야 할 필요성을 느껴야 한다. 우리가 사랑하는 사람들을 위해 이를 청하고, 우리에게 맡겨진 사람들을 위해 이를 청하고, 우리가 사랑하지 않는 사람들, 또는 우리를 사랑하지 않는 사람들을 위해 이를 청하는 것이다. 마음의 기도가 우리의 적대자들을 위한 것이 될 때 그것은 얼마나 숭고한 기도인가!

세계적인 커다란 문제들에 대해 책임을 지고 있는 이들, 교회 안에서, 세상 안에서, 그리고 정치에 관해, 경제에 대해, 평화에 대해 책임을 지는 이들 위에, 모든 이들을 위해 사랑의 빛을 보내는 법을 배워야 한다. 그러나 우리의 기도가 사랑이도록 깨어 살피자. 다른 이들을 위해 사랑을 간구하는 기도가, 무엇보다 먼저 우리를 위해 회개 곧 사랑을 청함으로써, 우리 위에 반향되도록 하자. 주님, 무엇보다 먼저 저를 바꾸어 주소서! 그리스도의 마음을 누구에게보다도 죄인인 저에게 주소서!

하나의 묘안

우리에게 지혜롭다고 여겨지는 대책을 조언하고 싶다. 그리스도의 마음을 청할 때 우리의 간청이 불명료하도록 놓아두지 않아야 한다. 현명한 명확함으로 청하도록 하자.

"주님, 당신의 마음을 주소서! 당신의 마음을 오늘을 위해 청합니다. 내일은 내일의 기도로 청하겠습니다."

이렇게 기도하는 것이 더 현명하다고 생각한다. 예수님께서 일용할 양식을 청하라고 가르치지 않으셨는가? 오늘을 위해 그리스도의 마음을 필요로 한다고 고정시켜 놓으면 하루 온종일 사건들, 사랑들, 의무들에서 우리를 예민하게 깨어 있도록 해 준다.

오늘의 모든 사건들을 그리스도의 마음으로, 그리스도께 충실하게 살 수 있도록 기도한다는 것은, 하루 가운데 위기의 순간들, 무거움이 지배하려 할 때, 하기 싫어하는 게으른 의지가 돌파구를 열고 나올 때, 열성이 식을 때를 위해 그리스도의 뜻을 향한 생생한 주의력을 가져다 줄 것이다. 그리고 이 모든 것은 우리가 하는 기도의 순수성을 검증하면서 단 몇 마디 말로(모든 것을 말하기 위해 예수님의 이름을 부르는 것으로 충분하다) 이루어져야 한다. 여기에서도 세 가지 시험이 도움이 된다.

– 완전히 깨어 있고 현존해 있는 것

– 하느님께서 모든 생각들의 중심에 계실 것

– 모든 것이 사랑이게 할 것

스승들은 이렇게 말한다

이런 식으로 기도하는 것이 힘든가? 테오판 은수자는 이렇게 말했다. "노력 없이 아무것도 얻을 수 없다. 하느님의 도우심은 언제나 준비되어 있고 늘 가까이 있지만, 노력하는 사람과 해야 할 일을 찾는 사람에게만 주어진다."

그리고 성 굴리엘모는 이렇게 말했다. "사랑하는 이는 지치지 않는다!"

이제 왜 시몬느 베이유가 "주의력은 기도의 핵심이다. 주의력의 질은 기도의 질과 긴밀히 연결되어 있다."고 했는지를 알아들을 수 있다.

펜닝턴 신부는 이렇게 지적했다. "참된 기도는 우리의 말들로 구성되지 않고, 그분 앞에 현존해 있으려는 우리의 노력으로 구성되어 있다." 아무것도 기대하지 마라. 그분 앞에 머물기만 하고, 그분께서 원하시는 바가 일어나도록 두어라.

하느님께서 우리 머리를 다른 방식으로 만드실 수도 있었다. 곧 우리가 집중하려 할 때 환상들을 꺼 버릴 수 있는 차단기 하나, 기억을 꺼 버릴 수 있는 차단기 하나, 감수성을 조절할 수 있는 차단기 하나를 우리 안에 두실 수도 있었다. 그러나 하느님께서는 묵상과 집중을 방해하는 그 모든 장애들을 우리 안에 두시기로 하셨다. 우리가 그분께 나아갈 때 우리의 사랑을 그분께 보여 드리기 위해서 그 장애들은 우리에게 매우 필요하기 때문이다.

마음의 기도는 그 단순성 때문에 어렵다. 우리는 약간의 재능을 발휘하도록 요구하는 복잡한 것들, 약간 특별한 것들을 좋아한다. 그럼으로써 어떤 모양으로든지 우리의 자아가 드러나고, 만족할 수 있기 때문이다.

우리는 일을 복잡하게 만들기를 좋아한다. 그리하여 우리가 유능하다고 스스로 칭찬하는 것이다. 그러나 하느님께 나아가고, 그분께서 모든 것을 하시도록 두는 것에, 그 모든 것이 있는 마음의 기도에서는 우리 자신을 칭찬하고 스스로를 드높일 수 있는 부분은 아주 적다.

마음의 기도는 깊은 기도이기에 성령의 열매로 이끌어 준다. 마음의 기도를 배운 사람은 그 기도를 다른 이들에게 전달해야 한다. 그것은 당연한 의무이다. 레바논의 시인 칼릴 지브란은 마음의 기도에 대한 경탄할 만한 직관을 가지고 다음과 같이 말했다. "네가 사랑하고 있을 때 '하느님을 내 마음에 소유하고 있다.'고 말하지 마라. 오히려 '나는 하느님의 마음 안에 들어가 있다.'고 말하라." 마음의 기도는 '하느님의 마음 안에 들어가는 것!' 여기에 그 모두가 있다.

심각한 부조리 – 삼위일체에 대한 죄

저명한 신학자 브루노 포르테는 이를 '그리스도교의 가장 깊은 모순'이라고 부른다. 교회가 삼위일체의 기도를 실행하고 가르친 지 2천 년이 되었으나 그리스도인들은 아직 그 기도를 배우지 못했다. 브루노 포르테는 '삼위일체는 유배당했다.', '삼위일체는 사실 천상의 추상적 이론으로 보이고 있다.'고 말한다.

칸트는 삼위일체의 신비가 "지상의 인간의 삶과 눈물, 땀과는 아무런 상관이 없는 천상의 추상적 이론"이 되어 버렸다고 이미 주지시킨 바 있다. 이는 우리 탓이다! 삼위일체의 신비는 무엇보다도 우리 마음의 기도의 핵심이 되어야 한다.

하나의 제안

1시간의 성체 조배를 실행하고 있는 이를 위해, 삼위일체의 신비 속에 들어가기 위한 구체적인 방법 하나를 제안한다. 첫 15분은 사랑을 간청하기 위해, 사랑을 배우기 위해, 그분과 더불어 회개의 지점을 찾기 위해 성령께 드리도록 하라. 사랑하기를 배우는 연습이다. 둘째 15분은 모두 예수께 할애하고, 그분의 사랑에 주의력을 집중하면서, 사랑받도록 자신을 맡겨 두어라. 그리고 사랑을 찾아내면서 '하느님의 말씀'을 읽는 것이다. 셋째 15분은 모두 아버지께 드리도록 하라. 그분의 뜻에 우리를 내맡기면서 그리고 전달하기 위해서. "나의 아버지, 나의 전부시여!", "그리스도의 마음을 제게 주소서. 이것을 오늘을 위해, 오늘의 가장 중요한 순간을 위해 그리스도의 마음을 청합니다. 그리고 그리스도의 마음을 모두에게 주소서!" 마지막 15분 동안을 하느님의 현존을 누리며 그분 발치에 앉아 있음을 기뻐하고 감사드리는 데에 바치도록 하라. 기도가 슬기로워지면 우리 안에 있는 모든 것들, 그리고 우리 주변의 모든 것들은 바뀐다.

초월 명상법

초월 명상법Transcendental Meditation은 마음의 기도와 어떤 연관이 있는가? 마음의 기도와 아주 유사하지 않는가? 초월 명상법과 마음의 기도 사이에는 커다란 차이점이 있다. 초월 명상법은 마음 안에 평화를 형성하는 것을 목적으로 하는 자기 정신 조절의 수련이며, 마음의 기도는 신앙의 행위, 하느님의 뜻을 항구히 찾도록 이끌어 주는 기도이다. 그러나 이 둘 사이에는 몇 가지 연결점이 있다.

초월 명상법이 서구 세계에 커다란 영적 결실들을 가져왔다는 것은 의심할 여지가 없다. 그리고 이 사실은 마음의 기도를 어디에든지 누구에게나 전파시켜야 할 긴급성을 깨닫게 해준다. 마음의 기도를 잘 알고 마음의 기도를 가르치기 위해 미국에 주목할 만한 영성 센터들을 설립한 트라피스트회의 펜닝턴 신부(마음의 기도를 '핵심으로 가는 기도'Centering Prayer라고 부른다)는 이렇게 말한다.

"나는 그리스도인이 초월 명상법을 아무런 주저함없이 사용할 수 있다고 생각한다. 그리고 그것을 신앙의 영역 안에서 사용할 줄 안다면(기법을 전혀 바꾸지 않고도) 그 명상법은 그리스도인에게 참된 관상 기도법이 될 수 있다."

서구에서 가장 유명한 초월 명상법 전파자인 구루 마헤스 요기는 "많은 이들이 이것을 행한다면 인류를 번영으로 이끌어갈 평화와 협력의 시대에 들어설 수 있을 것이다."라고 단언한다.

초월 명상법은 수십 년 전 인도에서 미국에 전파되었다. 명상법 자체는 아주 단순하게 '인간으로 하여금 절대자에게 도달하기 위해서 하루에 두 번 자신 깊숙이 들어가도록 하는 것'에 있다. 마헤스 요기는 이 명상법이 어느 특정한 종교에 속하는 어떤 것이 아니라고 주장한다. 그러나 많은 사람들이 이 주장에 동의하지 않는다. 아주 단순하고 자연적인 기법일까? 미국에서는 이 명상법을 거의 모든 대학에서 받아들였다. 그리고 이 명상법은 많은 텔레비전 전파를 통해 널리 퍼졌으며 수많은 명상 센터를 생겨나게 했다. 오늘날에는 모든 계층, 대학교와 고등학교, 공립 학교와 가톨릭계 학교에서도 가르치고 있다. 또 미국에서는 교도소 수감자들의 교화를 위해, 그리고 사회 문제를 일으키는 소외된 인종 집단의 회복을 위해 초월 명상법의 특수 학교들이 생겨났다. 육군 사관 학교에서도, 그리고 몇몇 트라피스트회에서도 가르치고 있다.

초월 명상법과 마음의 기도의 차이점은 다음 표로 간추려 볼 수 있다.

초월 명상법	마음의 기도
많은 기법, 약간의 기도	약간의 기법, 많은 기도
정신 수련	깊은 신앙의 행위
주체 : 우리 자신	주체 : '우리 기도에 생명력을 부어 주시는 입김'이신 성령
내적 올곧음과 평화에 대한 절실한 필요성에 순명	예수 그리스도께 순명 : "유혹에 빠지지 않도록 깨어 기도하여라. 마음은 간절하나 몸이 따르지 못한다."

이처럼 그 차이점은 현저하다. 그러나 마음의 기도의 항구한 실천이 산출해 낼 수 있는 무한한 유익함을 이해하기 위해, 마음의 기도와 초월 명상법을 비교해 보는 것이 도움이 된다. 마음의 기도를 이해하고 어느 정도 항구하게 실천하는 데에 도달한 사람은 다음과 같은 열매들을 머지않아 보게 될 것이다.

생각에 대한 자기 지배

평화

인내와 충실에의 단련

진리에 대한 목마름

우리의 위선들을 벗겨야 할 필요성

하느님의 뜻을 항구히 찾고 그분께 완전히 내맡김

하느님의 말씀을 듣는 단련

기도에 대한 새로운 애정과 경솔하고 분심에 빠진

기도에 대한 거부감

우리 안에 계시는 성령의 활동에 대한 예민함

마음의 기도에 도달한 사람, 그리고 그 중요성을 깨달은 사람은 마음의 기도를 가르쳐야 하고 될 수 있는 대로 더욱 많은 이들이 마음의 기도를 알도록 해야 한다. 하느님의 은혜를 전달하는 것은 양심의 의무이다!

기준점들

몇 가지 결론적인 견해들이 있다.

1) 마음의 기도는 무엇보다도 먼저 하느님과 만나기 위해 우리 자신 깊숙한 곳에 들어가는 것이다. 무엇보다도 먼저 우리 안에 계시는 하느님의 현존에 대해 깨달아야 한다. 기도에서 집중이란 우리 존재의 깊음 안에서 하느님과의 만남 외에 다른 어떤 것도 아니다.

"누구든지 나를 사랑하면…. 내 아버지께서 그를 사랑하시고, 우리가 그에게 가서 그와 함께 살 것이다."(요한 14,23)

"여러분이 하느님의 성전이고 하느님의 영께서 여러분 안에 계시다는 사실을 여러분은 모릅니까?"(1코린 3,16)

떠들썩함을 좋아하는 사람, 경솔한 사람이나 침묵을 두려워하는 사람은 자신의 깊숙한 곳에 다다르지 못한다.

2) 마음의 기도는 언제나 부드러운 폭력을 요구한다. 감각 세계에서 우리의 깊은 내면의 세계로 옮아가는 것이기 때문이다. 그것은 다른 현실 안으로 들어가는 것이며, 거슬러 올라가는 것이고 경솔함에 대응하는 것이다. 우리는 아주 감각적인 구조를 가지고 있다. 집중하기가 어렵고 침묵한다거나 의식의 깊은 곳에 들어가는 것이 힘들다.

3) 마음의 기도는 회개이다. 산만함에서 집중으로 옮아가는

것이기 때문이다. 그리고 집중 안에서 언제나 우리의 미약함을 대면하게 된다. 마음의 기도는 늘 솔직함과 겸손으로 시작된다. 마음의 기도는 우리가 해방되고자 하는 우리의 가면과의 마찰이며 우리가 치유되기를 바라는 우리의 상처들과의 만남이다. 이 마찰은 마음의 기도를 잘 시작하기 위해 필요한 것이다.

4) 마음의 기도에 꼭 갖추어야 할 필수적인 것은 다음과 같다.

침착 – 들떠 있는 정신은 자신의 내면 깊숙이 들어갈 수 없다.

침묵 – 소란함 속에서는 집중이 될 수 없다.

질서와 정화 – 하느님과 만나면서 그분을 기쁘게 해드리고 싶은 욕구는 근본적이다.

겸손 – 우리 안에서 진실을 밝히는 것, 그렇게 하여 진리의 성령과의 만남 안에 들어가는 것이다. 우리가 진실할 때 진리의 성령께 다가간 것이다.

5) 마음의 기도가 진지하다는 보증을 받기 위해서는 미래가 아니라 현재에 열려 있어야 한다. 피상적인 것이 아니라 당면한 것들에 열려 있어야 한다. 중요한 것은 오늘이다. 그리고 오늘 안에서도 지금 당면한 것이 더 중요하다. 사랑은 즉시 출발한다. 그렇지 않으면 그것이 사랑인지 의심해 보아야 할 것이다. 마음의 기도는 사랑에 있어 구체적이며 즉시 실행하는 것이다.

6) 구체적인 사랑은 감상적인 것들로 되어 있지 않고 구체적인 결정들로 이루어져 있다. 우리의 결점들을 가장 심각한 약함

에서 시작하여 엄격히 다루지 않는다면, 그리고 그 결점들을 마음의 기도라는 치료법 아래서 다루지 않는다면 우리의 사랑을 의심해야 한다. 마음의 기도는 투쟁하겠다는 결정이다. 농도가 옅은 방충제는 농경에 아무런 도움이 되지 않을 뿐더러 오히려 식물을 갉아먹는 해충의 내성을 길러 줄 뿐이다. 치료 요법으로 단호히 출발하지 않는다면 우리의 결점들은 시간이 흐름에 따라 줄어드는 것이 아니라 더욱 굳어질 것이다. 기도는 덤불에 뒤덮여 있는 샘과도 같다. 돌멩이, 잔가지들을 치우고 나면 샘물이 치솟는다. 우리는 심오함을 위해 만들어졌으나 모든 것이 우리를 분산시킨다. 그중 가장 큰 것은 죄이다. 기도와 회개, 이 둘의 관계는 아주 긴밀하고 떼려야 뗄 수 없는 것이다.

7) 마음의 기도는 쉽게 쇠잔해진다. 이 사실을 받아들여야 한다. 이는 우리의 약함과 연결되어 있는 존재론적인 문제이다. 가장 큰 성사들도 습관에 지배받는다. 예수님의 인격조차도 그분 곁에 계속 머무는 사도들에게는 그 탁월함이 희미해진다. 어떻게 그것에서 구제될 수 있는가? 강렬하고 새로운 내면생활을 지니기 위한 치료를 받음으로써 구제될 수 있다. 경솔함을 치유시키는 묵상, 집중, 사막 피정, 이것들 외에 다른 구제책은 없다.

8) 마음의 기도는 열매들을 맺어야 한다. 불꽃이 피어오르게 해야 한다. 모터에 점화가 되지 않는다면 점화쇠가 제 기능을 발휘하지 못했다는 표지인 것처럼 점화가 되지 않는 마음의 기도는

마음의 기도가 아니었거나 다만 말들과 좋은 생각들로만 이루어진 기도였다는 표지이다. 열매들이 보여야 하고, 즉시 보여야 한다. 사랑이 불붙었다면 어떤 것이 작동되어야 하기 때문이다.

9) 마음의 기도는 미리 만들어진 도식 안에 형식화되지 않아야 한다. 비록 초기에는 집중을 위한 모든 유익한 방법들을 사용하는 것이 도움이 된다 하더라도, 마음의 기도는 일정한 규칙이나 고정된 도식 안에 있지 않다. 사랑에는 도식이 없고, 사랑은 사랑(일 뿐)이며 모든 체계를 뛰어넘는다. 그렇지만 참사랑에는 진실됨의 표지들이 있다. 성령께서 우리를 인도하시도록 내어 맡기자. 핵심을 겨냥하도록 하자. 사랑하는 것! 그리고 나머지 모든 것은 지나쳐 버리자. 기도의 핵심이 살아 있다면, 또 그 핵심이 보장되어 있다면 도식에 얽매어 있지 않도록 하자.

10) 마음의 기도는 하고자 하는 의지와 결단력을 요구한다. 약간의 게으름만으로도 위태롭게 되기에 충분하다. 질이 좋은 포도주를 상하게 하기 위해서는 뚜껑을 열어 놓는 것만으로 충분하다고들 말한다. 마음의 기도에서 모든 게으름은 그 대가를 치른다.

11) 우리는 방법들과 도식들이 가지고 있는 한계점을 알고 있지만, 마음의 기도가 어렵기 때문에 조직을 돕는 버팀목들을 필요로 한다. 의지는 방어벽, 궤도, 방법들을 필요로 한다.

12) 우리의 두뇌가 두 가지를 동시에 생각할 수 없다는 것은 정신 분석학상으로 이미 검증되었다. 마음의 기도를 할 때에 이

치를 따지기 시작한다면 하느님의 현존으로부터 벗어나게 된다. 생각들과 말들은 나를 하느님께 집중하지 못하게 하는 요소가 될 수 있다.

13) 마음의 기도가 맺는 첫 열매는 우리가 전혀 기도할 줄 모른다는 것을 깨닫는 것이며, 기도할 때에 우리는 늘 만족을 찾아다닌다는 것을 깨닫는 것이다.

기도의 실습

- 성령께서 너의 온 사랑을 모든 이들을 향해 넓히도록 너를 초대하신다. 얼마나 많은 사람들이 기도할 줄 모르며, 얼마나 많은 사람들이 하느님께 대한 감각 없이 사는가! 그들을 대신하여 하느님을 의식하고, 그들을 위해 하느님의 사랑을 간청하라. 네가 사랑하는 사람들을 한 사람씩 기억하면서 그들을 위해 가장 큰 은혜, 그들이 온 힘으로 하느님을 사랑할 줄 알도록 해달라는 은혜를 청하라.
- 그리스도께로 향하고, 그리스도께서 가르쳐 주신 기도 '아버지의 나라가 오게 하소서!"를 기도하라. 그리고 그리스도께 질문해 보라. "제 가정 안에, 학교나 일터에, 신앙을 전하도록 제가 아직도 더 해야 할 것이 무엇입니까?"

- 네 자신이 아버지의 사랑 안에 잠기면서 오랫동안 침묵 속에 마음의 기도를 해야 할 것이다. 네가 그분의 현존에 머물고 사랑하는 것으로 충분하다. "큰 것들을 청할 용기가 없는 자는 큰 것들을 얻지 못한다." 이렇게 기도하라. "아버지, 나의 전부시여! 제가 사랑하는 모든 피조물들 안에 당신이 전부이길 청합니다." 모든 사람들에게 하느님의 사랑을 전하기 위해 지혜롭고 굳센 결심을 하나 하라.
- 별지 '기도를 더 잘하려면'으로 되돌아가라.

하루를 위한 기도

자주 되풀이하라.

"너희는 맛보고 눈여겨보아라, 주님께서 얼마나 좋으신지!"

시편 34는 지혜 문학적 시편이다. '너는 사랑할 줄 아느냐?'라는 질문과 '하느님께로부터 사랑하는 것을 배우라!'라는 대답으로 함축되는 메시지를 내포하고 있다.

시편 34,2-6.9.11.19-20

나 언제나 주님을 찬미하리라.

내 입에 늘 그분에 대한 찬양이 있으리라.

내 영혼이 주님을 자랑하리니
가난한 이들은 듣고서 기뻐하여라.
너희는 나와 함께 주님을 칭송하여라.
우리 다 함께 그분 이름을 높이 기리자.
주님을 찾았더니 내게 응답하시고
온갖 두려움에서 나를 구하셨네.
주님을 바라보아라.
기쁨에 넘치고 너희 얼굴에 부끄러움이 없으리라.
너희는 맛보고 눈여겨보아라, 주님께서 얼마나 좋으신지!
행복하여라, 그분께 피신하는 사람!
주님을 찾는 이들에게는 좋은 것 하나도 모자라지 않으리라.
주님께서는 마음이 부서진 이들에게 가까이 계시고
넋이 짓밟힌 이들을 구원해 주신다.
의인의 불행이 많을지라도
주님께서는 그 모든 것에서 그를 구하시리라.

기도란 '나'에게 사랑스럽게 몰두되어 있는 영혼의 주의 집중이다. 주의력이 사랑으로 가득 찰수록 기도는 더 나은 기도가 된다.

푸코 신부, 「루카 복음 해설」

6

스승들

"아버지! 제가 원하는 것을 하지 마시고 아버지께서 원하시는 것을 하십시오."(마르 14,36)

이제 마음의 기도에 뛰어났던 위대한 스승들의 말을 들어 보자.

동방의 교부들

"기도는 다른 어떤 것보다도 집중함에서 생겨난다. 그러므로 어떻게 집중할까 걱정하는 것이 유익하다."(필로칼리아 II,24)

"집중은 등불의 심지만큼이나 기도에 필수적인 것이다."(필로칼리아 II,102)

"정신은 기도하는 동안 마음을 지킬 것이며, 기도에서 절대 멀어지지 않고 기도 안에서 거닐 것이며 마음 깊은 곳에서 하느님께로 기도를 들어 올릴 것이다."(새 신학자 시메온, 훈화 68)

"마음의 기도 실천은 두 가지 모양으로 이루어질 수 있다. 어떤 때엔 정신이 먼저 하느님의 현존에 대한 계속적인 기억으로 하느님께 합일되면서 활동하고, 다른 때엔 반대로 기도 그 자체의 움직임이 환희의 불꽃으로 마음의 내면에서 정신을 끌어당기며, 주 예수를 간구하여 부르도록 강요하고 그분 앞에 영속적인 흠숭 안에 머물도록 강요한다."(시나이 사람 그레고리오)

"바람이 돛을 부풀게 할 때에 노를 사용하는 것은 쓸데없는 일이다. …내적 기도가 네 안에서 활동함을 보게 되고, 네 마음 안에서 자연스럽게 솟아오르기를 멈추지 않음을 보게 되면 그 기도를 소홀히 하지 말고 기도 책을 펴 들지 말라."(시나이 사람 그레고리오)

"밤이나 낮에 주께서 네게 순수하고 집중된 기도를 경험하게 해 주시면 네 기도의 규칙들을 한편으로 밀쳐 두고 온 힘으로 주 하느님께 합일되도록 노력하라. 그러면 주께서 성령의 활동 안에서 네 마음을 비추어 주실 것이다."(필레몬 사부)

"기도하는 것을 배우기 위해 가장 먼저 해야 할 것은 기도에 관해 정말 모르고 있다는 것을 깨닫는 것이다."(이사악 사부)

"머리에서 마음으로 내려와야 한다."(은수자 테오판)

"생명은 마음 안에 있다. 우리는 바로 거기에서 살려고 노력해야 한다."(은수자 테오판)

"참된 기도를 얻으려고 한다면 기도에서 굳세게 지속적으로 인내하라. 그러면 하느님께서 너의 하고자 하는 마음을 보시고 참된 기도의 선물을 네게 주실 것이다."(성 마카리오)

"가장 중요한 것은 하느님 앞에서 정신을 마음 안에 두고 머무는 것이다."(은수자 테오판)

"너의 지성으로 너는 하느님에 관해 많은 것을 알게 될 것이다. 그러나 네 마음으로 너는 하느님께 도달하게 될 것이다."(은수자 테오판)

아빌라의 성녀 데레사(1515–1582년)

"기도란 사랑의 행위 외에 다른 아무것도 아니다."(자서전 VII,12)

"시간과 고독의 자리를 마련할 때가 아니면 기도할 수 없다고 생각하는 것은 적합하지 않다."(자서전 VII,12)

"기도란 나에게 우정의 내밀한 관계, 오직 우리를 사랑하시는 분임을 우리가 이미 알고 있는 그분께 자주 머무는 것밖에 다른 아무것도 아니다."(자서전 VIII,5)

"마음의 기도는 주님께서 영혼 안에 불붙이시는 하느님의 참 사랑의 불꽃과 같다."(자서전 XV)

마음의 기도('고요의 기도')를 하는 동안에 "영혼은 소란스럽지 않아야 하며 부드러운 자세를 취해야 한다. 나는 지력으로 많은 말들을 찾아 헤매며 기도하는 것을 소란스러움이라 부른다."(자서전 XV)

"…사유들은 분별없이 작은 불꽃 위에 놓여 불꽃을 질식시키는 굵은 나무 조각들과 같다."(자서전 XV,6)

"기도의 목적은 지적 사색에 있다기보다는 사랑에, 그리고 의지의 실천에 더 있다."(「영혼의 성」 III,4)

"기도의 본질적 요소는 많이 생각하는 데에 있지 않고 많이 사랑하는 데에 있다."(「영혼의 성」 I,7)

"하느님께서 우리 안에서 마치 당신의 집인 양 활동하실 수 있도록 해 드리면서 그분의 활동이 한결 쉬워지도록 더욱 깊은 고독 속에 자신을 보존하는 것은 아주 유익하다. 내 의견으로는 우리가 할 수 있는 최상의 것은 불꽃을 끄지 않고 활력을 불어넣는 가벼운 입김의 형태로 때때로 몇 마디 말을 덧붙이는 것이다."(「완덕의 길」 XXXI,8)

"주님께서 계속적으로 고요의 기도(마음의 기도)를 불어넣어 주시는 사람들이 있다. 나도 그들 가운데 한 사람이었다. 그러나 그들은 무디어 듣지 않는다. 그들은 소리 기도에 그렇게도 집착하고 또 많이 외우고 있으며, 날마다 가능한 한 빨리 청산해 버려야 할 규정된 양을 하도록 강요받고 있다고 믿어야 할 정도로 급속히 드리고 있다. …여러분들은 이렇게 하는 것을 경계하여 피하라. 뿐만 아니라 하느님께서 여러분을 고요의 기도에 부르시는지 깨어 살펴라. …커다란 보물을 잃어버릴 수 있기 때문이다."(「완덕의 길」 XXXI,13)

"이 진리를 이해하는 것, 그리고 천상의 아버지와 이야기하기 위해, 그리고 그분의 현존을 누리기 위해 하늘에 올라야 하거나 음성을 드높일 필요가 없다는 것을 깨닫는 것이, 분심에 쉽게 빠지는 영혼에게는 별로 중요하지 않다고 생각하는가? 낮은 음성으로 이야기한다 하더라도 그분은 가까이 계시고 항상 들어 주신다. 찾는다는 것은, 그분을 찾기 위해서는 날개가 필요하지 않다. 그분은 고독 속에 자신을 은거시키는 것으로, 또 자신 안에서 그분을 관상하는 것으로 충분하기 때문이다."(「완덕의 길」 XXVIII,2)

"여러분들 가운데 이런 방법으로, 영혼을 만드시고 온 세상을 만드신 분께서 거처하시는 영혼의 작은 하늘에 자신을 은둔시킬 줄 아는 이들, 그리고 그들의 감각을 어지럽히는 것들에서 시선을 떼고 피하는 데에 습관을 들이는 이들은 좋은 길에 들어서 있는 것이다."(「완덕의 길」 XXVIII,6)

"집중에는 여러 단계가 있다. 초기에는, 아직도 집중이 불완전하므로 그 효과들이 별로 눈에 띄게 드러나지 않는다. 그렇지만 영혼은 집중에 습관을 들이기 위해 노력할 것이며, 집중하기 위해 해야 할 수고들을 아끼지 말며, 자기 요구들을 주장할 육신을 이겨 내야 할 것이다."(「완덕의 길」 XXVIII,7)

십자가의 성 요한(1542-1591년)

"하느님은 사랑 안에서 더욱 진보한 영혼에게 당신을 더 많이 내어 주신다."(「가르멜의 산길」 II,5,4)

기도 안에서 "내 · 외적 모든 감각들은 휴식의 상태로, 잔잔히 가라앉아 있는 것이 필요하다. 동요할수록 기도에 방해를 가져다줄 것이기 때문이다."(「영혼의 노래」 B,16,11)

마음의 기도 때에 "영혼은 하느님과 함께 사랑스러운 수련에 머무는 것밖에 다른 것은 하지 않는다."(「영혼의 노래」 B,16,11)

마음의 기도는 '사랑하면서 사랑의 친교' 안에 있는 것이다.(「영혼의 노래」 B,16,11)

"사랑을 일깨우는 이는 성령이시다."(「영혼의 노래」 B,17,4)

소리 기도에서 마음의 기도로 옮아가는 순간을 알기 위한 표지는 "영혼이 내적 평화 속에…. 생각까지도 고요함 속에 사랑스러운 주의 깊음으로 하느님 안에 머무는 것에 만족을 찾을 때이다."(「영혼의 노래」 II,13,4)

"아무런 결론에 도달하지 못했다는 인상을 받더라도 지력으로 휴식하면서 하느님 안에 사랑스럽게 주의를 기울이며 머무는 것…. 상상으로 또는 묵상하고 추론하려는 노력을 함으로써,

영혼을 영혼의 기쁨과 평화로부터 떼어 놓지 않는 것을 배워야 한다."(「영혼의 노래」 II,16,5)

기도하는 동안 아무런 성과도 끌어 내지 못한다는 느낌이 들 때에 "영혼 안에 평화를 건설하는 것은 이미 대단한 것임을 기억할 일이다."(「영혼의 노래」 II,16,5)

마음의 기도는 "하느님께 선물을 드리는 것과 같다. 영혼은 성령께서 하느님을 마땅한 만큼 사랑하시도록 성령을 마치 자기 소유인양 하느님께 봉헌하는 것이다."(「불꽃」 B,3,79)

"…영혼은 하느님께서 영혼에게 전달해 주신 모든 것(성령)을, 하느님의 사랑에 보답하기 위해 다시 하느님께 드린다. 사랑에 보답한다는 것은 받은 그만큼을 다시 드리는 것을 말한다."(「불꽃」 B,3,79)

"하느님께서는 영혼이 드리는 그 선물을 기뻐하신다. 그보다 못한 것에 대해서는 만족하지 않으실 것이다. 하느님께서는 영혼이 하느님 당신의 것을 당신께 바치는 그것을, 마치 영혼이 제 것을 당신께 바치는 것인 양 즐거이 받으신다."(「불꽃」 B,3,79)

"그 선물 안에서 하느님은 영혼을 다시 사랑하시고, 또 이렇게 하느님이 영혼에게 다시 자신을 내어 주심 안에서 영혼도 하느님을 다시 사랑하게 된다."(「불꽃」 B,3,79)

"영혼아, 무엇을 더 바라느냐? 네 안에 있는 너의 부유함들, 너의 만족, 너의 풍요로움, 너의 왕국 곧 사랑하는 그분을 소유하고 있는 이때, 왜 너는 네 밖에서 아직도 헤매고 있느냐? 그래도 너는 내게 말할 것이다. 내 영혼을 사랑하는 그분께서 내 안에 계신다면 왜 내가 그분을 찾지 못하고 느끼지 못하는가? 누구든지 숨겨진 어떤 것을 찾기를 바라는 사람은 그것이 숨어 있는 곳에까지 들어가야 한다. 그분을 찾으려면 네가 모든 것을 잊어버리고, 모든 피조물들에게서 떨어져 나옴으로써 네 마음 내면의 은닉처에 피신하는 것이 필요할 것이다. …그리하여 그분 안에 숨어 머물면서 그분을 사랑하리라. 그러나 사랑 안에서 너는 멈추어 있지 말라. …하느님께서는 숨어 계시고 접근할 수 없는 분이시기에 네가 그분을 찾았고, 느끼고, 이해하는 것 같다 하더라도 너는 언제나 그분은 숨어 계시고 어두움 속에서 찾아야 하는 분으로 생각해야 한다."(「영혼의 노래」 B,6)

"찬연히 빛나는 태양이신 그분께 접근해 감으로써 너의 눈은 반드시 어두움 때문에 충격을 받게 된다."(「영혼의 노래」 B,6)

예수 아기의 성녀 데레사(1873-1897년)

"나의 소명은 사랑이다! 교회에서의 나의 자리를 사랑, 거기에서 찾았다."(「영혼의 이야기」 XI)

"순수한 사랑의 가장 작은 행위가 모든 업적을 한데 모은 것보다도 더 유익하다."(「영혼의 이야기」 XI)

"나의 주님 안에 나를 내어 맡김, 그것만이 나를 인도하는 것,

나는 다른 나침반을 알지 못한다. 내 안에 하느님의 뜻이 완전히 이루어지는 것밖에는 아무것도 열렬히 구할 줄 모른다."(「영혼의 이야기」 VIII)

"넘어질 수도 있고 불충분한 행위를 저지를 수도 있다. 그러나 사랑은 모든 것에서 유익함을 얻어 낼 수 있고 주님을 불쾌하게 하는 것들을 신속하게 없애 버린다."(「영혼의 이야기」 VIII)

"모든 활동들, 더욱 빛나는 활동까지도 사랑 없이는 아무것도 아님을 나는 깨달았다."(「영혼의 이야기」 VIII)

푸코 신부(1858–1916년)

"기도하는 것은 무엇보다 '나'를 사랑하면서 '나'를 생각하는 것이다."(「루카 복음 해설」 XII,48)

"'나'를 사랑할수록 더 잘 기도하게 된다."(「루카 복음 해설」 XII,48)

"기도란 '나'에게 사랑스럽게 몰두되어 있는 영혼의 주의 집중이다. 주의력이 사랑으로 가득 찰수록 기도는 더 나은 기도가 된다."(「루카 복음 해설」 XII,48)

"기도 안에서 우위를 차지해야 하는 것은 언제나 사랑이다."(「루카 복음 해설」 XII,48)

"기도가 사랑으로 차 있을수록 그만큼 더 가치가 있다."(「루카 복음 해설」 XI,13)

"홀로 예수님의 동반자로서 계속 그분과 함께, 그분의 발치에 부드럽게 머물면서 그분밖에는 다른 어떤 것에도 몰두하지 말자. 사도들이 했듯이 이제 아무 말도 하지 말고 그분을 바라보면서, 그분께 질문하면서, 그분을 누리면서…."(「마태오 복음 해설」 VI,30)

"한 존재를 사랑할 때는 지치지 않고 그를 바라본다. 그를 위해서가 아니면 눈이 없고, 그를 위해서가 아니면 생각이 없다. …이것이 사랑이다."(「거룩한 복음들에 대한 묵상」)

"오, 나의 하느님, 당신은 나에게 기도하는 것을, 잘 연구된 화술이 아니라, 어법도 없이, 수식어도 없이, 마음의 단순한 외침으로 기도하는 것을 가르쳐 주십니다…."(「마르코 복음 해설」 XIV,39)

"기도하는 데 두 가지 방법이 있다. 자신의 마음이 외치도록 두는 것, 곧 마음이 바라는 그것을 어린이의 단순함으로 하느님께 청하는 것…, 그리고 다만 '당신의 뜻이 이루어지소서.'라고 말하는 것이다. 성령께서 영감을 주시는 대로 기도의 이 방법 또는 저 방법을 사용하자."(「마르코 복음 해설」 XIV,39)

"나는 네게 많이 생각하기를 청하지 않고 많이 사랑하기를 청한다. 나를 흠숭하고, 나를 사랑하라. 나를 바라보고 네가 '나'를 사랑한다고, 너를 '나'에게 바친다고 끊임없이 나에게 되풀이하여 말하라."(영적 메모)

"사랑을 담아 나를 관상하기보다 너는 나를 위해 부산을 떠는

구나. 필요한 것은 단 한 가지 나를 관상하는 것이며 내가 더욱 좋아하는 것은 그것이다. …내 발치에 머무는 데에, 나를 바라보는 데에 행복이 있다는 것을 이해한다면 보잘것없는 것들을 생각하느라 많은 시간을 보내지 않을 것이다."(『영적 기록』, 529쪽)

"사랑하자, 사랑하자. 우리가 전념해야 할 것은 사랑에 있고 '사랑하는 이'를 관상하는 데에 있다."(『영적 기록』, 779쪽)

"그분을 바라보고, 우리 사랑을 그분께 이야기하고, 그분의 발치에 있는 것을 누리며, 그분의 발치에서 살며 또 죽고 싶다고 그분께 말씀드리는 것이다."(『영적 기록』, 315쪽)

"사랑은 사랑한다고 느끼는 데 있지 않고 사랑하기를 바라는 데에 있다. 다른 어떤 것보다 더 사랑하기를 바랄 때 다른 어떤 것보다 더 사랑하는 것이다."(『영적 기록』, 315쪽)

"사랑의 근본 요소, 흠숭의 근본은 사랑하는 그 대상 안에 몰입되는 것. 자신을 잃어버리는 것에 있고 그 나머지 모든 것은 아무것도 아닌 것으로 여기는 데에 있다."(『영적 기록』, 41쪽)

"당신께 기도하기 위해서는 당신을 관상하면서 당신의 발치에 머무는 것으로 충분합니다."(『영적 기록』, 164쪽)

"(그분을) 사랑할 때에 자신이 그렇게도 작고, 그렇게도 가난하고 미미한 존재임을 보게 된다."(『영적 기록』, 164쪽)

삼위일체의 엘리사벳(1880-1901년)

"사랑은 사랑이 아닌 다른 것으로 갚을 수 없다. 그분은 영혼의 더욱 내밀한 핵심에 거주하시어 마치 성지에서처럼 쉼 없이 사랑받기를, 그리하여 흠숭에까지 이르는 사랑을 받기를 바라신다."(편지 213)

"기도란 사랑하는 '그분'께 완전한 단순성으로 다가가는 것이며, 어머니의 품에 안겨 있는 어린이처럼 그분 곁에 머무는 것이고, 마음을 내어 맡기는 것이다."(편지 179)

"그분께서 항상 내 곁에 계시는 그 순간부터 기도 곧 '마음과 마음의 만남'은 끝이 있을 수 없다! 내 영혼 안에서 그분을 그토록 생생히 느끼기에, 내 안에서 그분을 만나기 위해 정신을 가다듬어 집중하는 것밖에 해야 할 일은 없다. 그리고 여기에 나의 모든 행복이 있다."(편지 141)

"나의 위로는 당신의 현존을 누리려고 정신을 모으는 것입니다. 그렇게 할 때 당신을 내 안에서 느낄 수 있기 때문입니다. 오, 나의 지고의 사랑이여!"(일기, 1900년 1월 23일)

기도의 실습

• 성령께서 조금씩 네가 마음의 기도의 아름다움을 맛 들이

도록 해 주실 것이다. 마음의 기도를 할수록 너는 네 삶의 기초에 반석을 놓았다는 생각을 하게 될 것이다. 이렇게 기도하라.

"성령이시여, 많은 이들을 마음의 기도로 이끌어 갈 수 있도록 저를 도와주소서."

"성령이시여, 제가 기도를 가르치면서 기도하기를 배울 수 있게 하소서."

- 너를 그리스도께 향하게 하고, 네가 감동을 많이 느낀 복음의 한 페이지를 펴 들고 누구에게 제일 먼저 기도를 전파해야 하는지를 그리스도께 여쭈어 보라. 그것은 누군가에게 네가 할 수 있는 최상의 선물이다. 네가 그에게 기도를 가르쳐 준다면 그것은 그를 하느님과 직접 접촉하도록 이끌어 주는 것이 된다. 아마 이것이 모든 복음 선포에 있어서 첫째가는 일일 것이다.
- 무한한 사랑이신 아버지의 현존에 너를 집중시키며 마음의 기도를 하라. 오늘 네 곁에, 너와 함께 누군가를 동반하여 기도하라. 곧 네가 가장 사랑하는 한 사람과 마음으로 일치하여 아버지를 사랑하라.

"아버지 당신을 행위로 사랑하게 하소서! 온 힘으로 사랑하게 하소서."

- '기도를 더 잘하려면'으로 성찰해 보라.

하루를 위한 기도

항구하게 이렇게 되풀이하라.

"아버지, 다만 당신 안에 저의 기쁨이 있습니다."

시편 37은 역시 지혜 문학의 시편 가운데 하나로, 마음의 기도에 관한 많은 일깨움을 간직하고 있다.

시편 37,4-5.7.23-24.34.39

주님 안에서 즐거워하여라.
그분께서 네 마음이 청하는 바를 주시리라.
네 길을 주님께 맡기고 그분을 신뢰하여라.
그분께서 몸소 해 주시리라.
주님 앞에 고요히 머물며 그분을 고대하여라.
주님께서는 사람의 발걸음을 굳건히 하시며
그의 길을 마음에 들어 하시리라.
그는 비틀거려도 쓰러지지 않으리니
주님께서 그의 손을 잡아 주시기 때문이다.
너는 주님께 바라고 그분의 길을 따라라.
의인들의 구원은 주님에게서 오고
그분께서는 곤경의 때에 그들의 피신처가 되어 주신다.

기도는 사랑의 행위 외에 다른 아무것도 아니다.

아빌라의 성녀 데레사, 「자서전」

7

미사, 사랑의 배움터

"신자들은… 자기 자신을 봉헌하는 법을 배우고…."

(전례 헌장 48항)

그리스도께 자신을 봉헌하는 법을 배워라

미사에도 관객이 있고 출연자가 있다. 관객은 관람료를 지불한 자들로 극에는 가담하지 않는다. 교회는 신자들이 미사의 관객들이 아니라 출연자들이길 바란다. 제2차 바티칸 공의회 문헌에서는 이렇게 말하고 있다.

"그러므로 교회는 그리스도 신자들이 이 신앙의 신비에 마치 국외자나 말 없는 구경꾼처럼 끼여 있지 않고, 예식과 기도를 통하여 이 신비를 잘 이해하고 거룩한 행위에 의식적으로 경건하게 능동적으로 참여하도록 깊은 관심과 배려를 기울인다. 신자들은 하느님 말씀으로 교육을 받고, 주님 몸의 식탁에서 기운을 차리고, 하느님께 감사하고, 사제의 손을 통해서만이 아니라 사제와 하나 되어 흠 없는 제물을 봉헌하면서 자기 자신을 봉헌하는 법을 배우고, 중개자이신 그리스도로 말미암아 날이 갈수록 하느님과 일치하고 또 서로서로 일치하여 하느님께서 모든 것 안에서 모든 것이 되시도록 하여야 한다."(전례 헌장 48항)

교회는 미사 참례 때에 우리가 묵묵히 있기만 하는 관객들인 것을 원하지 않는다. 그것은 성체성사가 다만 쳐다보아야 하는 구경거리가 아니라, 참여해야 할 연극이라는 이 기본적인 이유 때문이다. 미사 때에 우리는 사제로부터 마지막 한 사람의 신자에 이르기까지 모두 출연자들로, 그리스도와 함께 주역을 담당하는 사람들이다.

신자는 그의 역할이 있으나, 가장 중요한 역할은 아니다. 가장 중요한 역할은 그리스도께서 하신다. 사제는 그분께 자신의 동작과 언어를 빌려 드린다. 그분께서 만찬 때 하셨듯이 허리를 굽혀 빵을 들고, 그분께 몸짓을 빌려 드리며, 그분께서 하신 모든 것, 모든 말씀을 되풀이하기 위해 음성을 빌려 드리는 것이다.

공의회는 교회가 신자들이 이 모든 것을 자각하지 못할까 봐, 제대 위에서 일어나는 사건에 대해 사제와 더불어 공동책임을 지지 않을까 봐 걱정한다고 말하고 있다. 왜 걱정하는가? 미사가 다만 구경거리이고 신자가 출연자가 아니라 관객일 뿐이라면 미사의 존재 이유가 거의 없다고 할 수 있기 때문이다.

그리스도께서는 구경거리로 미사를 우리에게 주시지 않으셨고, 우리의 삶이 그분을 향해 움직이게 하기 위해 미사를 주셨다. 그러므로 사제를 제대 저편에서 따로 행동하는 인물로 간주하지 말아야 한다. 사제가 그 나름대로 봉헌하는 것도 아니고, 우리의 대리자로서만 봉헌하는 것도 아니며 우리와 함께 봉헌하기 위해 제대에 있다. 또한 사제가 우리를 대신하도록 우리는 제대 이편에 있는 것이 아니고, 그와 함께 우리를 봉헌하기 위해 있다. 우리는 미사성제에 중요한 몫을 차지하고 있다.

교회는 미사 때에 그리스도인이 **자신을 봉헌하는 법**을 배우기를 바란다. 하지만 우리를 위해 그리스도께서 당신 자신을 봉헌하시는 것만으로 충분하지 않은가? 성부와 그리스도 앞에서 사제가 어떤 모양으로든 우리를 대표하는 것으로 충분하지 않은가? 이에 대해 공의회는 아니라고 응답한다. 그리스도인인 너 자신도 봉헌해야 한다. 그리스도인이 '자신을 봉헌하는 법을 배워야 한다.'는 이 말에 얼마만한 가치를 부여해야 할까?

– 무엇보다도 그리스도인은 성찬 예식에 몸으로 현존해 있는 것만으로는 충분치 않음을 깨닫는 것이 필요하다. 교회는 몸의 현존에 관심을 두지 않는다. 그것만으로는 너무 부족하다!

– 동기가 뚜렷하고 확신에 찬 현존이 요구된다. 나는 미사에

종교적인 감상적 경향에 의해, 전통 때문에, 호기심으로, 편안함 때문에, 불충분한 동기에 이끌려 갈 수는 없다. 그리스도인은 '**하느님께 자신을 봉헌**'하려고 미사에 가 있음을 깨달아야 한다. **하느님께 자신을 봉헌하는 것!** 이것은 예사로운 일이 아니다. 그러니까 나는 미사에서 무엇을 **가져오기보다는 드리려고** 있다. 미사란 내 마음에 드는 것을 내가 골라서 가지는 자급식 self-service의 자리가 아니다. 나는 드리기 위해 거기에 있는 것이다.

하느님께 자신을 봉헌하는 것은 미사의 '역동적인 측면'을 강조한다. 그러므로 **하느님께 자신을 봉헌하는 것**이란 **그분을 듣는 것**을 의미한다. 나에 대한 하느님의 메시지를 파악해야 한다. 적어도 나는 '주님, 제게서 무엇을 바라십니까?'라고 질문하고 그 답을 파악해야 하는 것이다. 그분께서 말씀하시도록 시간을 드리고, 내가 알아듣도록 자신에게 시간을 주어야 한다. 내가 이것을 하지 않는다면 그 미사란 나에게 무슨 의미가 있는가? 그분께서 나에게 바라시는 것이 무엇인지조차 몰랐다면 나는 무엇을 봉헌했는가?

하느님께 자신을 봉헌하는 것이란 그분께서 바라시는 내가 되는 것, 또는 적어도 그렇게 되기를 **원하는 것**, 또는 적어도 그분께서 원하시는 '내'가 되기를 **바라는 것**을 의미할 것이다. **하느님께 자신을 봉헌하는 것**은 '하느님과 일치하고 또 서로서로 일치하여'라고 말하는 공의회 문헌의 구절이 설명해 주고 있다.

교회가 무엇보다도 먼저 하느님과의 '일치 안에 성장하는 것'이라고 말한 것은 근사하다. 나는 늘 그분과의 접촉이 끊긴 채 있기 때문에 그분 곁에 사는 것을 배워야 하고, 기도에 있어서, 또 그분과 함께 있는 것에 있어서 성숙해야 한다. 그분은 24시간 동안 줄곧 내 곁에 계시는데, 나는 하루 동안 얼마만큼을 그분 곁에서 지내는가?

형제들과의 일치 안에 성장해야 한다. 나의 이기주의는 나를 항상 단절된 상태에 놓이게 하기 때문이다. 나는 그것을 가정에서 경험하며, 집 · 밖 · 학교 · 일터 · 경기장 · 주점이나 영화관에서도 체험한다. 나는 늘 어느 누군가와 단절되어 있다. 미사는 내가 다른 사람과 더불어 사는 것을 배우도록 듣고, 자신을 열고, 이해하고 서로 나누기 위해 내게 주어졌다. 미사는 내가 다른 사람에게 관심을 가지도록, 가난한 사람에게 관심을 쏟도록 나에게 주어졌으며, 모든 사람의 문제에 대해 눈을 뜨게 하기 위해 내게 주어졌고, 내가 선함으로 자라도록 내게 주어졌다.

왜 공의회는 내가 나 자신을 봉헌하기를 **배워야 한다**고 하는가? 그것은 하느님께 자신을 봉헌하는 것이 극도로 어렵고 힘들기 때문이다. 그것은 인간의 이기주의를 패배시키는 문제이다. 산을 무너뜨리기 위해서 다이너마이트 하나로는 충분하지 않고 대량의 다이너마이트가 필요하다!

그러므로 인내롭고 단계적인 작업이 요구된다. 바로 이것 때문에 나는 매주 미사를 필요로 한다. 아니, 나는 매일 미사를 필요로 한다고 해야 할 것이다. 나는 내 이기심과의 투쟁에서 매일 원점에 가 있기 때문이다. 이는 끝이 나지 않는 작업이다.

우리는 건축장의 벽돌공이라 할 수 있다. 벽돌을 한 장씩 쌓아 올리는 데에 항구하다면 집이 세워질 것이지만, 미장 도구와 벽돌을 던져 버리고 팔짱을 낀 채 버팀목 위에 앉아 있다면 작업은 멈추어 버린다. 우리는 번개처럼 재빠르게 미리 제조된 부품으로 조립식 주택을 짓는 것이 아니라, 한없는 인내로 벽돌을 한 장 한 장 쌓아 올려 집을 짓는 것이다.

우리는 마치 거대한 암벽에 도전한 등산가들과 같다. 한 동작 그리고 그다음 동작, 한 뼘 남짓 오르고 또 오르고, 등산가는 마치 거미처럼 줄 하나에 매달려 까마득히 오른다. 이는 위험한 일이며 무엇보다도 인내력과 강인함이 필요한 작업이다. 우리는 헬리콥터로 비행하는 자들이 아니라, 한 뼘씩 한 뼘씩 인간의 이기주의의 산을 오르며 정복하는 등산가들이다.

우리는 새 인간을 연마해 낸다. 바로 이것 때문에 미사가 그렇게도 필요한 것이다. 모든 미사마다 벽돌 한 장씩을 놓으면 벽은 쌓여 올라가고, 모든 미사마다 한 걸음씩 나아가면 등정은 전진한다. 인간의 이기주의를 패배시키는 일은 에베레스트 산을 정복하는 것보다 더 힘든 작업이다.

언제 정상에 도달할 수 있을까? 하고 자문조차 하지 말아야 한다. 우리가 도달하려고 겨냥하는 목표는 너무나 높고 도달하기 힘들어서 우리를 실망시킬 수도 있기 때문이다. 공의회는 "하느님이 모든 것 중의 모든 것이 되시도록 해야 한다."는 이 몇 마디 말로 그 목표를 규정하고 있다.

우리는 정말 히말라야 산 앞에 있다! 그러나 그리스도께서 우리와 함께 오르신다! 그분께서 등산 대열의 선두에 서시고 우리를 붙들어 주시며, 그분께서 우리의 힘을 북돋아 주시고 우리를 인도하신다. 바로 이런 이유에서 미사는 그분 안에 내가 용해됨으로써, 곧 영성체를 하는 것으로 끝맺어야 하는 것이다.

구체적으로 살펴보자

미사에 참으로 참여할 수 있도록 교회가 우리에게 조언해 주는 삶의 이 원칙을 완전히 파악할 수 있다면 우리 안의 모든 것은 변화될 것이다. 또 우리는 성체성사로부터 분출되어 나올 수 있는 거대한 힘을 참으로 알아듣기 시작할 것이다.

'생애 동안 나는 얼마나 많이 미사에 참여했는가? 천 번? 만 번? 그러나 내 안에 무엇을 이루어 놓았는가?'라고 자문해 본 적이 있는가? 깊이 생각해 본다면 기절할 정도일 것이다. 이해하는가? 누군가가 그의 생애에 단 한번이라도 그리스도와 대면하게 되어 그분과 이야기하고 그분과 함께 음식을 먹었다면 그가 전과 똑같이 살 수 있다고 생각하는가? 기적을 끌어낼 만큼의 신앙으로 예수님의 옷을 만졌던 그 여인을 생각할 때면 미사 때마다 그리스도와 그토록 가까이 접하면서도 내 안에서 기적의 그림자조차 확인할 수 없는 나는, 나 자신에게 '나는 그리스도를 만나는가, 그렇지 못한가?'라고 물어야 한다. 나의 이런 그릇된 태도를 보면 그 뿌리에 어떤 기능 장애가 있는지를 의심해 보아야 하지 않을까?

한 가지 사실은 분명하다. 내가 만일 미사는 다만 물 한잔 마시는 것에 불과하다고 여긴다면 기적들이 절대 일어나지 않을 것은 당연하다. 나와 그리스도와의 만남은 아직 이루어지지 않은 저 먼 곳의 일이기 때문이다. 바로 이 때문에, 교회가 나로 하여금 미사를 생명력 있는 현실로 받아들이도록 깨우쳐 주는 조언들에 대해서 생생한 주의력을 쏟는 것은 극도의 중요성을 띠게 된다. 그리스도께 "자신을 봉헌하길 배우라."는 조언은 각별한 중요성을 가진다. 이 봉헌이 실천적인 것이 될수록 우리는 그 가치로움을 파악하게 된다.

미사 때에 나는 나를 **봉헌해야 한다!** 교회는 내가 나 자신을 봉헌하길 배워야 한다고 말한다. 그것은 간단하지 않기 때문이다. 나는 잘 봉헌하는 데에, 철저히 봉헌하는 데에, 절대적으로 참되게 봉헌하는 수준에 결코 도달할 수 없을 것이다. 나는 하느님께 한 손으로 드렸다가 가능한 한 빨리 다른 손으로는 되돌려 받는 천부적인 가증스런 버릇을 가지고 있기 때문에, 나는 내가 봉헌할 것을 항상 검증해 볼 필요가 있다. 하느님께 자신을 봉헌하는 것은 어려운 예술이다. 그러나 목적에 이르고, 신앙과 일관성이 내게 있기를 원한다면 그 길로 걸어가야 한다.

먼저 나의 몸을 봉헌할 것이다. 이것이 보잘것없다고 생각하는가? 또는 가능하다고 생각하는가?

네, 그리스도 당신께 제 몸을 드립니다. 즉 제 몸이 당신의 도구로 행동하기를 원한다는 것을 온 힘을 다해 당신께 외치고 싶습니다. 당신을 위해 행하고 움직이며 일하고 싶습니다.

노동자는 이렇게 말할 것이다. "당신께서 제가 일하는 일터에 들어오시도록 제 몸을 당신께 드리고 싶습니다. 저의 일터에는 얼마나 당신을 필요로 하는지요! 거의 모든 이가 당신을 모르거나 무시합니다. 또 당신이 제 동료 한 사람 한 사람을, 착한 이든 이기주의자이든 누구든 사랑하신다는 것을 그 누구도 모르고 있습니다. 그리스도, 당신이 나를 통해 아직 교회가 존재하고 있지 않는 제 일터에 들어오실 수 있도록 저를 당신께 내어 드립니다."

학생은 이렇게 말할 것이다. "그리스도여, 저의 삶으로, 젊은 이들에서 교수들에 이르기까지 당신을 필요로 하는 사람들로 가득 차 있는 대학가로 당신을 모셔 가겠습니다. 제가 있는 대학가에는 교만함이 대단합니다. 복음이 얼마나 많이 필요한지요." 그리스도께 우리의 몸을 봉헌한다는 것은 대단한 것이다!

그리스도 당신께 나의 눈을 드립니다. 오늘 당신을 통해서 사물들을 바라보고, 당신의 빛 안에서 사건들을 보고, 그것을 나의 관점에서가 아니라 당신의 관점에서 보고 이해하길 원합니다. 당신께 나의 눈을 봉헌합니다. 눈을 떠서 나를, 나의 현실을, 나의 미약함을, 나의 이기주의를 잘 살펴보기를 원하기 때문입니다. 다른 사람들, 형제들의 필요를 보기를 원합니다. 나의 어머니, 아버지, 동생들이 무엇을 원하는지를 보기 바랍니다. 눈을 뜨기를 바랍니다. 가난한 사람들, 그들을 위해 제가 해야 할 일, 가까이 그리고 멀리 있는 가난한 사람들에 대해 눈을 감지 말고 뜨기를 원합니다. 저의 집에 있는 '가난한 사람'에 대해 눈을 감지 않고 뜨기를 원합니다. 네, 저의 집 울타리 안에 제가 오래전부터 관심을 기울이지 않고 있는 가난한 사람이 있을 수 있습니다. 그는 할머니나 할아버지일 수도 있고, 제게 무거움을 안겨 주는 한 형제일 수도 있으며, 입을 열 때마다 저의 신경을 거슬리는 어떤 형제일 수도 있습니다. 저는 그의 이기심들, 그의 요구들을 견뎌 내기가 힘들고, 오래 전부터 화목을 이루는 말 한마디 건넨 적이 없습니다. 그런 사람이 바로 제 집에 있는 가난한 이웃입니다. 제 집에 무엇 하나 부족한 것이 없다

하더라도 그는 저의 가난한 사람입니다. 모두 다 자기 집에 '그때그때' 가난한 사람이 있습니다.

주님, 당신께 저의 몸을 바칩니다. 저의 감각들 모두를 봉헌합니다. 당신과 통하게 하기 위해, 형제들과 통하게 하기 위해, 당신께서 저에게 감각들을 주셨습니다. 지금까지 저는 그것들을 저를 위해서만 이용해 왔습니다. 이제 그렇게 하기를 그만두고 싶습니다. 주님, 당신께 이 모든 것을 봉헌함으로써 그것들을 정화되게 하고 싶습니다.

주님, 당신께 저의 혀를 봉헌합니다! 저의 혀가 당신 것이 되고, 그리스도인적인 것이 되고, 성화를 얼마나 필요로 하는지요. 너무나 쉽게 죄로 물들기 때문입니다. 저는 혀를 악에 사용합니다. 거짓을 말하고, 형제들을 짓밟습니다. 건설하기보다는 파괴하는 불의의 도구입니다. 저의 혀로 얼마나 많은 악을 저질렀는지요. 사람들에게 해도 끼쳤고 친구들을 배반하기도 했습니다. 불결한 말로 혀를 더럽혔고 악에 잘못 이용했습니다. 주님, 이제 당신께 혀를 드립니다. 파괴의 도구가 아니라 선의 도구가 되게 해주십시오. 당신의 것이기를 바랍니다. 불화가 아니라 화목을 심고, 용기를 주며, 힘을 주고, 기쁨을 전하는 것을 배우고 싶습니다. 제가 갈 수 있는 어느 곳에나, 끊임없이 선한 말들을 가져가고 싶습니다. 그리고 기도하는 데에, 또 당신과 이야기 나누는 데에 혀를 사용하고 싶습니다! 주님, 오늘 제 입에서 당신께서 싫어하시는 것은 아무것도 나오지 않도록 제 혀를 당신께 봉헌합니다.

혀! 노동 사제로 일하는 한 형제가 며칠 전 내게 이런 얘기를 했다. "작업장에 견습공으로 활발하고 영리하면서 착해 보이는 16세 소년이 들어왔다. 그가 들어온 지 이제 8일이 지났다. 지금 내 마음을 아프게 하는 것은, 이 소년이 작업장의 철제 조각과 열쇠를 아직 구별하지 못하면서도, 이 환경에서 떠도는 외설적인 모든 용어들은 다 배웠고, 우리 노동자들 사이에 떠도는 모든 욕설은 다 기억할 줄 알아서, 노동자들 가운데서 가장 저속한 이들의 뒤를 쫓아다니며 경쟁하듯이 그들을 흉내 내는 작은 원숭이 노릇을 하는 것이다." 이 불쌍한 견습공에게도 물론 잘못이 있다. 16세라면 다른 사람들의 어리석은 짓을 흉내 내지 않을 수 있는 인격을 이미 갖출 수 있기 때문이다. 하지만 더 큰 잘못은 기계공들, 혀를 저속한 본능에 넘겨주는 것이 옳지 못하다는 사실을 전혀 알아듣지 못한 그 사람들에게 있다. 미사 때에 혀를 선을 위해 하느님께 봉헌하는 것은 얼마나 좋은 일인가! 혀를 어떠한 악을 위한 도구로도 사용하지 않겠다는 결단과 함께 말이다.

몸 다음으로 하느님께 봉헌할 것은 **지성**, 사유의 세계이다! 이는 하느님께 드릴 얼마나 커다란 선물인가! 주님, 제 생각이 당신의 것이기를, 당신께서 일하시고 심으시고 거두실 수 있는,

당신만이 사용하실 수 있는 정원이기를 바랍니다. 가시덤불과 걸려 넘어지게 하는 돌들로 뒤덮여 있지 않는 경작지이기를, 늪지대가 아닌 비옥한 토지이기를! 주님, 제 지성을 잘 가꾸고자 하는 열의를 주십시오. 교만으로 인해 지성이 오염되지 않게 해 주시고, 닫혀 있지 않고 들음에 열려 있게 하시며, 진리를 – 그 진리가 어디에서 오든 – 받아들일 줄 알게 하시어, 저를 반대하는 이에게서, 저의 견해에 맞서 이의를 제기하는 사람에게서 배울 줄 알게 해 주십시오.

내가 그리스도를 믿는 근로자라면, 성령께서 내가 배우기를 바라시는 그 모든 것을 마르크스 사상을 따르는 형제에게서도 배울 줄 알도록 청할 것이다. 교회 없이 나는 한갓 보잘것없는 벌레에 불과하기에 교회 안에 튼튼히 뿌리를 내린 채 그 모든 것을 배울 것이다.

교만으로부터 저의 지성을 보호해 주십시오. 당신께 지성을 봉헌합니다! 당신의 비료들을 제 지성의 땅에 뿌려 주십시오. 제 곁에 사는 많은 사람들의 표양들은 저에게 많은 것을 말해 줄 수 있습니다. 제가 그들의 메시지를 파악할 줄만 안다면 말입니다. 당신의 것인 이 정원에, 제 사고력에 당신 말씀의 비료를, 사려 깊음의 비료를 주십시오. 생각할 줄 알게 해 주십시오, 주님! 다른 사람의 사고방식으로가 아니라 제 스스로의 머리로 생각하게 해 주십시오! 선입견들을 거슬러서 투쟁하게 해 주십시오! 주님, 당신과 함께 생각하기에 모든 것을 거슬러, 모두를 거슬러서도 생각할 줄 알게 해 주십시오.

그다음으로는 의지를 봉헌하라! 이는 가장 힘든 선물이므로 가장 좋은 선물이다.

주님, 당신이 원하시는 그것만을 원하고 싶습니다! 모든 안락과 태평함을 누리는 삶으로부터, 모든 그릇된 사용으로부터 저를 보호해 주십시오. 저를 자유로운 사람, 자신에게조차 자유로운 사람이 되게 해 주십시오. 주님, 오늘 당신께서 제게 원하시는 모든 것에 대해 질문하고, 한 걸음 한 걸음씩 당신 뒤를 따르기를 바랍니다. 당신께 여쭙고, 당신께 귀 기울이고, 제 안에서, 다른 사람들 안에서, 가난한 사람들 안에서, 교회 안에서 당신을 느끼기를 원합니다. 당신을 느끼고 응답하기를 원합니다!

마리아여, 하느님께 '예'를, 인간의 역사에 있어서 안에서 가장 중요한 '예'를 드릴 줄 알았던 여인이여, 당신의 전구로 오늘 모든 것 안에서 하느님의 뜻을 행할 능력을 제게 주십시오!

사랑을 봉헌하라! 그렇다. 사랑은 하느님께서 여러분의 마음속에 넣어 주신 가장 아름다운 꽃이다. 약혼자들, 젊은 부부들이여, 여러분의 사랑이 어떠한 천박한 행위로 오염되지 않도록 미사 때에 여러분의 사랑을 하느님께 봉헌하라. 여러분의 우정을 봉헌하라. 하느님께서 성령을 여러분에게 주시면서 여러분 마음속에 넣어 주신 사랑의 능력을 봉헌하라.

삶을 하느님께 봉헌하라. 다음의 기도는 모두가 미사 때에 드려야 할 기도이다. "주님, 저의 삶은 더 이상 제게 속하지 않고, 당신의 것입니다." 사제든 결혼한 사람이든 이 기도를 모두가 다 드려야 한다. 나는 내 마음에 드는 대로 살 수 없으며 하느님의 마음에 들도록 살아야 한다.

주님, 당신께서 제 의지를 정화시키시고 새롭고 강인하게 만들기 위해 제게 보내시려는 투쟁들, 반박들, 실패들을 받아들이겠습니다.

이 모든 것이 바로 자신을 봉헌하기를 배우는 것이다! 이제 하나의 도전을 받아들이고 싶은가? 미사에 갈 때 교회의 이 지혜로운 조언에 순명해 보라. **단 한 번이라 할지라도** 진정으로 시도해 보라! 하루 또는 며칠 동안 미사 중에 그리스도께 진지하게 자신을 봉헌해 보라. 그날 또는 그 주간을 텅 비고 무미건조하며, 생명력 없이 생활하기는 불가능할 것이다.

기도의 실습

- 성령께서 너를 미사에 준비시키시도록 열성적으로 맡겨 드려라. 미사만큼 위대한 것은 없다. 너무나도 많은 사람들의 양심이 태평하게 잠을 자고 있다. 성체에 대한 냉담함

이 널리 퍼져 있고 성체에 대한 무감각도 널리 퍼져 있다. 기도의 단련은 조금씩 너를 진지하게 성체성사에 준비시켜 주거나 성체성사의 신비로 너의 참여를 보완시켜 주어야 한다. 미사에서의 참회 예식, 말씀 전례, 봉헌, 성령 청원(축성), 영성체 이 다섯 부분을 상기해 보면서 성령께 간구하도록 하라. 미사에 참으로 마음을 쏟을 수 있도록 성령께 간청하라.

- 너를 그리스도께로 향하고 그분께 귀 기울이라. 미사의 다섯 부분을 다시 상기하고 너의 미사 참여에서 부족한 면이 무엇인지 여쭈어 보도록 하라.
- 오늘 세상에서 드려지고 있을 모든 미사와 일치하여 아버지 안에 너를 잠기게 하면서 마음의 기도를 하라. 미사 때의 성대한 기도를 사용하여 기도해 보라.
  "그리스도를 통하여 그리스도와 함께 그리스도 안에서 성령으로 하나 되어 전능하신 천주 성부 모든 영예와 영광을 영원히 받으소서."

하루를 위한 기도

너를 성체성사에 준비시켜 주는 다음의 아름다운 기도를 되풀이해 보라.

“제 영혼이 하느님을, 제 생명의 하느님을 목말라합니다.”

성체성사를 준비하기 위해 알맞은 시편이 있다.

시편 42,2-3.6.9; 43,3-5

암사슴이 시냇물을 그리워하듯
하느님, 제 영혼이 당신을 이토록 그리워합니다.
제 영혼이 하느님을, 제 생명의 하느님을 목말라합니다.
그 하느님의 얼굴을 언제나 가서 뵈올 수 있겠습니까?
하느님께 바라라.
나 그분을 다시 찬송하게 되리라, 나의 구원….
낮 동안 주님께서 당신 자애를 베푸시면
나는 밤에 그분께 노래를,
내 생명의 하느님께 기도를 올리네.
당신의 빛과 당신의 진실을 보내소서.
그들이 저를 인도하게 하소서.
그들이 저를 당신의 거룩한 산으로,
당신의 거처로 데려가게 하소서.
그러면 저는 하느님의 제단으로,
제 기쁨과 즐거움이신 하느님께 나아가오리다.
하느님, 저의 하느님 비파 타며 당신을 찬송하오리다.

내 영혼아, 어찌하여 녹아내리며
어찌하여 내 안에서 신음하느냐?
하느님께 바라라. 나 그분을 다시 찬송하게 되리라,
나의 구원, 나의 하느님을.

성체성사는 사람들에 대한 주님의 무한한 사랑의
감탄할 만한 증거! 그리스도에 의해 이루어진
모든 경이로운 일들 가운데 가장 위대한 것이다.

성 토마스 아퀴나스

기도를 더 잘하려면

다음의 조언을 따르라.

- 정해진 시간을 너의 기도에 바치도록 하라. 처음에는 적어도 30분을 바치는 것이 유익하다.
- 기도의 장소를 잘 선택하라. 그 장소는 조용하고 집중되는 곳일 필요가 있다. 할 수 있다면 네 앞에 십자가나 성화를 두도록 하라. 만약 가능하다면 성체 앞에서 기도하도록 하라.
- 어깨를 바르게 펴고, 양팔은 편히 늘어뜨린 채 무릎을 꿇도록 하라. 몸도 기도하게 하는 법을 배운다면 너의 기도는 더욱 조심성 있는 기도가 될 것이다.
- 십자 성호를 잘 그음으로써 시작하라. 이마를 짚으면서 너의 생각을 아버지께 봉헌하고, 가슴을 짚으면서 너의 마음을, 너의 사랑하는 능력을 그리스도께 봉헌하며, 양어깨를 짚으면서 너의 행위를, 너의 의지를 성령께 봉헌하라.
- 기도를 정확히 세 부분으로 나누어라. 기도를 잘 계획할수록 기도를 쉽게 할 수 있다.
- 네 기도의 첫 부분을 성령께 바쳐라. 성령께서는 바로 기도의

스승이시다. 네 안에 계시는 성령의 현존에 집중하라. 성 바오로는 말한다. "여러분이 하느님의 성전이고 하느님의 영께서 여러분 안에 계시다는 사실을 여러분은 모릅니까?"(1코린 3,16) 성령과 대화하도록 하라. 이 순간 네가 가지고 있는 힘든 문제를 성령께 표현해 보도록 하라. 믿음으로 성령을 청하라. "창조자이신 성령이여, 오소서!"

- 둘째 부분을 예수님께 바쳐라. 듣는 기도를 하라. 네게 묵상하도록 주어진 '하느님의 말씀'을 펴 들고, 예수님께서 네게 개인적으로 말씀하시는 것처럼 읽어 보라. 네 양심의 소리를 듣는 것도 체험해 보라. 자문해 보라. "주님, 제게 무엇을 원하십니까?" "주님, 제 안에서 못마땅하게 여기시는 것이 무엇입니까?"
- 셋째 부분은 아버지께 바쳐라. 사랑하라! 그분 앞에 침묵 중에 머무르라! 너는 그분 속에 잠겨 있다. "우리는 그분 안에서 살고 움직이며 존재합니다."(사도 17,28) 사랑하라! 필요하다면 "나의 아버지, 나의 전부시여!"라고 하면서. 너의 침묵을 돕도록 하라. 실제적인 어떤 결심을 하라. 너의 구체적인 사랑의 행위로 바쳐 드려라.
- 즉시 실행할 수 있는 어떤 결심 없이 기도를 끝맺지 말라. 행위로 사랑하는 데 습관을 들여라. 기도는 너를 행동으로 이끌어 가야 한다.
- 성모 마리아께 마음을 집중시키면서 기도를 마치도록 하라. 성모송을 드리면서 기도를 배우는 은총과 기도에 맛들일 수 있는 은혜, 항구함의 은혜를 구하라.

이 책은 40년간 저희 공동체가 기도하고 체험하며, 젊은이들과 가난한 사람들과의 기도 경험을 나누고 걸어온 열매요 결과입니다. 이 책의 저자 안드레아 가스파리노(Andrea Gasparino, 1923-2010) 신부님은 작은 자매 형제 관상 선교회Movimento Contemplativo Missionario "P. De Foucauld"의 창립자 신부님이며, 한국에는 1963년에 진출했습니다.

기도 생활을 첫자리에 두면서, 가족적인 분위기를 이루는 작은 공동체로서 가난한 형제들 가운데서 살면서 그들과 삶을 나누고 있습니다.

현재 한국에는 서울, 마산, 고창 등에 작은 공동체가 있으며, 본원인 진주에서는 기도를 하고, 기도를 배우고자 하는 사람들을 맞아들이고 있습니다. 「하느님을 만나는 길」(성바오로, 1989)에 이어 나온 이 책이 이미 기도를 하고 계시는 분들이나 배우고자 하시는 분들에게 많은 도움이 되길 바랍니다.

작은 자매 형제 관상 선교회